Gonglu Gongcheng Shiyan Jiance Renyuan Yewu Kaoshi Fuxi Zhinan

公路工程试验检测人员业务考试复习指南

San Qiaoliang Suidao

(三)《桥梁》、《隧道》

主　编　黎　霞

副主编　周学林

主　审　李宇峙

人民交通出版社

内 容 提 要

本书按照交通部《公路工程试验检测人员业务考试大纲》(2007版)要求的内容进行编写。全书共分三册。第一册为《公共基础》、《交通安全设施》、《机电工程》;第二册为《公路》、《材料》;第三册为《桥梁》、《隧道》。《公共基础》以现行的公路水运工程试验检测工作中所涉及的政策、法律、法规为依据,阐述了计量认证和试验检测技术与管理的基础知识。在专业科目中,各科目均以公路工程现行技术规范、标准、试验规程为依据,系统地论述了公路工程试验检测技术有关内容,从试验原理、试验方法、试验仪器和试验操作到数据分析和整理进行了系统全面的介绍。每章后面按《考试大纲》的题型附有复习思考题。

本书内容丰富新颖,系统全面,理论联系实际,具有较强的可操作性,可作为公路工程试验检测人员业务考试复习指导书和培训教材,也可作为公路工程建设单位、施工单位、监理单位、检测单位以及质量监督部门的工程技术人员的参考书。

图书在版编目(CIP)数据

公路工程试验检测人员业务考试复习指南.(三),桥梁、隧道 / 黎霞主编.—北京:人民交通出版社,2007.6
ISBN 978-7-114-06626-9

Ⅰ.公… Ⅱ.黎… Ⅲ.①道路工程-试验-自学参考资料②道路工程-检测-自学参考资料 Ⅳ.U41

中国版本图书馆CIP数据核字(2007)第083732号

书　　名:公路工程试验检测人员业务考试复习指南(三)《桥梁》、《隧道》
著 作 者:黎　霞
责任编辑:毛　鹏　邓　莉
出版发行:人民交通出版社
地　　址:(100011)北京市朝阳区安定门外外馆斜街3号
网　　址:http://www.ccpress.com.cn
销售电话:(010)59757969,59757973
总 经 销:北京中交盛世书刊有限公司
经　　销:各地新华书店
印　　刷:廊坊市长虹印刷有限公司
开　　本:787×1092　1/16
印　　张:14.75
字　　数:363千
版　　次:2007年6月　第1版
印　　次:2009年8月　第6次印刷
书　　号:ISBN 978-7-114-06626-9
印　　数:18001~23000册
定　　价:32.00元
(如有印刷、装订质量问题的图书由本社负责调换)

前 言

由于高等级公路的飞速发展以及试验检测设备和技术的快速更新，对高等级公路建设和管理水平提出了更高的要求。同时，由于试验检测是工程质量控制与评判的基础，试验检测数据的规范、客观、公正、准确直接关系到工程的质量，使得公路工程试验检测工作更显重要。为了贯彻实施交通部《公路水运工程试验检测管理办法》，不断提升试验检测人员检测技术实力和水平，进一步规范试验检测人员的管理，满足公路工程试验检测人员业务考试的需要特编写本套复习指南。

本套复习指南按《公路水运工程试验检测人员考试大纲》(2007 版)中的科目设置要求共分为三册。第一册《公共基础》、《交通安全设施》、《机电工程》；第二册《公路》、《材料》；第三册《桥梁》、《隧道》。并按试验检测工程师和试验员的要求，详细阐述了各部分的知识要点及其试验的基本原理、基本操作过程和数据的分析和处理。

本套复习指南中每章(节)的“要求”，是从“了解、熟悉、掌握”三个层次对工程师和试验检测员作出的共同要求，不同要求则以黑体字表示并在“( )”中注明。例如：

①(工程师)或(检测员)表示“( )”前黑体字的内容仅对工程师或检测员而言；

②在“熟悉”和“掌握”的内容中，(员了解)或(员熟悉)表示“( )”前黑体字为检测员了解或熟悉的内容，而工程师仍是其相应层次(熟悉或掌握)。

本套复习指南由黎霞主编，李宇峙教授主审。其中，第一册《公共基础》由湖南省质量技术监督局李少阳、左文和长沙理工大学黎霞编写；《交通安全设施》中第一、二、三、四、五章由长沙理工大学欧志科编写，第六、七、八章由长沙理工大学刘毅编写，第九章由湖南大学吴建新、王洪斌编写；《机电工程》由湖南大学吴建新编写。第二册《公路》中第一、三、四章由长沙理工大学黎霞编写，第二章由长沙理工大学黄云涌编写，第五章由长沙理工大学邵腊庚编写；《材料》中第一、八章由长沙理工大学高燕希、黎霞编写，第二、三、四、六、七章由长沙理工大学黄云涌编写，第五章由长沙理工大学黎霞编写。第三册《桥梁》中第一、二章由长沙理工大学周学林编写，第三，四章由长沙理工大学肖常青编写；《隧道》中第一、二、三、四由长沙理工大学周学林编写，第五、六、七、八章由长沙理工大学肖常青编写。

在编写过程中，参考了有关标准、规范、试验规程、教材和论著等，在此谨向有关编者表示衷心的感谢！由于编者水平有限，书中缺陷和不妥之处在所难免，敬请各位专家和同仁提出宝贵意见，以便进一步修改完善。

编 者

2007 年 4 月

目　录

第一篇　桥　　梁

第二篇　隧　　道

第一篇 桥 梁

第一章　桥梁工程原材料

【主要内容】

本章介绍石料的主要力学性能试验方法；普通混凝土试件的制作及物理力学性能的测试方法；桥梁用钢材的力学性能测试方法以及焊接钢筋质量检测方法等。

【要求】

了解：桥梁工程所用材料的种类以及用途。

熟悉：石料的技术标准；普通混凝土的力学性能；桥梁用钢材的主要力学性能。

掌握：石料的力学性能试验方法；普通混凝土试件的制作方法和普通混凝土的抗压强度和弹性模量的测试方法；**普通混凝土收缩、徐变测试方法**（工程师）；桥梁用钢材的力学性能测试方法以及焊接钢筋质量检测方法。

第一节　桥梁工程所用材料的种类

一、砂石材料

砂石材料包括天然的或经人工轧制的石料、集料和砂，是桥涵工程建筑中用量最大的一种建筑材料。它可以直接（或经过加工）用在桥涵的圬工结构中，也可以加工成各种尺寸作为水泥混凝土的集料。

二、水泥、水泥砂浆和水泥混凝土

(1)水泥　水泥是一种人造水硬性胶凝材料。水泥与水混合后，经过一系列的物理化学作用，形成坚硬的结构体，以满足各种实际工程的需要。它是桥梁建筑中最重要的建筑材料之一。

(2)砂浆　由水泥、砂和水按一定的比例混合而成，经过一定的凝结、硬化时间后形成强度。常分为砌筑砂浆和抹面砂浆两类。砌筑砂浆能把块体材料（砖、石、砌块）黏结为整体结构，主要用于拱桥的拱圈、中小桥涵的墩台、基础、锥坡和挡土墙等；抹面砂浆主要用于结构表面装饰。

(3)水泥混凝土　用水泥为胶结材料，用普通砂石为集料，并以普通水为原材料，按专门设计的配合比，经搅拌、成型、养护而得到的复合材料。现代水泥混凝土中，为了调节和改善其工艺性能和力学性能，还加入各种化学外加剂和磨细矿质掺和料，经过一定的凝结、硬化时间后形成强度，用于各种工程结构。它是所有建筑材料中用途最广、用量最大的材料之一。

三、桥涵用钢及制品

按其形状来分可分为型材、棒材（或线材）和异型材（特种形状）三类。

型材主要包括型钢和钢板，主要用于钢桥建筑。

线材主要包括钢筋、预应力钢筋、高强钢丝和钢绞线等，它是钢筋混凝土桥梁建筑中使用的重要材料之一。

异型材是为特殊用途而制作的，如预应力混凝土中用的锚具、夹具和大变形伸缩件中使用的异型钢梁等。

四、其他材料

包括水泥混凝土外掺剂、地基及基础处理的材料、桥梁防水材料、交通安全设施材料等。

第二节　石　　料

一、石料的技术标准

桥涵工程使用的石料制品有片石、块石、粗料石和拱石等，主要用于砌体工程，如桥涵拱圈、墩台、基础、锥坡等。

1. 石料分类

I. 岩浆岩类：包括花岗岩、正长岩、辉绿岩、闪长岩、橄榄岩、玄武岩、安山岩、流纹岩等。

II. 石灰岩类：包括石灰岩、白云岩、泥灰岩、凝灰岩等。

III. 砂岩和片麻岩类：包括石英岩、砂岩、片麻岩、石英片麻岩等。

IV. 砾石类。

2. 石料的分级

1 级：最坚硬的岩石。

2 级：坚硬的岩石。

3 级：中等强度的岩石。

4 级：较软的岩石。

3. 石料制品的主要物理力学性质

(1)石料的强度等级。

(2)抗压强度。

(3)抗冻性。

(4)坚固性指标。

4. 石料制品规格和几何尺寸要求

(1)片石　一般为爆破法开采的石块，其厚度不应小于 15cm(卵形和薄片者不得使用)；用于镶面的片石，表面应比较平整，尺寸较大者应稍作凿整。

(2)块石　形状大致方正，上下面大致平整，厚度在 20～30cm，宽度一般为厚度的 1.0～1.5倍，长度约为厚度的 1.5～3.0 倍。

(3)粗料石　外形大致方正，呈六面体，厚度为 20～30cm，宽度为厚度的 1.0～1.5 倍，长为厚度的 2.5～4.0 倍，其表面凹陷深度不大于 2cm。

(4)拱石　按设计要求采用粗料石或块石，主要用于石拱桥的拱圈砌筑。

二、石料的力学性能试验方法

1. 石料单轴抗压强度试验

1)仪器设备

(1)压力试验机，其测量精度为±1%，试件破坏荷载应大于压力试验机全程的 20%且小于压力试验机全程的80%，同时应具有加荷速度指示装置或加荷速度控制装置。

(2)切石机或钻石机、磨平机等岩石加工设备。

(3)烘箱、干燥器、游标卡尺(精度0.1mm)、角尺及水池等。

2)试样

桥梁工程的石料试验，采用立方体试件，边长为70mm±2mm，每组试件共6个。

有显著层理的岩石，分别沿平行和垂直层理方向各取试件6个，试件上、下端面应平行和磨平，试件端面的平面度公差应小于0.05mm，端面对于试件轴线垂直度偏差不应超过0.25mm。

3)试验步骤

(1)对试件编号，量取试件尺寸(精确至0.1mm)，对立方体试件在顶面和底面上各量取其边长，以各个面上相互平行的两个边长的算术平均值计算其承压面积。

(2)试件的含水状况可根据需要选择烘干状况、天然状况、饱和状况。

试件烘干方法：将试件放入温度为105℃～110℃的烘箱内烘至恒重，烘干时间一般为12～24h，取出置于干燥器内冷却至室温(20℃±2℃)，称其质量，精确至0.01g。

试件饱和可有如下三种方法：

①自由吸水法：将称量后的试件置于盛水容器内，先注水至试件的1/4处，以后每隔2h分别注水至试件高度的1/2和3/4处，6h后将水加至高出试件顶面20mm，以利试件内空气逸出。试件全部被水淹没后再自由吸水48h。

②用煮沸法饱和试件：将称量后的试件放入水槽，注水至试件高度的一半，静置24h，再加水使试件浸没，煮沸6h以上，煮沸停止后静置水槽冷却取出试件擦去表面水分，称其质量。

③用真空抽气法饱和试件：将称量后的试件置于真空干燥器内，注入洁净水，水面高出试件顶面20mm，开动抽气机，抽气时真空压力需达100MPa，保持此真空状态直至无气泡发生为止(不少于4h)。经真空抽气的试件放置在原容器中，在大气压力下静置4h，取出试件擦去表面水分，称其质量。

将试件置于压力机的承压板中央。以0.5～1.0MPa/s速率进行加荷直至破坏，记录破坏荷载及加载过程出现的现象。

4)岩石抗压强度按式(1-1-1)计算：

$$R_i=\frac{P_i}{A_i} \qquad (i=1、2、\cdots、12) \tag{1-1-1}$$

式中：R_i——第i个试件的抗压强度(MPa)；

P_i——第i个试件的极限破坏荷载(N)；

A_i——第i个试件的截面积(mm^2)。

5)岩石软化系数按式(1-1-2)计算：

$$K_p=\frac{R_w}{R_d} \tag{1-1-2}$$

式中：K_p——软化系数；

R_w——岩石饱和状态下的单轴抗压强度(MPa)；

R_d——岩石烘干状态下的单轴抗压强度(MPa)。

单轴抗压强度试验结果应同时列出每个试件的试验值及同组的平均值；有显著层理的岩石应分别报告垂直和平行两个方向的试件强度平均值。计算精确至0.1MPa。

软化系数计算精确至0.01。3个试件平行测定，取算术平均值，其中的3个值中最大与最小不超过 20%。否则,应另取第 4 个试件试验,取最接近的 3 个值的算术平均值作为试验结果。

2. *石料的单轴压缩变形试验*

1)目的和适用范围

石料的单轴压缩变形试验用于测定岩石在单轴压缩应力条件下的轴向及径向应变值,据此计算岩石的弹性模量及泊松比。试验分为电阻应变仪法和千分表法。坚硬和较坚硬的岩石应采用电阻应变仪法,较软岩石采用千分表法。

2)仪器设备

(1)切石机或钻石机、磨平机等岩石加工设备。

(2)惠斯顿电桥、万用表、兆欧表、千分表。

(3)电阻应变仪。

(4)电阻应变片(丝栅长度大于 15mm)及粘贴电阻应变片用的各种工具及黏结剂等。

(5)压力试验机或万能试验机。

(6)其他设备:金属屏蔽线、恒温烘箱及其他试件加工设备。

3)试样

从岩石中制取直径为 50mm±2mm,高径比为 2∶1 的圆柱体试件,试件含水状况及烘干和饱和方法同单轴抗压试验。同一含水状况下每组试件不少于 6 个,试件端面的平面度公差小于 0.05mm,端面对于试件轴线垂直度偏差不应超过 0.25°。

4)试验步骤

(1)先测定其中 3 个试件单轴抗压强度。

(2)电阻应变仪法

①选择电阻应变片:应变片栅长大于岩石矿物最大颗粒粒径的 10 倍,小于试件半径。

②贴应变片:试件以相对面为一组,分别贴纵向和横向应变片(若只求弹性模量,只需贴纵向一对即可)数量均不少于 2 片。

③焊接导线:将各应变片的线头分别焊接导线,编号并固定。

④按电阻应变仪的使用说明书进行操作,接电源并检查电压,调整灵敏度系数,将试件测量导线接好,放在压力试验机球座上,接温度补偿应变片。

⑤将试件反复预压 2～3 次,加荷压力约为岩石极限强度的 15%。

⑥按规定的加载方式和荷载分级,加载速度应为 0.5～1.0MPa/s,分级读数,直至试件破坏,读数不少于 10 组测量值。

⑦记录加载过程及破坏时出现的现象,对破坏后的试件进行描述。

(3)千分表法

对于较坚硬的岩石,可将测量表架直接安装在试件上测量试件的纵、横向变形。对于变形较大、强度较低的软岩,可将测表安装在磁性表架上。磁性表架安装在试验机的下承应压板上,纵向测表表头与上承压板边缘接触,横向表头直接与试件接触,测读初始读数,两对相互垂直的纵向测表和横向测表应分别安装在试件直径的对称位置上。其他步骤同上。

(4)结果整理

①按式(1-1-3)计算各级应力:

$$\sigma=\frac{P}{A} \tag{1-1-3}$$

式中:σ——应力(MPa);

P——与所测各组应变值相应的荷载(N)；

A——试件的截面积(mm^2)。

②绘制应力与纵向应变及横向应变关系曲线，在应力与应变曲线上找出加载量最大值的0.8倍和0.2倍的点，并作割线，以该割线的斜率表示该试件的弹性模量，按式(1-1-4)计算，计算结果精确至100MPa：

$$E=\frac{\sigma_{0.8}-\sigma_{0.2}}{\varepsilon_{L0.8}-\varepsilon_{L0.2}} \tag{1-1-4}$$

式中：E——弹性模量；

$\sigma_{0.8}$、$\sigma_{0.2}$——加载量最大值的0.8倍和0.2倍时试件应力(MPa)；

$\varepsilon_{L0.8}$、$\varepsilon_{L0.2}$——应力为$\sigma_{0.8}$、$\sigma_{0.2}$时的纵向应变值。

③以同一应力下的纵向和横向应变按式(1-1-5)计算弹性泊松比μ：

$$\mu=\frac{\varepsilon_{H0.8}-\varepsilon_{H0.2}}{\varepsilon_{L0.8}-\varepsilon_{L0.2}} \tag{1-1-5}$$

式中：μ——弹性泊松比；

$\varepsilon_{H0.8}$、$\varepsilon_{H0.2}$——应力为$\sigma_{0.8}$、$\sigma_{0.2}$时的横向应变值。

④按式(1-1-6)、式(1-1-7)分别计算割线模量和相应的泊松比μ：

$$E_{50}=\frac{\sigma_{50}}{\varepsilon_{L50}} \tag{1-1-6}$$

$$\mu=\frac{\varepsilon_{H50}}{\varepsilon_{L50}} \tag{1-1-7}$$

式中：E_{50}——岩石的变形模量，即割线模量(MPa)；

μ_{50}——岩石的泊松比；

σ_{50}——加载量最大值的0.5倍时试件应力(MPa)；

ε_{H50}——应力为σ_{50}时的横向应变值；

ε_{L50}——应力为σ_{50}时的纵向应变值。

⑤每组试验3个试件平行试验，试验结果为3个试件的平均值，同时列出每个试件的试验结果。

3. *石料抗冻性试验*(T 0241—1994)

(1)冻融次数的规定

严寒地区(最冷月的月平均气温低于−15℃)为25次；寒冷地区(最冷月的月平均气温低于−15℃～−5℃)为15次。

(2)仪器设备

试件加工设备：切石机、钻石机及磨平机。

冰箱：温度能控制在−15℃～−20℃。

天平：感量0.01g，称量大于500g。

放大镜。

烘箱：能使温度控制在105℃～110℃。

(3)试样

采用立方体试件边长为70mm±2mm，每组不少于3个。此外再制备同样试件3个，用于做冻融系数试验。

(4)试验步骤

①对试件编号，用放大镜详细检验，并作外观描述，然后量出每个试件的尺寸，计算受压面积。将试件放入烘箱，在105℃±5℃下烘至恒量，烘干时间一般为12～24h，待在干燥器内冷却至室温后取出，立即称其质量m_s，精确至0.01g。

②按吸水率试验方法，让试件吸水饱和，然后取出擦去表面水分，放在铁盘中，试件与试件之间应留有一定间距。待冰箱温度下降到－15℃时，将铁盘连同试件一起放入冰箱，并立即开始记时。冻结4h后取出试件，放入20℃±5℃的水中融解4h，如此反复冻融至规定次数为止。

③每隔一定的冻融循环次数（如10次、15次、25次等），详细检查各试件有无剥落、裂缝、分层及掉角等现象，并记录检查情况。

④称取冻融试验后试件的饱水质量m'_f，再将其烘至恒量，称其质量m_f，并按单轴抗压强度的试验方法测定其冻融试验后的试件饱水抗压强度，另取3个未经冻融试验的试件测定其饱水抗压强度。

(5)质量损失率计算

试件冻融后的质量损失率按式(1-1-8)计算（精确至0.01）：

$$L=\frac{m_s-m_f}{m_s}\times 100 \tag{1-1-8}$$

式中：L——冻融后的质量损失率(%)；

m_s——试验前烘干试件的质量(g)；

m_f——试验后烘干试件的质量(g)。

冻融后的质量损失率取3个试件试验结果的算术平均值。

(6)冻融后的吸水率按式(1-1-9)计算（精确至0.1%）：

$$w'_{sa}=\frac{m'_f-m_f}{m_s}\times 100 \tag{1-1-9}$$

式中：w'_{sa}——岩石冻融后的吸水率(%)；

m_f ——冻融后的饱水质量(g)。

(7)耐冻系数计算

试件经冻融试验后的抗压强度与冻融试验前的抗压强度的比值称为耐冻系数，耐冻系数按式(1-1-10)计算（精确至0.01）：

$$K_f=\frac{R_f}{R_s} \tag{1-1-10}$$

式中：K_f——冻融系数；

R_f——若干次冻融试验后的试件饱水抗压强度(MPa)；

R_s——未经冻融试验的试件饱水抗压强度(MPa)。

(8)评定指标

评定指标有如下三个方面。

①一般要求冻融后的质量损失率$L\leqslant 2\%$。

②耐冻系数$K\geqslant 75\%$。

③试件外形无变化。

4.石料磨耗率试验

磨耗性是石料抵抗撞击、摩擦等综合作用的性能，用磨耗率来定量描述它。我国现行试验规程(JTG E42—2005)粗集料磨耗试验以洛杉矶法为标准方法。试验方法如下。

(1)仪具与材料

①洛杉矶磨耗试验机：圆筒内径 710mm±5mm，内侧长 510mm±5mm，两端封闭，投料口的钢盖通过紧固螺栓和橡胶垫与钢筒紧闭密封。钢筒的回转速率为 300～33r/min。

②钢球：直径约 46.8mm，质量为 390～445g，大小稍有不同，以便按要求组合成符合要求的总质量。

③台秤：感量 5g。

④标准筛：符合要求的标准筛系列，以及筛孔为 1.7mm 的方孔筛一个。

⑤烘箱：能使温度控制在 105℃±5℃范围内。

⑥容器：搪瓷盘等。

(2)试验步骤

①将不同规格的集料用水冲洗干净，置烘箱中烘干至恒重。

②对所使用的集料，根据实际情况按表 1-1-1 选择最接近的粒级类别，确定相应的试验条件，按规定的粒级组成备料、筛分。其中水泥混凝土用集料宜采用 A 级粒度；沥青路面及各种基层、底基层的粗集料，表中的 16mm 筛孔也可用 13.2mm 筛孔代替。对非规格材料，应根据材料的实际粒度，从表 1-1-1 中选择最接近的粒级类别及试验条件。

粗集料洛杉矶试验条件 表 1-1-1

<table>
<tr><th rowspan="2">粒度类别</th><th rowspan="2">粒级组成
(mm)</th><th rowspan="2">试样质量
(g)</th><th rowspan="2">试样总质量
(g)</th><th rowspan="2">钢球数量
(个)</th><th rowspan="2">钢球总质量
(g)</th><th rowspan="2">转动次数
(转)</th><th colspan="2">适用的粗集料</th></tr>
<tr><th>规格</th><th>公称粒径
(mm)</th></tr>
<tr><td rowspan="4">A</td><td>26.5～37.5</td><td>1 250±25</td><td rowspan="4">5 000±10</td><td rowspan="4">12</td><td rowspan="4">5 000±25</td><td rowspan="4">500</td><td rowspan="4"></td><td rowspan="4"></td></tr>
<tr><td>19.0～26.5</td><td>1 250±25</td></tr>
<tr><td>16.0～19.0</td><td>1 250±10</td></tr>
<tr><td>9.5～16.0</td><td>1 250±10</td></tr>
<tr><td rowspan="3">B</td><td>19.0～26.5</td><td>2 500±10</td><td rowspan="3">5 000±10</td><td rowspan="3">11</td><td rowspan="3">4 850±25</td><td rowspan="3">500</td><td>S6</td><td>15～30</td></tr>
<tr><td rowspan="2">16.0～19.0</td><td rowspan="2">2 500±10</td><td>S7</td><td>10～30</td></tr>
<tr><td>S8</td><td>10～25</td></tr>
<tr><td rowspan="4">C</td><td rowspan="2">9.5～16.0</td><td rowspan="2">2 500±10</td><td rowspan="4">5 000±10</td><td rowspan="4">8</td><td rowspan="4">3 320±20</td><td rowspan="4">500</td><td>S9</td><td>10～20</td></tr>
<tr><td>S10</td><td>10～15</td></tr>
<tr><td rowspan="2">4.75～9.5</td><td rowspan="2">2 500±10</td><td>S11</td><td>5～15</td></tr>
<tr><td>S12</td><td>5～10</td></tr>
<tr><td rowspan="2">D</td><td rowspan="2">2.36～4.75</td><td rowspan="2">5 000±10</td><td rowspan="2">5 000±10</td><td rowspan="2">6</td><td rowspan="2">2 500±15</td><td rowspan="2">500</td><td>S13</td><td>3～10</td></tr>
<tr><td>S14</td><td>3～5</td></tr>
<tr><td rowspan="3">E</td><td>63～75</td><td>2 500±50</td><td rowspan="3">10 000±100</td><td rowspan="3">12</td><td rowspan="3">5 000±25</td><td rowspan="3">1 000</td><td>S1</td><td>40～75</td></tr>
<tr><td>53～63</td><td>2 500±50</td><td rowspan="2">S2</td><td rowspan="2">40～60</td></tr>
<tr><td>37.5～53</td><td>5 000±50</td></tr>
<tr><td rowspan="2">F</td><td>37.5～53</td><td>5 000±50</td><td rowspan="2">10 000±75</td><td rowspan="2">12</td><td rowspan="2">5 000±25</td><td rowspan="2">1 000</td><td>S3</td><td>30～60</td></tr>
<tr><td>26.5～37.5</td><td>5 000±25</td><td>S4</td><td>25～50</td></tr>
<tr><td rowspan="2">G</td><td>26.5～37.5</td><td>5 000±50</td><td rowspan="2">10 000±50</td><td rowspan="2">12</td><td rowspan="2">5 000±25</td><td rowspan="2">1 000</td><td rowspan="2">S5</td><td rowspan="2">20～40</td></tr>
<tr><td>19～26.5</td><td>5 000±25</td></tr>
</table>

注：①表中 16mm 也可用 13.2mm 代替。

②A 级适用于未筛碎石混合料及水泥混凝土用集料。

③C 级中 S12 可全部采用 4.75～9.5mm 颗粒 5 000g；S9 及 S10 可全部采用 9.5～16mm 颗粒 5 000g。

④E 级中 S2 中缺 63～75mm 颗粒可用 53～63mm 颗粒代替。

③分极称量(准确至 5g),称取总质量(m_1),装入磨耗机圆筒中。

④选择钢球,使钢球的数量及总质量符合表 1-1-1 规定,将钢球加入钢筒中,盖好筒盖,紧固密封。

⑤将计数器调整到零位,设定要求的回转次数,对水泥混凝土集料,回转次数为 500 转,对沥青混合料集料,回转次数应符合表 1-1-1 的要求。开动磨耗机,以 30～33r/min 转速转动至要求的回转次数为止。

⑥取出钢球,将经过磨耗后的试样从投料口倒入接受容器(搪瓷盘)中。

⑦将试样用 1.7mm 的方孔筛过筛,筛法试样中被撞击磨碎的细屑。

⑧用水冲干净留在筛上的碎石,置 105℃±5℃烘箱中烘干至恒重(通常不少于 4h),准确称量(m_2)。

(3)计算

按式(1-1-11)计算粗集料洛杉矶磨耗损失,精确至 0.1%。

$$Q=\frac{m_1-m_2}{m_1}\times 100 \tag{1-1-11}$$

式中:Q——洛杉矶磨耗损失(%);

m_1——装入圆筒中试样质量(g)。

第三节 水泥混凝土

水泥混凝土是以普通水泥为胶结材料,用普通砂石为集料,并以普通水为原材料,按专门设计的配合比,经搅拌、成型、养护而得到的复合材料。现代水泥混凝土中为了调节和改善其工艺性能和力学性能,还加入各种化学外加剂和磨细矿质掺和料。

普通水泥混凝土主要技术性质包括新拌混凝土拌和物的工作性,硬化混凝土的强度、变形和耐久性。

普通混凝土的力学性能包括抗压强度(R_y)、轴心抗压强度(R_z)、静力受压弹性模量、劈裂抗拉强度(R_{pL})和抗折强度(R_w)等。

一、普通混凝土试件的制作方法

1.试件尺寸公差

公差包括尺寸公差和形位公差。试件的形位公差是否符合要求,对其力学性能,特别是对高强混凝土的力学性能影响甚大。对试件承压面平面公差主要是靠试模内表面的平面度来控制,而试件相邻面夹角公差不但靠试模相邻面夹角控制,而且还取决于每次安装试模的精度。所以,要使试件的形位公差符合要求,不但应采用符合标准要求的试模来制作试件,而且必须高度重视对试模的安装。

2.普通混凝土试件的制作方法

1)混凝土试件的制作应符合下列规定:

(1)成型前,应检查试模尺寸并符合有关规定;尤其是对高强混凝土,应格外重视检查试模的尺寸是否符合试模标准的要求。特别应检查 150mm×150mm×150mm 试模的内表面平整度和相邻面夹角是否符合要求。试模内表面应涂一薄层矿物油或其他不与混凝土发生反应的脱模剂。

(2)普通混凝土力学性能试验每组试件所用的拌和物应从同一盘混凝土或同一车混凝土中取样。在试验室拌制混凝土时，其材料用量应以质量计。对于称量的精度：水泥、掺和料、水和外加剂为±0.5%，集料为±1%。

(3)取样或试验室拌制的混凝土应在拌制后尽量短的时间内成型，一般不宜超过15min。

(4)根据混凝土拌和物的稠度确定混凝土成型方法，坍落度不大于70mm的混凝土宜用振动振实；大于70mm的宜用捣棒人工捣实；检验现浇混凝土或预制构件的混凝土，试件成型方法宜与实际采用的方法相同。

(5)圆柱体试件的制作见《普通混凝土力学性能试验方法标准》(GB/T 50081—2002)附录A。

2)混凝土试件制作应按下列步骤进行：

(1)取样或拌制好的混凝土拌和物应至少用铁锹来回拌和3次。

(2)用振动台振实制作试件应按下述方法进行：

①将混凝土拌和物一次装入试模，装料时应用抹刀沿各试模壁插捣，并使混凝土拌和物高出试模口。

②试模应附着或固定在振动台上，振动时试模不得有任何跳动，振动应持续到表面出浆为止，不得过振。

③刮除试模上口多余的混凝土，待混凝土临近初凝时，用抹刀抹平。

3)人工插捣制作试件应按下述方法进行：

(1)混凝土拌和物应分两层装入模内，每层的装料厚度大致相等。

(2)插捣应按螺旋方向从边缘向中心均匀进行，在插捣底层混凝土时，捣棒应达到试模底部；插捣上层时，捣棒应贯穿上层后插入下层20～30mm；插捣时捣棒应保持垂直，不得倾斜，然后应用抹刀沿试模内壁插拔数次。

(3)每层插捣次数按10 000mm^{2}截面积内不得少于12次。

(4)插捣后应用橡皮锤轻轻敲击试模四周，直至插捣棒留下的空洞消失为止。

(5)刮除试模上口多余的混凝土，待混凝土临近初凝时，用抹刀抹平。

4)用插入式振捣棒振实制作试件应按下述方法进行：

(1)将混凝土拌和物一次装入试模，装料时应用抹刀沿各试模壁插捣，并使混凝土拌和物高出试模口。

(2)宜用直径为ϕ25mm的插入式振捣棒，插入试模振捣时，振捣棒距试模底板10～20mm，且不得触及试模底板，振动应持续到表面出浆为止，且应避免过振，以防止混凝土离析；一般振捣时间为20s，振捣棒拔出时要缓慢，拔出后不得留有孔洞。

(3)刮除试模上口多余的混凝土，待混凝土临近初凝时，用抹刀抹平。

5)试件的养护

(1)试件成型后应立即用不透水的薄膜覆盖表面。

(2)采用标准养护的试件，应在温度为20℃±5℃的环境中静置1～2d，然后编号、拆模。拆模后应立即放入温度为20℃±2℃，相对湿度为95%以上的标准养护室中养护，或在温度为20℃±2℃的不流动的$Ca(OH)_2$饱和溶液中养护（因为水泥石中存在$Ca(OH)_2$是水泥水化和维持水泥石稳定的重要前提，如果养护水不是$Ca(OH)_2$饱和溶液，那么混凝土中的$Ca(OH)_2$14就会溶出，这就影响水泥的水化进程从而影响混凝土的强度）。标准养护室内的试件应放在支架上，彼此间隔10～20mm，试件表面应保持潮湿，并不得被水直接冲淋。

(3)同条件养护试件的拆模时间可与实际构件的拆模时间相同，拆模后，试件仍需保持同条件养护。

(4)标准养护龄期为 28d(从搅拌加水开始计时)，非标准养护龄期一般为 1d、3d、7d、60d、90d 和 180d。

二、混凝土的力学性能测试方法

1. 抗压强度试验

1)试验步骤

(1)检查所采用的压力试验机是否符合要求，并选择合适的量程。

(2)从养护地点取出后立即进行试验。先将试件表面与上下承压板面擦干净，然后将试件安放在试验机的下压板或垫板上，试件的承压面应与成型时的顶面垂直。试件的中心应与试验机下压板中心对准，开动试验机，当上压板与试件或钢垫板接近时，调整球座，使其接触均衡。

(3)在试验过程中应连续均匀地加荷，混凝土强度等级小于 C30 时，加荷速度取 0.3～0.5MPa/s，混凝土强度等级不小于 C30 且小于 C60 时，取 0.5～0.8MPa/s，混凝土强度等级不小于 C60 取 0.8～1.0MPa/s。

(4)当试件接近破坏开始急剧变形时，应停止调整试验机油门直至破坏，然后记录破坏荷载 F。

2)抗压强度结果计算及确定

(1)混凝土立方体抗压强度计算

混凝土立方体抗压强度应按式(1-1-12)计算：

$$f_{cc}=\frac{F}{A} \tag{1-1-12}$$

式中：f_{cc}——混凝土立方体试件抗压强度(MPa)；

F ——试件破坏荷载(kN)；

A ——试件承压面积(mm^2)。

抗压强度计算结果精确至 0.1MPa。

(2)混凝土立方体抗压强度值的确定

一般情况下取 3 个试件测值的算术平均值作为该组试件的强度值(精确至 0.1MPa)。但当 3 个值中的最大值或最小值中，如有一个与中间值的差值超过中间值的 15%时，则把最大值及最小值一并舍除，取中间值作为该组试件的抗压强度值；若最大值和最小值与中间值的差值均超过中间值的 15%，则该组试件的试验结果无效。

在试验中采用非标准试件时，其抗压强度值应乘以尺寸换算系数，并应在报告中注明。

2. 轴心抗压强试验

1)试验步骤

(1)检查所采用的压力试验机是否符合要求，并选择合适的量程。当混凝土强度等级不小 C60 时，试件周围应设防崩裂网罩。

(2)从养护地点取出后立即进行试验，先将试件表面用干毛巾擦干净，然后将试件安放在试验机的下压板或垫板上，试件的承压面应与成型时的顶面垂直。试件的中心应与试验机下压板中心对准，开动试验机，当上压板与试件或钢垫板接近时，调整球座，使接触均衡。

(3)应连续均匀地加荷，不得有冲击。所用加荷速度与抗压强度试验时相同。

(4)试件接近破坏而开始急剧变形时，应停止调整试验机油门，直至破坏。然后记录荷载 F。

2)试验结果计算及确定

(1)混凝土试件轴心抗压强度计算

混凝土试件轴心抗压强度应按式(1-1-13)计算：

$$f_{cp}=\frac{F}{A} \tag{1-1-13}$$

式中：f_{cp}——混凝土棱柱体试件抗压强度(MPa)；

F ——试件破坏荷载(N)；

A ——试件承压面积(mm^2)。

混凝土棱柱体抗压强度计算结果精确至 0.1MPa。

(2)混凝土棱柱体抗压强度值的确定

一般情况下取三个试件测值的算术平均值作为该组试件的强度值(精确至 0.1MPa)。但当三个测值中的最大值或最小值中，如有一个与中间值的差值超过中间值的 15%时，将最大值与最小值一并舍除，取中间值作为该组试件的抗压强度值；若最大值和最小值与中间值的差值均超过中间值的 15%，则该组试件的试验结果无效。

(3)非标准试件强度值的确定

当混凝土强度等级小于 C60 时，用非标准试件测得的强度值均应乘以尺寸换算系数。

3.静力受压弹性模量试验

1)试验步骤

(1)检查所采用的压力试验机是否符合要求，并选择合适的量程。

(2)检查微变形测量仪是否满足以下要求：微变形测量可采用千分表、电阻应变片测长仪和激光测长仪等；但其测量精度不低于 0.001mm，微变形测量仪的标距应为 150mm。

(3)将 6 个试件从养护地点取出，用毛巾擦干净试件表面，取 3 个试件按测定混凝土轴心抗压强度的方法先测定混凝土的轴心抗压强度，另 3 个试件用于测定混凝土的弹性模量。

(4)将变形测量仪安装在试件两侧的中线上并对称于试件的两端。然后将试件安放在试验机的下压板或垫板上，仔细调整试件在压力试验机上的位置，试件的中心应与试验机下压板中心对准，开动试验机，当上压板与试件或钢垫板接近时，调整球座，使接触均衡。

(5)加荷至基准应力为 0.5MPa 的初始荷载值 F_0，保持恒载 60s 并在以后的 30s 内记录每测点的变形读数 ε_0。然后立即连续均匀地加荷至应力为轴心抗压强度 f_{cp}的 1/3 荷载值 F_a，保持恒载 60s 并在以后的 30s 内记录每一测点的变形读数 ε_a。所用加荷速度与抗压强度试验时相同。

(6)当两侧变形值之差与它们平均值之比大于 20%时，应重新对中试件，再重复以上试验。如果无法使其减少到低于 20%时，则此次试验无效。

(7)确认试件对中后，以与加荷速度相同的速度卸荷至基准应力 0.5MPa(F_0)，恒载 60s，然后用同样的加荷和卸荷速度以及 60s 的保持恒载(F_0 及 F_a)至少进行两次反复预压。在最后一次预压完成后，在基准应力 0.5MPa(F_0)持荷 60s，并在以后的 30s 内记录每一测点的变形读数 ε_0；再用同样的加荷速度加荷至 F_a，持荷 60s，并在以后的 30s 内记录每一测点的变形读数 ε_a。

(8)卸除变形测量仪，以同样的速度加荷至破坏，记录破坏荷载。如果试件的抗压强度与 f_{cp}之差超过 f_{cp}的 20%时，则应在报告中注明。

2)试验结果计算及确定

(1)混凝土静力受压弹性模量计算

混凝土静力受压弹性模量值按式(1-1-14)计算:

$$E_c=\frac{F_a-F_0}{A}\times\frac{L}{\Delta n} \tag{1-1-14}$$

式中:E_c——混凝土弹性模量(MPa);

F_a——应力为 1/3 轴心抗压强度时的荷载(N);

F_0——应力为 0.5MPa 时的初始荷载(N);

A ——试件承压面积(mm^2);

L ——测量标距(mm);

Δn——最后一次从 F_0 加荷至 F_a 时试件两侧变形的平均值,

$$\Delta n=\varepsilon_a-\varepsilon_0 \tag{1-1-15}$$

式中:ε_a——F_a 时试件两侧变形的平均值(mm);

ε_0——F_0 时试件两侧变形的平均值(mm)。

(2)静力受压弹性模量值的确定

弹性模量按三个试件测值的算术平均值计算。如果其中有一个试件的轴心抗压强度值超过用以确定检验控制荷载的轴心抗压强度值的 20%时,则弹性模量值按另两个试件测值的算术平均值计算;如有两个试件超过上述规定时,则此次试验无效。

4.劈裂抗拉强度试验

1)试验步骤

(1)检查所采用的压力试验机是否符合要求,并选择合适的量程。

(2)检查所采用的垫块、垫条及支架是否符合以下规定:垫块应为半径为 75mm 的钢制弧形垫块,垫块的长度与试件相同;垫条为三层胶合板制成,宽度为 20mm,厚度为 3~4mm,长度不小于试件长度,垫条不得重复使用;支架为钢支架。

(3)试件从养护地点取出后立即进行试验。先将试件表面与上下承压板面擦干净,然后将试件放在试验机下压板的中心位置,劈裂承压面和劈裂面应与试件成型时的顶面垂直。在上、下压板与试件之间垫以圆弧形垫块及垫条各一条,垫块与垫条应与试件上、下面的中心线对准并与成型时的顶面垂直。

(4)开动试验机,当上压板与圆弧形垫块接近时,调整球座,使接触均衡。加荷应连续均匀,当混凝土强度等级小于 C30 时,加荷速度取每秒钟 0.02~0.05MPa;当混凝土强度等级不小于 C30 且小于 C60 时,取每秒钟 0.05~0.08MPa;当混凝土强度等级不小于 C60 时,取 0.08~0.10MPa/s。至试件接近破坏时,应停止调整试验机油门直至试件破坏,然后记录破坏荷载。

2)试验结果计算及确定

(1)混凝土劈裂抗拉强度按式(1-1-16)计算:

$$f_{ts}=\frac{2F}{\pi A}=0.637\frac{F}{A} \tag{1-1-16}$$

式中:f_{ts}——混凝土劈裂抗拉强度(MPa);

F——试件破坏荷载(N);

A——试件劈裂面面积(mm^2)。

劈裂抗拉强度计算结果精确到 0.01MPa。

(2)劈裂抗拉强度值的确定

以三个试件测值的算术平均值作为该组试件的强度值(精确至0.01MPa)。若三个测值中的最大值或最小值中,如有一个与中间值的差值超过中间值的15%时,则把最大及最小值一并舍去,取中间值作为该组试件的抗压强度值;如最大值与最小值与中间值的差均超过中间值15%,则该组试件的试验结果无效。当采用非标准试件测得的劈裂抗拉强度值时,应乘以尺寸换算系数0.85;当混凝土强度等级不小于C60时,宜采用标准试件;使用非标准试件时,换算系数应由试验确定。

5.抗折强度试验

1)试验步骤

(1)检查所采用的压力试验机是否符合要求,并选择合适的量程。要求试验机应能施加均匀、连续、速度可控的荷载,并带有能使两个相等荷载同时作用在试件跨度3分点处的抗折试验装置。试件的支座和加荷头应采用直径为20~40mm,长度不小于b+10mm的硬钢圆柱,支座立脚点固定铰支,其他应为滚动支点。

(2)标准试件尺寸为150×150×550mm和150×150×600mm两种。试件从养护地取出后,将试件表面擦干净,检查试件,试件在长向中部1/3区段内不得有表面直径超过5mm、深度超过2mm的孔洞。

(3)装置试件,安装尺寸偏差不得大于1mm。试件承压面应为试件成型时的侧面,支座及承压面与圆柱的接触面应平稳、均匀,否则应垫平。

(4)均匀、连续施加荷载。当混凝土强度等级小于C30时,加荷速度取0.02~0.05MPa/s;强度等级不小于C30且小于C60时,取0.05~0.08MPa/s;当混凝土强度等级不小于C60时,取0.08~0.10MPa/s。至试件接近破坏时,停止调整试验机油门直至试件破坏,然后记录破坏荷载和试件下边缘断裂位置。

2)抗折强度试验结果计算及确定

(1)若试件下边缘断裂位置处于两个集中荷载作用线之间,则试件的抗折强度f_f按式(1-1-17)计算:

$$f_f=\frac{FL}{bh^2} \tag{1-1-17}$$

式中:f_f——混凝土抗折强度(MPa);

F——试件破坏荷载(N);

L——支座间跨度(mm);

h——试件截面高(mm);

b——试件截面宽度(mm)。

抗折强度计算结果精确至0.1MPa。

以三个试件测值的算术平均值作为该组试件的强度值(精确至0.01MPa);若三个测值中的最大值或最小值中如有一个与中间值的差值超过中间值的15%时,则把最大及最小值一并舍去,取中间值作为该组试件的抗压强度值;如最大值与最小值与中间值的差均超过中间值的15%,则该组试件的试验结果无效。

(2)若三个试件中有1个折断面位于两个集中荷载之外,则混凝土抗折强度值按另两个试件的试验结果计算。若这两个测值的差值不大于这两个测值的较小值的15%时,则该组试件的抗折强度值按这两个测值的平均值计算,否则该组试件的试验无效。

(3)若有两个试件的下边缘断裂位置位于两个集中荷载作用线之外,则该组试件试验无效。

(4)当试件尺寸为 100mm×100mm×400mm 的非标准试件时，应乘以尺寸换算系数 0.85；当混凝土强度等级不小于 C60 时，宜采用标准试件；使用非标准试件时，尺寸换算系数应由试验确定。

6. 普通混凝土收缩测试方法

收缩变形是混凝土材料因物理和化学作用产生体积缩小的总称。收缩能使混凝土产生内应力，导致桥梁结构发生变形，甚至裂缝，从而降低其强度和刚度；此外收缩还能使混凝土内部产生微裂缝，破坏混凝土的微结构，降低混凝土的耐久性。对预应力钢筋混凝土结构，由于混凝土收缩，会产生应力损失。混凝土的收缩值是桥涵施工控制时所必需测量的试验数据之一。

在工程应用中，通常是测定以干缩为主的总收缩值。按我国现行行业标准规定，混凝土收缩测试试件，经 3d 标准养护后，在温度为 20℃±2℃、相对湿度为 60%±5%条件下，测定 1d、3d、7d、14d、28d、60d、90d 和 180d 等不同龄期的收缩值，具体步骤如下。

1)试件的制作及养护

(1)试件尺寸

收缩试验采用棱柱体试件，每组 3 个，试件的尺寸应根据混凝土中集料的最大粒径按表 1-1-2选定。

混凝土试件尺寸选用表 表 1-1-2

试件尺寸(mm)	集料的最大粒径(mm)	试件尺寸(mm)	集料的最大粒径(mm)
100×100×515	31.5	200×200×515	63
150×150×515	40		

注：集料最大粒径指的是符合《普通混凝土用碎石或卵石质量标准及检验方法》(JGJ 53—1992)中规定的圆孔筛的孔径。

(2)试件的制作

试件的制作方法与普通混凝土力学性能测试时制作试件的方法及有关规定完全相同，另外有以下几点应注意。

①试件两端应预埋测头或留有埋设测头的凹槽。测头应由不锈钢或其他不锈材料制成，并应具有如图 1-1-1 所示的外形和尺寸。

②非标准试件采用接触式引伸仪时，所用试件的长度应至少比仪器的测量标距长出一个截面边长。测钉应粘贴在试件两侧面的轴线上。

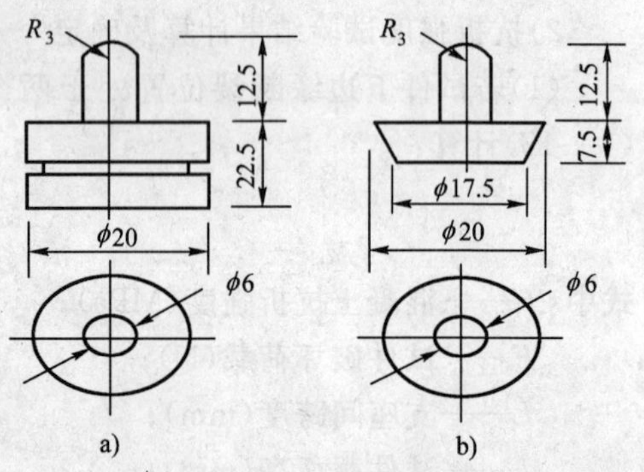

图 1-1-1 收缩测头(尺寸单位：mm)
a)预埋测头；b)后埋测头

③使用混凝土收缩仪，制作试件的试模应具有能固定测头或预留凹槽的端板。使用接触式引伸仪时，可用一般棱柱体试模制作试件。试件成型时如用机油作隔离剂，则所用机油的黏度不应过大，以免阻碍试件以后的湿度交换，影响测值。

(3)试件的养护

如无特殊规定，试件应带模养护 1～2d(视当时混凝土实际强度而定)。拆模后应立即粘贴或埋好测头或测钉，送至温度为 20℃±2℃、相对湿度为 95%以上的标准养护室养护。其主要仪器设备如下。

①变形测量仪器　有两种形式：混凝土收缩仪：测量标距 540mm，装有精度为 0.01mm 的百分表或测微器；其他形式的变形测量仪表：其测量标距不应小于 100mm 及最大集料粒径 3

倍。并至少能达到相对变形为 20×10^{-6} 的测量精度。

②测量装置　测量混凝土变形的装置应具有铟钢或石英玻璃制作的标准杆，以便在测量前及测量过程中校核仪表的读数。

③恒温恒湿室　能使室温保持在 20℃±2℃，相对湿度保持在 60%±5%。

(4)试验步骤及注意事项

①测定代表某一混凝土收缩性能的特征值时，试件应在 3d 龄期（从搅拌混凝土加水时算起）从标准养护室取出并立即移入恒温恒湿室测定其初始长度，此后至少应按以下规定的时间间隔测量其变形读数：1d、3d、7d、14d、28d、45d、60d、90d、120d、150d、180d（从移入恒温恒湿室内算起）。

②测定混凝土在某一具体条件下的相对收缩值时（包括在徐变试验时的混凝土收缩变形测定），应按要求的条件安排试验。对非标准养护试件如需移入恒温恒湿室进行试验，应先在该室内预置 4h，再测其初始值，以使它们具有同样的温度基准。测量时并应记下试件的初始干湿状态。

③测量前应先用标准杆校正仪表的零点，并应在半天的测定过程中至少再核 1～2 次（其中一次在全部试件测读完后）。如复核时发现零点与原值的偏差超过±0.01mm，调零后应重新测定。

④试件每次在收缩仪上放置的位置、方向均应保持一致。为此，试件上应标明相应的记号。试件在放置及取出时应轻稳，勿使其碰撞表架及表杆。如发生碰撞，则应取下试件，重新用标准杆复核零点。用接触式引伸仪测定时，也应注意使每次测量时，试件与仪表保持同样的方向性。每次读数应重复 3 次。

⑤试件在恒温恒湿室内应放置在不吸水的搁架上，底面架空，其总支承面积不应大于 100 倍的试件截面边长（mm），相邻试件之间应至少留有 30mm 的间隙。

⑥需要测定混凝土自缩值试件，在 3d 龄期时从标准养护室取出后应立即密封处理，密封处理可采用金属套或蜡封。采用金属套时，试件装入后应盖严焊死，不得留有任何能使内外湿度交换的缝隙。外露测头的周围也应用石蜡反复封堵严实。采用蜡封时至少应涂蜡 3 次，每次涂蜡前应用浸蜡的纱布或蜡纸包缠严实，蜡封完毕后应套以塑料袋加以保护。自缩试验期间，试件应无质量变化，如在 180d 试验间隙内质量变化超过 10g，该试件的试验结果无效。

(5)混凝土收缩值计算

混凝土收缩值按式(1-1-18)计算：

$$\varepsilon_{st}=\frac{L_0-L_t}{L_b} \tag{1-1-18}$$

式中：ε_{st}——试验期为 t 天的混凝土收缩值，t 从测定初始长度时算起；

L_b——试件的测量标距，用混凝土收缩仪测定时应等于两测头内侧的距离，即等于混凝土试件的长度（不计测头凸出部分）减去 2 倍测头埋入深度（mm）；

L_0——试件长度的初始读数（mm）；

L_t——试件在试验期为 t 时测得的长度读数（mm）。

取三个试件值的算术平均值作为该混凝土的收缩值，计算精确到 10×10^{-6}。

作为相互比较的混凝土收缩值为不密封试件于 3d 龄期自标准养护室移入恒温恒湿室中放置 180d 所测得的收缩值。

7. 普通混凝土徐变测试方法

混凝土在持续荷载作用下，随时间增加的变形称为徐变，亦称蠕变。在预应力混凝土桥梁构件中，由于混凝土的徐变，可使钢筋的预应力受到损失，因此，徐变是预应力混凝土结构极为关注的问题。但是,徐变也能消除钢筋混凝土内的部分应力集中,使应力较均匀地重新分布,对于大体积混凝土,能消除一部分由于温度变形所产生的破坏应力。徐变试验步骤如下。

1)试件的制作及养护

(1)试件尺寸

徐变试验采用棱柱体试件,每组 3 个,试件的尺寸应根据混凝土中集料的最大粒径按规定选定。

(2)试件的制作与养护

试件的制作方法与普通混凝土力学性能测试时制作试件的方法及有关规定完全相同,另外有以下几点应注意。

①采用外装式变形测量装置时,徐变试件两侧面应有安装测量仪表的测头,测头宜采用埋入式。采用内埋式应变测量装置时,应注意使测头埋设在试件中部并保持其轴线与试件长轴一致,试模的侧壁应具有能在成型时使测头定位的装置。在对粘结的工艺及材料确有把握时,允许采用胶粘。

②如无特殊要求,试件拆模后应立即送入标准养护室养护到 7d 龄期(自混凝土搅拌加水开始算起),然后移入恒温恒湿室待试。

③如需确定在具体使用条件下的混凝土徐变值,则应根据具体情况确定试件的养护及试验制度。

④制作徐变试件时,应同时制作相应的棱柱体抗压试件和收缩试件以供确定试验荷载大小及测定收缩值之用。收缩试件与徐变试件相同,并装有与徐变试件相同的测量装置。抗压试件及收缩试件应随徐变试件一并养护。

2)加荷时间

加荷时间有以下两方面:

(1)对比或检验混凝土的徐变性能时,试件应在 28d 龄期时加荷;

(2)当研究某一混凝土的徐变特性时,应至少制备 4 组徐变试件,并分别在龄期为 7d、14d、28d、90d 时加荷。

3)仪器设备

(1)徐变仪

其基本形式如图 1-1-2 所示,它包括上、下压板,弹簧持荷装置以及 2～3 根承力丝杆。弹簧及丝杆的数量、尺寸应按徐变仪所要求的试验吨位而定。在试验荷载下,丝杆的拉应力一般不应大于材料屈服点的 30%,弹簧的工作压力不应超过允许极限荷载的 80%,但工作时弹簧的压缩变形也不得小于 20mm,以使它具有足够的调整能力。有条件时也可采用两个试件串叠受荷,以提高设备的利用率。

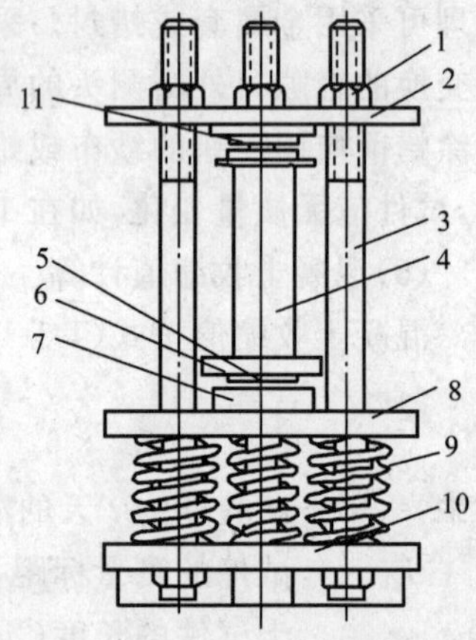

图 1-1-2 徐变仪

1-螺母;2-上压板;3-丝杆,4-试件;5,11-球铰;6-垫板;7-定心;8-下压板;9-弹簧;10-底盘

(2)加荷装置

包括加荷架、千斤顶及测力装置,现分列如下。

①加荷架由接长杆及顶板组成,用以承受加荷时的反力。加荷时加荷架与徐变仪丝杆顶部相连。

②千斤顶一般为起重千斤顶,其吨位应大于所要求的试验荷载。

③测力装置:标准箱(压力环)或其他形式的压力测定装置,其测量精度应达到所加荷载的1%,其量程应能使试验压力值不小于全量程的20%,也不大于全量程的80%。

(3)变形测量装置

可采用外装的带接长杆的千分表、差动式应变计或移动式的接触式引伸仪,它应能保证所测量的应变值至少具有20×10^{-6}mm的精度。

(4)温、湿度

恒温恒湿室能使室温保持在20℃±2℃、相对湿度保持在60%±5%。

4)试验步骤

(1)试验前应充分做好准备工作,需要粘贴测头或测点的应在前一天粘好,仪表安装好后应仔细检查,不得有任何松动或异常现象。加荷用的千斤顶、测力计等也应予以检查。

(2)把同条件养护的棱柱体抗压强度试件取出试压,取得混凝土的棱柱体抗压强度。

(3)把徐变试件放在徐变仪的下压板上,此时试件加荷千斤顶、测力计及徐变仪的轴线应重合。再次检查变形测量仪表的调零情况,记下初始读数。

(4)试件放好后,开始加荷。试验时取徐变应力为所测得的棱柱体抗压强度的40%。如果采用外装仪表或接触式引伸仪,用千斤顶先加压至徐变应力的20%进行对中。两侧变形相差应小于其平均值的10%,如超出此值,应松开千斤顶,重新调整后,再加荷到徐变应力的20%,检查对中的情况。对中完毕后,应立即继续加荷直到徐变应力,读出两边的变形值。此时,两边变形的平均值即为在徐变荷载下的初始变形值。从对中完毕到测初始变形值之间的加荷及测量时间不得超过1min。拧紧承力螺杆上端的螺帽,放松千斤顶,观察两边变形值的变化情况,此时,试件两侧的读数相差应不超过平均值的10%,否则应予以调整。调整应在试件持荷情况下进行,调整过程中所产生的变形增值应计入徐变变形之中。再加荷到徐变应力,检查两侧变形读数,其总和与加荷前读数相比,误差不应超过2%,否则应予以补足。

(5)按下列试验周期(由试件加荷时起算)测定混凝土试件的变形值:1d、3d、7d、14d、28d、45d、60d、90d、120d、150d、180d、360d。

(6)在测读变形读数的同时应测定同条件放置的收缩试件的收缩值。

(7)试件受压后应定期检查荷载的保持情况,一般在7d、28d、60d、90d各校核一次,如荷载变化大于2%,应予以补足。

5)试验结果计算

(1)混凝土的徐变值计算

混凝土的徐变值按式(1-1-19)计算:

$$\varepsilon_{ct}=\frac{\Delta L_t-\Delta L_0}{L_b}-\varepsilon_{st} \tag{1-1-19}$$

式中:ε_{ct}——加荷t天后的混凝土徐变值;

ΔL_t——加荷t天后混凝土的总变形值(mm);

ΔL_0——加荷时测得的混凝土初始变形值(mm);

L_b——测量标距(mm);

ε_{st}——同龄期混凝土的收缩值。

(2)混凝土的徐变度计算

混凝土的徐变度应按式(1-1-20)计算:

$$C_t=\frac{\varepsilon_{ct}}{\alpha} \tag{1-1-20}$$

式中：C_t——加荷 t 天混凝土的徐变度(MPa^{-1})；

α——徐变应力(MPa)。

(3)混凝土的徐变系数计算

混凝土的徐变系数按式(1-1-21)计算：

$$\varphi_t=\frac{\varepsilon_{ct}}{\varepsilon_0} \tag{1-1-21}$$

式中：φ_t——加荷 t 天的混凝土徐变系数；

ε_0——混凝土在加荷时测得的初始应变值，即：

$$\varepsilon_0=\frac{\Delta L_0}{L_b} \tag{1-1-22}$$

第四节 钢 材

一、桥涵用钢材的分类

桥涵用钢材的分类可按形状、化学成分、生产工艺、质量、用途等多种分类方法分类。

(1)按其形状分类

可分为型材、棒材(或线材)和异型材(特种形状)3类。

①型材主要包括型钢和钢板，主要用于钢桥建筑。

②线材主要包括钢筋、预应力钢筋、高强钢丝和钢绞线等，它是钢筋混凝土桥梁建筑中使用的重要材料之一。

③异型材是为特殊用途而制作的，如预应力混凝土中用的锚具、夹具和大变形伸缩装置中使用的异型钢梁等。

(2)按含碳量分类

低碳钢：含碳量小于0.25%；

中碳钢：含碳量0.25%～0.6%；

高碳钢：含碳量大于0.6%。

(3)合金钢分类

低合金钢：含合金元素总量小于5%；

中合金钢：含合金元素总量在5%～10%；

高合金钢：含合金元素总量大于10%。

二、桥梁用钢材的主要力学性能及表面质量要求

1.桥梁用钢材的主要力学性能

1)强度

强度是钢材力学性能的主要指标，包括屈服强度和抗拉强度。

(1)屈服强度也称屈服极限，它是钢材开始丧失对变形的抵抗能力，并开始产生大量塑性变形时所对应的应力。

中碳钢和高碳钢没有明显的屈服点，通常以残余变形0.2%的应力作为屈服强度。

(2)抗拉强度是钢材所能承受的最大拉应力。即当拉应力达到强度极限时，钢材因完全丧失了对变形的抵抗能力而断裂。

屈服强度与抗拉强度的比值叫屈强比，用来比较结构的可靠性和钢材的有效利用率。屈强比越小，结构可靠性越高；但比值太小，则钢材的利用率太低。

2)塑性

塑性是钢材在受力破坏前可以经受永久变形的性能，通常用伸长率和断面收缩率表示。

(1)伸长率是钢材受拉发生断裂时所能承受的永久变形能力。试件拉断后标准长度的增量与原标准长度之比的百分率即伸长率。

(2)断面收缩率是指试件拉断后缩颈处横断面积的最大缩减量占原横断面积的百分率。

3)冷弯性能

冷弯性能是钢材在常温条件下承受规定弯曲程度的弯曲变形能力，并可在弯曲中显示钢材缺陷的一种工艺性能。

4)硬度

硬度是钢材抵抗其他较硬物体压入的能力，实际上硬度为钢材抵抗塑性变形的能力。

5)冲击韧性

冲击韧性是钢材在瞬间动荷载作用下抵抗破坏的能力。

6)耐疲劳性

钢材在交变应力(随时间交替变更的应力)的反复作用下，往往在工作应力远小于抗拉强度时发生骤然断裂，这种现象称为“疲劳破坏”。钢材抵抗疲劳破坏的能力称为耐疲劳性。

7)良好的焊接性

良好的焊接性是指钢材的连接部分焊接后力学性能不低于焊件本身，以防止产生硬化脆裂和内应力过大等现象。

2. 钢筋表面质量要求

钢筋外表面不得有严重锈蚀、麻坑、裂纹、结疤、折叠、夹砂、夹层等缺陷。热轧带肋钢筋表面允许有凸块，但不得超过横肋高度，表面上其他缺陷的深度和高度不得大于所在部位尺寸的允许偏差。钢筋表面不得有油污和其他影响使用的缺陷。

三、桥梁用钢材的力学性能测试方法

1. 试件取样

1)组批规则

钢筋按批进行检查验收，每批应由同一牌号、同一外形、同一规格、同一生产工艺和同一交货状态的钢筋组成，每批不大于60t。

2)取样数量

各类钢筋取样数量见表3-1-3

各类钢筋每组试件数量 表 3-1-3

钢筋种类	每组试件数量		
	拉伸试验	弯曲试验	反向(复)弯曲试验
热轧带肋钢筋	2 根	2 根	1 根(反向弯曲)
热轧光圆钢筋	2 根	2 根	/
低碳热轧圆盘条	2 根	2 根	/
冷轧带肋筋	逐盘 1 个	每批 2 个	2 根(反复弯曲)

3)取样方法

(1)规定取 2 个试件的,均应从任意两根(两盘)中分别切取每根钢筋上切取一个拉伸试件、一个冷弯试件;

(2)低碳热轧圆盘条,冷弯试件应取自同盘的两端;

(3)试件切取时,应在任意一端截去 500mm 后切取;

(4)一般试件长度为:

拉伸试件 $L \geqslant 10d+200mm$

弯曲试件 $L \geqslant 5d+150mm$

2. 试验项目及方法

1)屈服强度和抗拉强度

钢筋拉伸试验在试验机上进行时,当测力度盘的指针停止转动后恒定负载或第一次回转的最小负荷即为所求屈服点的荷载。

屈服强度(σ_S)以 MPa 表达,并按式(1-1-23)计算:

$$\sigma_s = \frac{F_s}{A_0} \tag{1-1-23}$$

式中:F_s——相当于所求屈服应力时的荷载(N);

A_0——试件原截面面积(mm^2)。

中碳钢和高碳钢没有明显的屈服点,采用分级加荷,求出弹性直线段相应于小等级负荷的平均伸长增量,由此计算出偏离直线段后各级负荷的弹性伸长。从总伸长中减去弹性伸长即为残余伸长。通常以残余伸长 0.2%的应力作为屈服强度,表示为 $\sigma_{0.2}$,并按式(1-1-24)计算:

$$\sigma_{0.2} = \frac{F_{0.2}}{A_0} \tag{1-1-24}$$

式中:$F_{0.2}$——相当于所求应力的荷载(N);

A_0 ——试件原横截面积(mm^2)。

抗拉强度是向试件连续加荷直至拉断,由测力度盘或拉伸曲线上读出最大负荷 F_b。抗拉强度(σ_b)以 MPa 表达,按式(1-1-25)计算:

$$\sigma_b = \frac{F_b}{A_0} \tag{1-1-25}$$

式中:F_b——试件拉断前的最大荷载(N);

A_0——试件原横截面积(mm^2)。

2)塑性

工程中钢材塑性指标通常用伸长率和断面收缩率表示，钢筋一般可进行伸长率单项抽验。当试件拉断后，标距长度的增量与原标距长度之比的百分率即为伸长率。伸长率(δ_n)以%表达，并按式(1-1-26)计算：

$$\delta_n=\frac{L_1-L_0}{L_0}\times 100\% \tag{1-1-26}$$

式中：L_1——试件拉断后标距部分的长度(mm)；

L_0——试件原标距长度(mm)；

δ_n——长、短比例试件的伸长率，分别以 δ_5、δ_{10} 表示，定标距试件伸长率应附该标距长度数值的脚注，如 $L=100$mm 或 200mm，则伸长率分别以 δ_{100}、δ_{200} 表示。

为了避免由于试样断裂位置不符合所规定的条件而必须报废试样，可以使用如下方法测定断后伸长率：在试验前将原始标距(L_0)细分为 N 等分。试验后，以符号 X 表示断裂后试样短段的标距标记，以符号 Y 表示断裂试样长段的等分标记，此标记与断裂处的距离最接近于断裂处至标距标记 X 的距离。如 X 与 Y 之间的分格数为 n，按如下方法测定断后伸长率。

(1)如 $N-n$ 为偶，测量 X 与 Y 之间的距离和测量从 Y 至距离为 $(N-n)/2$ 个分格的 Z 标记之间的距离。按照式(1-1-27)计算断后伸长率：

$$\delta=\frac{XY+2YZ-L_0}{L_0}\times 100\% \tag{1-1-27}$$

(2)如 $N-n$ 为奇数，则测量 X 与 Y 之间的距离，和测量从 Y 至距离分别为 $(N-n-1)/2$ 和 $(N-n+1)/2$ 个分格的 Z' 和 Z'' 标记之间的距离。按照式(1-1-28)计算断后伸长率：

$$\delta=\frac{XY+YZ'+YZ''-L_0}{L_0}\times 100\% \tag{1-1-28}$$

3)硬度

按现行规范检测钢硬度的方法主要有布氏硬度和洛氏硬度两种。

(1)试验仪具

(1)布氏硬度试验法

①布氏硬度试验机。

②钢球　钢球应用淬火硬钢制成，其硬度值应不低于维氏硬度 HV850；钢球直径为 2.5mm、5.0mm 或 10.0mm；钢球表面光洁度应不低于 12，并在 5 倍放大镜下观察无任何表面缺陷。

③试件　试件表面应制成光滑平面，以便压痕边缘足够清晰而保证测量压痕直径的准确性，试件表面无氧化皮或其他外来污物；制作试件时，不应使试件表面因受热或加工硬化而改变其硬度。

(2)洛氏硬度试验法

①洛氏硬度试验机。

②试件　试件试验面必须精细制备使其平坦，不带有油脂、氧化皮、裂缝、显著加工痕迹、凹坑及外来污物。试件表面加工时应避免因受热或冷加工改变金属的性能；对于弯曲面的试件，其曲率半径不得小于 15mm，如半径为 5～15mm，则测得硬度值需加以修正；试件表面层最小厚度不小于卸除主负荷后压头压入深度的 8 倍。

4)试验方法

(1)布氏硬度法

①试验应在 10℃～30℃温度下进行。

②根据试件的硬度、厚度选用钢球直径和试验力。

③将试件放在支撑台上，加初负荷使试件与钢球互相接触，必须使所施加作用力与试验平面垂直、平稳均匀地施加负荷，不得受到冲击和振动，并按规定时间保持负荷。

④卸下负荷，用测微显微镜测量压痕直径，从相互垂直方向各测 1 次（或从直读式硬度机上读出压痕直径）。钢球直径为 10mm、5mm 或 2.5mm 时，压痕直径测量分别精确到 0.02mm、0.02mm 和 0.01mm，压痕两直径之差应不超过较小直径的 2%。

⑤试验后压痕直径的大小应在 $0.25D<d<6D$ 范围内，否则试验结果无效，另行选择相应的负荷重新试验。

⑥试验后试件边缘及背面呈现变形痕迹时，试验无效，另选择直径较小钢球及相应负荷重新试验。

⑦压痕中心距试件边缘应不小于压痕直径的 2.5 倍，两压痕中心间距不小于压痕直径的 2.5 倍；试验布氏硬度值 HB 小于 35 的金属时，上述距离分别为压痕直径的 3 倍和 6 倍。

⑧HB 可根据压痕直径计算。当 HB≥100 时，硬度值取整数；当 HB＝10～100 时，计算到小数一位；当 HB＜10 时，计算到小数两位。

(2)洛氏硬度法

①试验在 10℃～30℃温度下进行。

②根据试件的硬度选用试验条件。

③试件的试验面、支撑面、试台表面和压头表面应清洁。试件应稳固地放置在试台上，以保证在试验过程中不产生位移及变形。

④在任何情况下，不允许压头与试台及支座触碰。试件支撑面、支座和试台工作面上均不得有压痕。

⑤试验时，必须保证试验力方向与试件的试验面垂直。

⑥在试验过程中，试验装置不应受到冲击和振动。

⑦施加初始试验力时，指针或指示线不得超过硬度计规定范围，否则应卸除初始试验力，在试件另一位置试验。

⑧调整示值指示器至零点后，应在 2～8s 内施加全部主试验力。

⑨应均匀平稳地施加试验力，不得有冲击及振动。

⑩施加主试验力后，总试验力的保持时间应以示值指示器指示基本不变为准。

总试验力保持时间推荐如下：对于施加主试验力后不随时间继续变形的试件，保持时间为 1～3s；对于施加主试验力后随时间缓慢变形的试件，保持时间为 6～8s；对于施加主试验力后随时间明显变形的试件，保持时间为 25～30s。

⑪达到要求的保持时间后，在 2s 内平稳地卸除主试验力，保持初始试验力，从相应的标尺刻度上读出硬度值。

⑫两相邻压痕中心间距离至少应为压痕直径的 4 倍，但不得小于 2mm。任一压痕中心距试样边缘距离至少应为压痕直径的 2.5 倍，但不得小于 1mm。

⑬在每个试件上的试验点数应不少于 4 点。对大批量试件的检验，点数可适当减少。

3.冲击韧性

1)主要仪器设备

(1)冲击试验机

①冲击试验机的标准打击能量为 300J±10J 或 150J±10J，打击瞬间摆锤的冲击速度应为 5.0～5.5m/s。根据需要也可使用其他冲击能量的试验机。

②试验机的试样支座及摆锤刀刃尺寸应符合规定。

③冲击试验机的其他技术条件应符合《摆锤式冲击试验机的检验》(GB 3808—2002)规定。

④对于高温或低温冲击试验，温度控制装置应能将试验温度稳定在规定值的±2℃之内。

⑤使用液体介质加热或冷却试样时，恒温槽应有足够容量和介质，并应有使介质温度均匀的装置。

(2)测温用的玻璃温度计最小分度值应不大于 1℃，误差应符合规定，测温热电偶应符 II 级热电偶要求。

(3)测温仪器(数字指示装置或电位差计)的误差应不超过±0.1%。

(4)热电偶参考端温度应保持恒定，偏差应不超过 0.5℃。

2)试验要求

(1)试样

①规定以 10mm×10mm×55mm 带有 V 形缺口的试样为标准试样。试样的尺寸及偏差应符合规定。试样缺口底部应光滑，无与缺口轴线平行的明显划痕。进行仲裁试验时，试样缺口底部的光洁度不应低于 7。

②试样毛坯切取的部位、取向、数量均应按照相应技术条件的规定。毛坯切取和试样加工过程中，不应受加工硬化或热影响而改变金属的冲击性能。

③试样的标记不应影响支座对试样的支承，也不应使缺口附近产生加工硬化。一般可标记在试样的端面、侧面或缺口背面距端面 15mm 以内，但不应标在支承面上。试样在加工和保存期间应防止锈蚀，缺口部位应避免划伤。

(2)试验前应检查摆锤空打是否指零(摆锤自由下垂时，使被动指针紧靠主动指针并对准最大冲击能量处，扬起摆锤空打，被动指针应指零位)，其偏差不应超过最小分度值的 1/4。

(3)试样的放置应紧贴支座，并能使摆锤刀刃打击在背向缺口的一面。试样缺口对称面应位于两支座对称面上，其偏差不应大于±0.2mm。

(4)试验时检查试样尺寸用的量具精度不应低于 0.02mm。

(5)当没有规定具体温度时，试验温度一般为 20℃±5℃。

3)结果计算

钢材冲击韧性 A_k 按式(1-1-29)和式(1-1-30)计算：

$$A_k = F(H-h) \tag{1-1-29}$$

$$A_k = FL(\cos\beta - \cos\alpha) \tag{1-1-30}$$

式中：F——摆锤静载(N)；

L——摆锤重心到立柱间距离(m)；

H——摆锤扬起时的高度；

h——摆锤回落时的高度。

4.冷弯性能试验

它是钢筋在常温条件下进行的一项工艺性试验。试验可在配备弯曲装置的压力机或万能试验机上进行。常用弯曲装置有支辊式、V 形模具式、虎钳式、翻板式等 4 种，其中使用最多的是支辊式弯曲装置。支辊长度应大于试样宽度或直径，支辊半径应为 1～10 倍试样厚度，且支辊应具有足够的硬度。支辊间距离应符合规定，在试验期间应保持不变。弯曲压头直径应符合规定，弯曲压头宽度应大于试样直径，且应具有足够的硬度。试验时将试样放在满足以上条件的设备上缓缓弯曲至规定的弯曲角度。若无裂纹、起层或断裂等现象，则认为合格。如钢材含碳、磷量较高或受过不正常的热处理，则冷弯试验往往不能合格。

5.反复弯曲试验

反复弯曲试验时，应将试样一端夹紧，然后绕着规定半径的圆柱形表面使试样弯曲 90°，再向相反方向弯曲，如此反复。弯曲圆弧半径、圆弧顶部至拨杆底面的距离以及拨杆的孔径应按试件尺寸进行选择。

试样从起始位置向左右弯曲 90°后返回至起始位置，作为第一次弯曲；再由起始位置向左右弯曲 90°，再返回起始位置作为第二次弯曲；依次连续反复弯曲。试样折断时的最后一次不计。

弯曲次数达到或超过有关标准中所规定的弯曲次数为合格。

6.焊接钢筋质量检测方法

钢筋接头一般应采用焊接，螺纹筋可采用挤压套管接头或锥螺纹接头。钢筋的焊接应优先选用闪光对焊，当缺乏闪光对焊条件时，也可采用电弧焊、电渣压力焊、气压焊等。不同焊接方法的质量检测内容和标准如下。

1)钢筋闪光对焊接头

(1)批量规定

在同一台班内，由同一焊工按同一焊接参数完成的 300 个同类型(指钢筋级别和直径均相同的接头)接头作为一批。一周内连续焊接时可以连续计算，一周内累计不足 300 个接头时，也按一批计算。

(2)外观检查

每批抽查 10%的接头，并不得少于 10 个。

(3)焊接等长预应力钢筋(包括螺丝端杆与钢筋)时，可按生产时同等条件制作模拟试件。

(4)螺丝端杆连接接头可只做拉伸试验。

(5)力学性能试验

包括拉伸试验和弯曲试验。应从每批成品中切取 6 个试件，3 个进行拉伸试验，3 个进行弯曲试验。试验结果应符合下列要求。

①3 个热轧钢筋接头试件的抗拉强度均不得小于该级别钢筋规定的抗拉强度，如热处理 III 级钢筋接头试件的抗拉强度均不得小于 HRB400 钢筋的抗拉强度。

②应至少有 2 个试件断于焊缝之外，并呈延性断裂。

当试验结果有 1 个试件的抗拉强度小于上述规定值，或有 2 个试件在焊缝或热影响区发生脆性断裂时，应再取 6 个试件进行复验。

③预应力钢筋与螺丝端杆闪光对焊接头拉伸试验结果，3 个试件应全部断于焊缝之外，呈延性断裂。

④当试验结果有 1 个试件在焊缝或热影响区发生脆性断裂时，应从成品中再切取 3 个试件进行复验；当仍有 1 个试件在焊缝或热影响区发生脆性断裂时，应确认该批为不合格品。

⑤模拟试件的试验结果不符合要求时，应从成品中再切取试件进行复验，其数量和要求应与初始试验时相同。

⑥闪光对焊接头弯曲试验时,应将受压面的金属毛刺和镦粗变形部分消除,且与母材的外表齐平。

⑦弯曲试验可在万能试验机、手动或电动液压弯曲试验器上进行。焊缝应处于弯曲中心,弯心直径和弯曲角应符合规定,当弯至90°时,至少有2个试件不得发生破断。

⑧当试验结果有2个试件发生破断时,应再取6个试件进行复验;当仍有3个试件发生破断,应确认该批接头为不合格品。

2)钢筋电弧焊接头

(1)批量规定

以300个同类型接头为一批,不足300个时仍作为一批。

(2)外观检查

应在接头清渣后逐个进行目测或量测,检查结果应符合下列要求。

①焊缝表面平整,不得有较大的凹陷、焊瘤。

②接头处不得有裂纹。

③咬边深度、气孔、夹渣的数量和大小以及接头偏差,不得超过规定的数值。

④坡口焊及熔槽帮条焊接头,其焊缝加强高度不大于3mm。

外观检查不合格的接头,经修整或补强后,可再次提交二次验收。

(3)强度检验试验

从成品中每批切取3个接头做拉伸试验,试验结果应符合下列要求。

①3个热轧钢筋接头试件的抗拉强度均不得低于该级别钢筋的规定抗拉强度值,如热处理III级钢筋接头试件抗拉强度均不得小于HRB400钢筋规定的抗拉强度。

②至少有2个试件呈塑性断裂,3个试件均断于焊缝之外。

当检验结果有1个试件的抗拉强度低于规定指标或有2个试件发生脆性断裂时,应取双倍数量的试件进行复验。复验结果若仍有1个试件的抗拉强度低于规定指标,或有1个试件断于焊缝,或有3个试件呈脆性断裂时,则该批接头即为不合格品。

3)电渣压力焊

(1)接头质量检查

电渣压力焊接头应逐个进行外观检查。在做力学性能试验时,从每批接头中随机切取3个试件做拉伸试验,应符合下列要求。

①在一般构筑物中,以300个同级别钢筋接头作为一批。

②在现浇钢筋混凝土结构中,每一施工区段中以300个同级别钢筋接头作为一批,不足300个接头仍作为一批。

(2)外观检查质量要求

电渣压力焊接头外观检查结果应符合下列要求。

①接头焊毕,应停歇适当时间,才可回收焊剂和卸下焊接夹具。敲去渣壳,四周焊包应较均匀,凸出钢筋表面的高度至少4mm。

②电极与钢筋接触处,无明显的烧伤缺陷。

③接头处的弯折角不大于4°。

④接头处的轴线偏移不超过0.1倍钢筋直径,同时不大于2mm。

外观检查不合格的接头应切除重焊,或采取补强措施。

(3)拉伸试验质量要求

电渣压力焊接头拉伸试验结果,3个试件的抗拉强度均不得低于该级别钢筋规定的抗拉强度值。

当试验结果有1个试件的抗拉强度低于规定指标,应取6个试件进行复验,若仍有1个试件的抗拉强度低于规定指标,则确定该批接头为不合格品。

4)气压焊

(1)接头质量检查

气压焊接头应逐个进行外观检查。当进行力学性能试验时,应从每批接头中随机切取3个接头做拉伸试验。在梁、板的水平钢筋连接中,应另切取3个接头做弯曲试验,且应按下列规定抽取试件:以300个接头作为一批,不足300个接头仍作为一批。

(2)外观检查质量要求

气压焊接头外观检查结果应符合下列要求。

①偏心量 e 不得大于钢筋直径的0.15倍,同时不得大于4mm,当不同直径钢筋焊接时,按较小钢筋直径计算。当超过限量时,应切除重焊。

②两钢筋轴线弯折角不得大于4°,当超过限量时,应重新加热矫正。

③镦粗直径 d 不得小于钢筋直径的1.4倍,当小于此限量时,应重新加热镦粗。

④镦粗长度 l_c 不得小于钢筋直径的1.2倍,且凸起部分平缓圆滑。当小于此限量时,应重新加热镦长。

⑤压焊面偏移 d_h 不得大于钢筋直径的0.2倍。

(3)拉伸试验质量要求

气压焊接头拉伸试验结果,3个试件的抗拉强度均不得低于该级别钢筋规定的抗拉强度,并断于压焊面之外,呈延性断裂。若有1个试件不符合要求时,应切取6个试件进行复验,若仍有1个试件不符合要求,该批接头为不合格品。

(4)弯曲试验质量要求

气压焊接头弯曲试验时,应将试件受压面的凸起部分除去,与钢筋外表面齐平。弯心直径应符合规定。

弯曲试验可在万能试验机、手动或电动液压弯曲试验器上进行。压焊面应处在弯曲中心点,弯至90°,3个试件均不得在压焊面发生破断。

当试验结果有1个试件不符合要求,应切取6个试件进行复验,若仍有1个试件不符合要求,该批接头为不合格品。

5)钢筋机械连接接头检测

钢筋机械连接接头检测项目是根据钢筋机械连接接头的性能等级和应用场合来确定的。其项目有静力单向拉伸性能(包括强度、极限变形、残余变形)、高应力反复拉压(包括强度和残余变形)、大变形反复拉压(包括强度和残余变形)、抗疲劳、耐低温等各项性能。基本要求是:接头抗拉强度达到或超过母材抗拉强度的标准,并具有高延性及反复拉压性能。

对直接承受动力荷载的结构,其接头应满足设计要求的抗疲劳性能。设计无要求时,对连接HRB335的钢筋的接头,其疲劳性能应能经受应力幅度为100MPa,上限应力为180MPa的200万次循环加载。对连接HRB400的钢筋的接头,其疲劳性能应能经受应力幅度为100MPa,上限应力为190MPa的200万次循环加载。

6)金属螺旋管检测

(1)金属螺旋管检测项目

包括外观、尺寸、集中荷载下径向刚度、荷载作用后抗渗漏、抗弯曲渗漏等。

(2)质量要求

外观要求：外观应清洁，内外表面无油污，无引起生锈的附着物，无孔洞和不规则的折皱，咬口无开裂、无脱扣。

抗渗漏性能：在规定的集中荷载和均布荷载作用后，或在弯曲情况下，不得渗出水泥浆，但允许渗水。

四、预应力钢材试验检测

1. 预应力混凝土用钢筋、钢丝和钢绞线的力学性能和表面质量要求

预应力混凝土用钢筋有热处理钢筋、冷拉钢筋和热轧螺纹钢筋。预应力混凝土用的钢丝有冷拔低碳钢丝、冷拉或消除应力的光圆钢丝、螺旋肋钢丝和刻痕钢丝。消除应力钢丝包括低松弛钢丝和普通松弛钢丝两种。桥涵工程用钢丝一般为低松弛钢丝。

(1)热处理钢筋

热处理钢筋由热轧螺纹钢筋经淬火和回火的调质处理而成。经热处理后改变了钢筋的内部组织结构，其性能得到改善，抗拉强度提高到预应力钢筋所需要的强度等级。热处理钢筋按其螺纹外形分为有纵肋和无纵肋。热处理钢筋的力学性能有屈服强度、抗拉强度和伸长率等指标。

表面质量要求：钢筋表面不得有肉眼可见的裂纹、结疤、折叠；允许有凸块，但不得有超过横肋高度的凸块；表面允许有不影响使用的缺陷，但不得沾油污。

尺寸偏差应符合有关规范的要求。

(2)冷拉钢筋

冷拉钢筋是将钢筋在常温下拉伸超过屈服点，以提高钢筋的屈服极限、强度极限和疲劳极限的一种加工工艺。但经冷拉后会降低钢筋的延伸率、断面收缩率、冷弯性能和冲击韧性。预应力混凝土结构所用钢筋，主要要求具有高的屈服强度、变形极限等强度性能。而对延伸率、断面收缩率、冷弯性能和冲击韧性要求不高。冷拉钢筋的力学性能包括屈服强度、抗拉强度、伸长率和冷弯性能。

表面质量要求：钢筋冷拉后，表面不应发生裂纹；冷弯试验后无裂纹、鳞落或断裂现象。

(3)精轧螺纹钢筋

精轧螺纹钢筋是用热轧方法直接生产的一种无纵肋钢筋。钢筋的连接是在端部用螺纹套筒进行连接接长。其力学性能包括屈服点、抗拉强度、冷弯性能和10h松弛率。

表面质量要求：钢筋表面不得有横向裂纹、结疤和机械损伤，钢筋表面允许有不影响力学性能和连接的缺陷。

(4)冷拔钢丝

冷拔钢丝是把直径6～8mm的普通碳素钢筋条用强力拉过比它本身直径还小的硬质合金拉丝模。这时钢筋同时受到纵向拉力和横向压力的作用，截面变小，长度拉长，经过几次拉丝，其强度比原来有极大的提高。冷拔钢丝的力学性能要求包括抗拉强度、伸长率和180°反复弯曲次数。

表面质量要求：钢丝表面不得有裂纹和机械损伤。

(5)高强钢丝

高强钢丝有冷拉钢丝、消除应力钢丝和消除应力刻痕钢丝。

冷拉钢丝是用盘条钢筋通过拔丝模或轧辊经冷加工而成、以盘卷供货的钢丝。力学性能要求包括抗拉强度、规定非比例伸长应力、最大力下总伸长率、弯曲次数、弯曲半径、断面收缩率、每 210mm 扭矩的扭转次数和初始应力相当于 70%公称抗拉强度时 1 000h 后应力松弛率。

消除应力钢丝是按一次性连续处理方法生产的钢丝。生产工艺如下：钢丝在塑性变形下进行的短时热处理，得到的是低松弛钢丝；钢丝经过矫直工序后在适当的温度下进行的短时的热处理，得到的是普通松弛应力钢丝；消除应力钢丝的力学性能要求包括抗拉强度、规定非比例伸长应力、最大力下总伸长率、弯曲次数、弯曲半径、初始应力相当于公称抗拉强度的百分数和 1 000h 后应力松弛率。

刻痕钢丝是钢丝表面沿着长度方向具有规则间隔的压痕。其力学性能要求包括抗拉强度、规定非比例伸长应力、最大力下总伸长率、弯曲次数、弯曲半径、初始应力相当于公称抗拉强度的百分数和 1 000h 后应力松弛率。

表面质量要求：钢丝表面不得有裂纹、小刺、机械损伤、氧化铁皮及油污；回火成品表面允许有回火颜色，表面允许有浮锈，但不得锈蚀成目视可见的麻坑。

(6)钢绞线

钢绞线是钢厂用优质碳素结构钢经过冷加工、再经回火和绞捻等加工而成，塑性好、无接头、使用方便，专供预应力混凝土结构使用。其力学性能要求包括抗拉强度、整根钢绞线的最大力、规定非比例延伸力、最大力总伸长率和 1 000h 后应力松弛率等。

表面质量要求：钢绞线表面不得带有降低钢绞线与混凝土黏结力的润滑剂、油渍等物质，允许有轻微的浮锈，但不得锈蚀成肉眼可见的麻坑。

2.预应力混凝土用钢筋、钢丝和钢绞线的力学性能检测

1)组批规则

各种预应力混凝土用钢筋、钢丝、钢绞线应按批进行检查和验收，每批应由同一批号、同一外形、同一规格、同一生产工艺和同一交货状况的钢筋组成。

2)取样、复验规则

(1)热处理钢筋

每批钢筋的质量不大于 60t。从每批钢筋中抽取 10%的盘数(不小于 25 盘)进行表面质量和尺寸偏差检查。如果不合格，则应逐盘检查，从每批钢筋中抽取 10%的盘数(不小于 25 盘)进行力学性能试验。试验结果如有一项不合格时，该盘不合格的应报废，并从未试验的钢筋中取双倍数量的试样进行复验；如仍有一项不合格，则该批钢筋为不合格。

(2)冷拉钢筋

冷拉钢筋应分批进行检验，每批质量不得大于 20t。每批钢筋的级别和直径均应相同。每批钢筋外观经逐根检查合格后，再从任选的两根钢筋上各取一套试件进行拉力试验和冷弯试验，如有一项不合格时，则取双倍数量的试件重做全部各项试验；如仍有一根不合格，则该批钢筋为不合格。

计算冷拉钢筋的屈服强度和抗拉强度时，采用冷拉前的公称截面面积。冷弯试验后，冷拉钢筋的外观不得有裂纹、鳞落或断裂现象。

(3)精轧螺纹钢筋

应分批进行检验，每批质量不大于 100t。对表面质量逐根进行目视检查，外观合格后在每批中任选两根钢筋截取试件进行拉伸试验，如有一项不合格时，则取双倍数量的试件重做全部各项试验；如仍有一根不合格，则该批钢筋为不合格。拉伸试验的试件不允许有任何形式的

加工。

(4)冷拔低碳钢丝

应逐盘进行抗拉强度、伸长率和弯曲试验。从每盘钢丝上任一端截去不少于500mm后再取两个试样，分别进行拉力和180°反复弯曲试验，试验结果应符合要求。弯曲试验后不得有裂纹、鳞落或断裂现象。

(5)高强钢丝

应分批检验，每批质量不大于60t。先从每批中抽查5%，但不少于5盘，进行形状、尺寸和表面检查，如不合格，则将该批钢丝逐盘检查。在上述检查合格的钢丝中抽取5%，但不少于3盘，在每盘钢丝的两端取样进行抗拉强度、弯曲和伸长率试验。试验结果如有一项不合格时，该盘不合格的应报废，并从同批未试验过的钢丝中取双倍数量的试样进行该不合格项的复验；如仍有一项不合格，则该批钢丝为不合格。

(6)钢绞线

每批钢绞线的质量不大于60t。从每批钢绞线中任取3盘，并从每盘所选的钢绞线端部正常部位截取一根试样进行表面质量、直径偏差和力学性能试验。如每批少于3盘，则应逐盘进行上述试验。试验结果如有一项不合格时，该盘不合格的应报废，并从该批未试验过的钢绞线中取双倍数量的试样进行该不合格项的复验；如仍有一项不合格，则该批钢绞线为不合格。

3)规定非比例延伸力测试

钢绞线规定非比例延伸力采用的是引伸计标距的非比例延伸达到原始标距0.2%时所受的力($F_{p0.2}$)。为方便供方日常检验，也可以测定规定总延伸达到原始标距1%的力(F_{t1})，其值符合本标准规定的$F_{p0.2}$值时可以交货，但仲裁试验时测定$F_{p0.2}$。测定$F_{p0.2}$和F_{t1}时，预加负荷为规定非比例延伸力的10%。

4)应力松弛性能试验

应力松弛是预应力筋在恒定长度下应力随时间而减小的现象。目前，桥涵施工中普遍要求测量预应力钢筋的松弛率。

应力松弛性能试验时，要求试验期间试样的环境温度始终保持在20℃±2℃内。试验标注长度不小于公称直径的60倍。试样制备后不得进行任何热处理加工和冷加工。初始负荷应在3～5min内均匀施加完毕，持荷1min后开始记录松弛值。允许用100h的测试数据推算1 000h的松弛率值。

复习思考题

一、单项选择题

1.下列说法正确的是(　)。

A.冷拉后的钢筋强度会提高，塑性、韧性会降低

B.冷拉后的钢筋韧性会提高，塑性会降低

C.冷拉后的钢筋硬度增加，韧性提高，但直径减小

D.冷拉后的钢筋强度提高，塑性不变，但脆性增加

2.块石为形状大致方正，上下面大致平整，厚度在20～30cm，宽度一般为厚度的(　)。

A.1.0～1.5倍　　B.1.5～3.0倍　　C.2.5～4.0倍　　D.1.0～3.0倍

3.石料单轴抗强度试验方法，从岩石试样或岩芯中制取立方体边长为(　)的试件，取(　)试验结果的算术平均值作为抗压强度测定值。

A. 70mm±5mm　3 个试件　　B. 50mm±5mm　3 个试件

C. 70mm±2mm　6 个试件　　D. 50mm±2mm　6 个试件

4. 石料单轴抗压强度试用真空抽气法饱和试件抽气时真空压力需达(　)。

A. 10MPa　　B. 100MPa　　C. 50MPa　　D. 1MPa

5. 混凝土静力抗压弹性模量试验标准试件尺寸为(　)。

A. 150mm×150mm×600mm　　B. 150mm×150mm×150mm

C. 150mm×150mm×300mm　　D. 150mm×150mm×550mm

6. 混凝土抗压强度试验在试验过程中应连续均匀地加荷，混凝土强度等级小于 C30 时，加荷速度取(　)。

A. 0.3～0.5MPa/s　　B. 0.5～0.8MPa/s

C. 0.8～1.0MPa/s　　D. 0.3～0.8MPa/s

7. 混凝土徐变试验时取徐变应力为所测得的棱柱体抗压强度的(　)。

A. 100%　　B. 40%　　C. 60%　　D. 80%

8. 布氏硬度法试验应在(　)温度下进行。

A. 20℃±2℃　　B. 20℃±5℃　　C. 10℃～30℃　　D. 20℃～30℃

9. 电渣压力焊接头处的弯折角不大于(　)。

A. 2°　　B. 4°　　C. 1°　　D. 5°

10. 钢绞线质量检验每批钢绞线的规定为(　)。

A. 100t　　B. 60t　　C. 20t　　D. 每盘

二、多项选择题

1. 下列钢材属于异型材有(　)。

A. 工字钢　　B. 钢绞线

C. 钢桁架　　D. 锚具

E. 变形伸缩件中的钢梁

2. 石料抗冻性试验测试项目包括(　)。

A. 抗压强度　　B. 耐冻系数

C. 质量损失率　　D. 吸水率

3. (　)钢筋需做反复冷弯试验。

A. 热轧钢筋　　B. 冷拉钢丝

C. 钢绞线　　D. 刻痕钢丝

E. 低碳钢

4. 砂石材料包括天然的或经人工轧制的(　)。

A. 石料　　B. 碎石

C. 砂　　D. 天然沙砾

E. 石屑

5. 石料分类中下列属于岩浆岩类的有(　)。

A. 花岗岩　　B. 石英岩

C. 玄武岩　　D. 凝灰岩

E. 正长岩

6. 冻融试验的评定指标有如下方面(　)。

A. 质量损失率 $Q_{冻}\leqslant5\%$　　B. 耐冻系数 $K\geqslant75\%$

C. 试件外形无变化　　D. 质量损失率 $Q_{冻}\leqslant2\%$

E. 耐冻系数 $K\geqslant85\%$

7. 热处理钢筋表面不得有肉眼可见的(　)。

A. 裂纹　B. 结疤　C. 折叠　D. 凸块　E. 油污

8. 混凝土徐变试验结果包括(　)。

A. 加荷时测得的初始变形值　　B. 徐变度

C. 徐变系数　　D. 温度变形

E. 徐变值

9. 布氏硬度试验机试验用钢球应符合下列要求:钢球应用淬火硬钢制成,其硬度值应不低于维氏硬度 HV850;钢球直径为(　)。

A. 2.5mm　B. 5.0mm　C. 10.0mm　D. 15mm　E. 5.0mm 或 10.0mm

10. 精轧螺纹钢筋是用热轧方法直接生产的一种无纵肋钢筋,其力学性能包括(　)。

A. 屈服点　　B. 抗拉强度

C. 冷弯性能　　D. 180°反复弯曲试验

E. 松弛率

三、判断题

1. 轴心抗压强试验中当混凝土强度等级不小 C35 时,试件周围应设防崩裂网罩。　(　)

2. 在试验室拌制混凝土时,其材料用量应以质量计,对于称量的精度:水泥、掺和料、水和外加剂为±0.5%,集料为±1.5%。　(　)

3. 钢材的屈强比越大,结构可靠性越高。　(　)

4. 预应力钢材的松弛试验,其环境温度应保持在 20℃±2℃范围内。　(　)

5. 劈裂抗拉强度值的确定,如最大值与最小值与中间值的差均超过中间值 15%,则该组试件的试验结果无效。　(　)

6. 混凝土抗折强度试验,三个试件中若有两个的下边缘断裂位置位于两个集中荷载作用线之外,则该组试件试验无效。　(　)

7. 混凝土收缩值取三个试件值的算术平均值作为该混凝土的收缩值,但当三个值中的最大值或最小值中如有一个与中间值的差值超过中间值的 15%时,则把最大值及最小值一并舍除,取中间值作为该组试件的抗压强度值。　(　)

8. 增加水泥用量可使混凝土强度增加,徐变减少。　(　)

9. 为减少水泥混凝土的收缩变形,可采用蒸汽养护、低水灰比、高浆集比,或掺氯盐早强剂等措施。　(　)

10. 应力松弛是预应力筋在恒定长度下应力随时间而增加的现象。目前,桥涵施工中普遍要求测量预应力钢筋的松弛率。　(　)

四、问答题

1. 简述石料单轴抗压强度试验试件饱和方法。

2. 简述石料抗冻性试验步骤。

3. 简述石料的单轴压缩变形试验目的、常用的方法和适用范围。

4. 简述桥梁工程用钢材的主要力学性能。

5. 简述高碳钢屈服强度试验的步骤及注意事项。

6. 简述钢筋冷弯性能试验的步骤及注意事项。

7. 简述混凝土试件制作步骤。

8. 简述测量混凝土收缩值的试验步骤及注意事项。

9. 简述测量混凝土徐变值的试验步骤及注意事项。

10. 简述混凝土抗压弹性模量的测定方法与步骤。

第二章　桥梁工程基础

【主要内容】

本章主要介绍桥梁工程常用基础的形式、地基承载能力的确定及其试验检测方法、基桩完整性现场检测方法。

【要求】

了解：桥梁工程常用基础形式。

熟悉：地基容许承载力的各种确定方法；灌注桩完整性的各种检测方法；**基桩承载力的各种确定方法**（工程师）。

掌握：如何按规范法确定地基的容许承载力；荷载板试验方法；标准贯入试验方法；泥浆性能检测方法；反射波法检测基桩完整性时现场操作步骤、**波形分析**（工程师）和注意问题；声波透射法检测基桩完整性时现场操作步骤、**数据处理方法**（工程师）和注意问题；基桩静荷载试验方法和现场注意问题。

桥梁基础是将桥梁墩、台所承受的各种荷载传递到地基上的结构物，是确保桥梁安全使用的关键部位。桥梁工程常用基础形式有扩大基础（明挖浅基础）、桩基础和沉井基础等不同的结构形式。随着桥梁技术的不断发展，一些新的基础形式（如地下连续墙基础、组合式基础等）也逐渐在桥梁工程中得到应用。

公路桥涵常用的基础分为：浅基础、深基础和深水基础。一般将埋置深度在5m以内者称为浅基础；由于浅层土质不良，须把基础埋置于较深的良好地层上，埋置深度超过5m者称为深基础。基础埋置在土层内深度虽较浅（不足5m），但在水下部分较深，称为深水基础（如深水中桥墩基础）。基础可由不同材料构筑，目前我国公路结构物基础大多采用混凝土或钢筋混凝土结构。在石料丰富地区，按照就地取材原则，也常用石砌基础，只有在特殊情况下（如抢修，建临时便桥等）根据实际条件采用钢、木结构。

地基与基础类型方案选择应考虑的因素有：

1.上部构造条件：型式、规模、容许沉降等；

2.地基条件：地形、地质、持力层深度及倾斜情况、水文、地基土层的分布情况和地震等；

3.施工条件：已有建筑物的影响，运输条件，材料供应，振动、噪声和安全性等；

4.工期要求；

5.施工费用。

第一节　地基容许承载力确定

地基容许承载力的确定一般可由以下几种途径。

(1)在土质基本相同的条件下，参照邻近结构物地基容许承载力。

(2)根据现场荷载试验或触探试验资料。

(3)按地基承载能力理论公式计算。

(4)按现行规范提供的经验公式计算。

桥涵地基的容许承载力，可根据地质勘测、原位测试、野外荷载试验以及邻近旧桥涵调查对比，由经验和理论公式计算综合分析确定。当缺乏上述资料时，可按《公路桥涵地基与基础设计规范》(JTJ 024—85)推荐的方法确定地基容许承载力，对地质和结构复杂的桥涵地基应根据现场荷载试验确定容许承载力。

一、按规范确定地基承载力

按规范法确定地基的容许承载力，首先确定土的类别名称，通常是把一般黄土地基根据塑性指数、粒径、工程地质特性等分为六类即黏性土、砂类土、碎卵石类土、黄土、冻土及岩石；然后再确定土的状况，土的状况是指土层所处的天然松密和稠度状况。黏性土的天然状况是按液性指数分为坚硬、半坚硬、硬塑、软塑和流塑状态，砂性土根据相对密度分为稍松、中等密实、密实状态；碎卵石类土则按密实度分为密实、中等密实及松散；最后确定土的容许承载力。

按规范确定地基承载力$[\sigma]$须先确定地基基本容许承载力$[\sigma_0]$，即基础宽度$b\leqslant 2$m，埋置深度$h\leqslant 3$m时地基的容许承载力。当基础宽度$b>2$m，埋置深度$h>3$m，且$h/b\leqslant 4$时可以按式(1-2-1)对容许承载力予以提高，地基容许承载力确定按地基土分类进行。

$$[\sigma]=[\sigma_0]+K_1\gamma_1(b-2)+K_2\gamma_2(h-3) \tag{1-2-1}$$

式中：$[\sigma_0]$——当基础最小边宽度$b\leqslant 2$m，埋置深度$h\leqslant 3$m时，地基土容许承载力(kPa)，可根据地基土的有关物理力学指标直接从规范查表；

b——基础验算剖面底面最小边宽(或直径)(m)，当$b<2$m时，取$b=2$m；当$b>10$m时，按10m计算；

h——基础底面的埋置深度(m)，对于受水流冲刷的基础，由一般冲刷线算起；不受水流冲刷的基础，由天然地面算起；当$h<3$m时，取$h=3$m；

γ_1——基底下持力层土的天然重度(kN/m^3)，如持力层在水面以下且为透水性土时应取浮重度；

γ_2——基底以上土的重度(如为多层土时用换算重度)(kN/m^3)，如持力层在水面以下且为不透水性土时，不论基底以上土的透水性质如何，应一律采用饱和重度，如持力层为透水性土时，应一律采用浮重度；

K_1、K_2——按持力层土类确定在基础宽度和深度方面的修正系数，其值按持力层土类查表选用。

1. 黏性土、黄土地基承载力

对于黏性土和黄土地基，可在现场取有代表性的土样(一般每个基础的地基不少于4个土样)进行土工试验，得到地基土的有关物理力学指标，由规范求出承载力。

(1)对于老黏性土和残积黏性土地基，可取土样进行压缩试验，求得土样压缩模量查表确定容许承载力。

(2)对于一般黏性土和新近沉积黏性土地基，测土样含水量、湿重度、液限、塑限和颗粒密度，求出土样天然孔隙比和液性指数，查表确定容许承载力。

(3)对新近堆积黄土地基，按土含水比(天然含水量w和液限w_L的比值)查表确定容许承载力。

(4)对于一般新黄土地基,按天然含水量和液限比(液限 w_L 与天然孔隙比 e 的比值)查表确定容许承载力;

(5)对于老黄土地基,按天然孔隙比 e 和含水比 w/w_L 查表确定容许承载力。

2. 砂土、碎石土地基承载力

对于砂类土、碎石土可根据其分类、密实度和湿度按规范给出的容许承载力查表确定地基承载力。

砂土的密实度可用相对密度表示,碎石土的密实度根据钻探情况按规范而定,湿度主要是细砂和粉砂,分为水上和水下分别查表。

3. 岩石地基承载力

岩石地基承载力根据岩石级别和岩石的破碎程度查表确定容许承载力。

4. 多年冻土地基承载力

多年冻土地基承载力根据土的分类和基础底面的月平均最高土温查表确定容许承载力。

二、现场荷载试验

现场荷载试验是一种原位试验方法。该方法能克服室内压缩试验土样处于无侧胀条件下单向受力状态的局限性,可模拟建筑物基础与地基之间实际受力变形状态。

1. 试验原理

现场荷载试验是将荷载板置于欲试验的土层表面,在荷载板上分级施加荷载。测记每级荷载作用下荷载板沉降量的稳定值,加载至总沉降量为 25mm,或达到加载设备的最大容量为止,然后分级卸载,记录土的回弹值。根据试验记录,绘制荷载 P 和沉降量 S 的关系曲线。分析研究地基土的强度和变形特性,求得地基土的容许承载力与变形模量等力学数据。

地基在荷载作用下达到破坏状态的过程可以分为 3 个阶段,如图 1-2-1 所示。

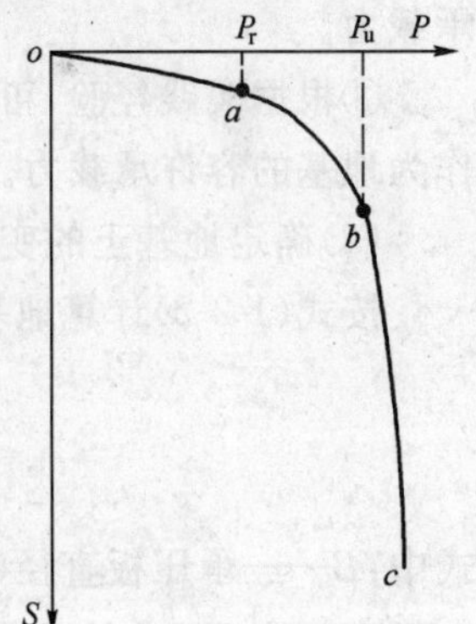

图 1-2-1 荷载强度与沉降量的关系

(1)压密阶段(直线变形阶段)

相当于 $P—S$ 曲线上的 oa 段,接近于直线,土中各点剪应力均小于土抗剪强度,土体处于弹性平衡状态,曲线上相应于 a 点的荷载称为比例界限 P_r。

(2)剪切阶段

相当于 $P—S$ 曲线上的 ab 段。这一阶段 $P—S$ 曲线已不再保持线性关系,沉降增长率 $\Delta S/\Delta P$ 随荷载的增加而增大。地基土中局部范围内(首先在基础边缘处)的剪应力达到土的抗剪强度,土体发生剪切破坏,随着荷载的继续增加,土中塑性区的范围也逐步扩大,直到土中形成连续的滑动面而破坏,相应于 $P—S$ 曲线上 b 点的荷载称为极限荷载 P_u。

(3)破坏阶段

相当于 $P—S$ 曲线上的 bc 段。当荷载超过极限荷载后,即使不增加荷载,沉降也不能稳定,$P—S$ 曲线陡直下降。这一阶段,土中塑性区范围的不断扩展,最后在土中形成连续滑动面,土从荷载板四周挤出隆起,地基土失稳而破坏。

2. 试验设备

荷载板:圆形或方形(50cm×50cm 或 70.7cm×70.7cm)面积 2 500cm^2 或 5 000cm^2 的刚

性板、千斤顶、百分表、反力架、压重(或锚桩)等。

3.试验方法

试验加荷方法应采用分级维持荷载沉降相对稳定法(慢速法)或沉降非稳定法(快速法)。

试验的第一级荷载(包括设备质量)应接近卸去土的自重。每级荷载增量(即加荷等级)一般取被试验地基土层预估极限承载力的1/8～1/10。施加的总荷载应尽量接近试验土层的极限荷载。荷载的量测精度应达到最大荷载的1%,沉降值的量测精度应达到0.01mm。

各级荷载下沉降相对稳定标准一般采用连续2h的每小时沉降量不超过0.1mm,或连续1h的每30min的沉降量不超过0.05mm。

试验点附近应有取土孔提供土工试验指标,或其他原位测试资料。试验后,应在承压板中心向下开挖取土试验,并描述2倍承压板直径(或宽度)范围内土层的结构变化。静力载荷试验过程中出现下列现象之一时,即可认为土体已达到极限状态,应终止试验:

(1)承压板周围的土体有明显的侧向挤出或发生裂纹。

(2)在24h内,沉降随时间趋于等速增加。

(3)荷载P增加很小,但沉降量却急剧增大,P—S曲线出现陡降阶段,或相对沉降已等于或大于0.06～0.08。

4.试验数据处理

利用试验数据绘制P—S曲线,确定地基土的承载力和变形模量。

(1)确定地基土的承载力

①当P—S曲线有较明显的直线段,一般就用这直线段的拐点对应的压力P_f为地基土的承载力。

②对于P—S曲线拐点不明显时,可绘制$\lg P$—$\lg S$曲线,取$\lg P$—$\lg S$曲线拐点推算容许承载力。

③根据实践经验,可以取相应于沉降S等于荷载板宽度(或直径)B的2%时对应的荷载作为地基的容许承载力。

(2)确定地基土的变形模量

按式(1-2-2)计算地基土的变形模量E_0:

$$E_0 = (1-\mu^2)\frac{\pi B}{4}\cdot\frac{\Delta P}{\Delta S} \tag{1-2-2}$$

式中:B——承压板直径(m),当为方形板时,$B=2\sqrt{A/\pi}$,A为方形板面积(m^2);

$\Delta P/\Delta S$——P—S关系曲线直线段斜率(kPa/m);

μ——地基土的泊松比,对于砂土和粉土,$\mu=0.33$,可塑-硬塑黏性土$\mu=0.38$,对于软塑-流塑黏性土和淤泥质黏性土,$\mu=0.41$。

5.注意问题

(1)荷载板试验的受压面积比较小,加荷后受影响的深度不会超过2倍承压板边长或直径,而且加荷时间也比较短,因此不能通过荷载板试验提供建筑物长期沉降资料。

(2)静力荷载试验资料的应用是有条件的,在进行荷载试验时,要充分估计到试验影响范围的局限性,注意分析试验成果与实际建筑地基之间可能存在的差异。

(3)当地基压缩层范围内土层单一而且均匀时,可以直接在基础埋置高程处进行荷载板试验。如果地基压缩层范围内层土是成层变化的,或者是不均匀的,则要进行不同尺寸的承压或不同深度的荷载板试验。遇到这种情况时,可以采用其他原位测试方法和室内土工试验,来确定荷载上压板影响不到的土层的工程力学性能。

(4)如果地基土层起伏变化很大时,还应在不同的地点做荷载板试验。

三、标准贯入试验

标准贯入试验(SPT)是一种重型动力触探法,采用质量为 63.5kg 的穿心锤,以 76cm 的落距,将一定规格的标准贯入器先打入土中 15cm,然后开始记录锤击数目,将标准贯入器再打入土中 30cm,用此 30cm 的锤击数作为标准贯入试验的指标 N。标准贯入试验是国内外广泛应用的一种现场原位测试手段。

1. 试验设备

(1)落锤:质量为 63.5kg 的穿心锤,自由落距 76cm。

(2)贯入器:标准规格的圆筒形探头,由两个半管组成。

(3)触探杆:直径 ϕ42mm 的钻杆。

(4)锤垫、导向杆和自动落锤装置。

2. 试验方法

(1)用钻机先钻到需要进行标准贯入试验的土层,清孔后,换用标准贯入器,并量测深度尺寸。

(2)将贯入器垂直打入试验土层中,贯入速率为 15~30 击/min,并记录锤击数,包括先打 15cm 的预打击数、后 30cm 中每 10cm 的锤击数以及 30cm 的累计锤击数 N。

若遇比较密实的砂土,贯入不足 30cm 的锤击数超过 50,则按式(1-2-3)换算锤击数 N:

$$N = \frac{30n}{\Delta S} \tag{1-2-3}$$

式中:n——所选取的锤击数;

ΔS——相应于 n 的锤击量(cm)。

(3)旋转探杆,提出贯入器,并取出贯入器中的土样进行鉴别、描述、记录,必要时送试验室分析。

(4)由于钻杆的弹性压缩会引起功能损耗,钻杆过长时传入贯入器的功能降低,因而减少每击的贯入深度,也就提高了锤击数,所以需要根据杆长对锤击数进行修正。

$$N = \alpha N_0 \tag{1-2-4}$$

式中:N_0——实际记录的锤击数;

α——修正系数,按钻杆长度延用;

N——修正后的锤击数。

3. 标准贯入试验的应用

标准贯入试验已积累了大量的实践资料,砂性土和黏性土一些物理性质和标准贯入试验锤击数的经验关系,可供工程中使用。

(1)根据 N 估计砂土的密实度。

(2)根据 N 估计天然地基的容许承载力[σ_0]。

(3)根据 N 估计黏性土的状态。

(4)根据 N 估计土的内摩擦角 ϕ。

4. 注意问题

(1)重视钻进工艺及清孔质量，对贯入器开始贯入 15mm 的击数予以纪录，以判断孔底是否有残土或土的扰动程度。

(2)注意钻杆及导向杆垂直，防止在孔内摇摆。

(3)对试验段(即贯入 15～45cm 部分)要求测定每锤击一次后的累计贯入量。一次贯入量不足 2cm 时，记录每贯入 10cm 的锤击数。绘制锤击数与累计贯入量的关系曲线，以分析土层是否均匀，最后选取 30cm 试验段的锤击数作为 N 值记录下来。

第二节　泥浆性能指标及成孔质量检测

钻孔灌注桩施工时泥浆一般有护壁、浮渣、防塌孔及润滑等作用。

调制的泥浆及经过循环净化的泥浆指标，应根据钻孔方法和地层情况采用不同性能指标，一般可参照规范选用。

1. 相对密度 γ_x

可用泥浆相对密度计测定。将要量测的泥浆装满泥浆杯，加盖并洗净从小孔溢出的泥浆，然后置于支架上，移动游码，使杠杆呈水平状态(即水平泡位于中央)，读出游码左侧所示刻度，即为泥浆的相对密度 γ_x。

若工地无以上仪器，可用一口杯先称其质量设为 m_1，再装满清水称其质量 m_2，再倒去清水，装满泥浆并擦去杯周溢出的泥浆，称其质量设为 m_3，则：

$$\gamma_x = \frac{m_3 - m_1}{m_2 - m_1} \tag{1-2-5}$$

2. 黏度 η

用工地标准漏斗黏度计测定。用两端开口量杯分别量取 200mL 和 500mL 泥浆，通过滤网滤去大砂粒后，将泥浆 700mL 均注入漏斗，然后使泥浆从漏头流出，流满 500mL 量杯所需时间(s)，即为所测泥浆的黏度。

校正方法：漏斗中注入 700mL 清水，流出 500mL，所需时间应是 15s，其偏差如超过±1s，测量泥浆黏度时应校正。

3. 静切力 θ

工地可用浮筒切力计测定。量测时，先将约 500mL 泥浆搅匀后，立即倒入切力计中，将切力筒沿刻度尺垂直向下移至与泥浆面接触时，轻轻放下。当它自用下降到静止不动时，读出浮筒上泥浆面所对应的刻度，即为泥浆的初切力。取出切力筒，擦净粘着的泥浆，用棒搅动筒内泥浆后、静止 10min，用上述方法量测，所得即为泥浆的终切力。它们的单位均为帕(Pa)。

4. 含砂率

工地可用含砂率计测定。量测时，把调好的泥浆 50mL 倒进含砂率计，然后再倒进清水，将仪器口塞紧摇动 1min，使泥浆与水混合均匀。再将仪器垂直静放 3min，仪器下端沉淀物的体积(由仪器刻度上读出)乘 2 就是含砂率(有一种大型的含砂率计，内装 900mL，从刻度读出的数不乘 2 即为含砂率)。

5. 胶体率(%)

胶体率是泥浆中土粒保持悬浮状态的性能。测定方法可将 100mL 泥浆倒入 100mL 的量杯中，用玻璃片盖上，静置 24h 后，量杯上部泥浆可能澄清为水，测量时其体积如为 5mL，则胶体率为 100－5＝95，即 95％。

6. 失水率（mL/30min）

用一张 12cm×12cm 的滤纸，置于水平玻璃板上，中央画一直径 3cm 的圆，将 2mL 的泥浆滴入圆圈内，30min 后测量湿圆圈的平均直径减去泥浆摊平的直径（mm），即为失水率。在滤纸上量出泥浆皮的厚度（mm）即为泥皮厚度。泥皮愈平坦、愈薄则泥浆质量愈高，一般不宜厚于 2～3mm。

7. 酸碱度

即酸和碱的强度简称，也有简称为酸碱值的。pH 值是常用的酸碱标度之一。工地测量 pH 值方法，可取一条 pH 试纸放在泥浆面上，0.5s 后拿出来与标准颜色相比，即可读出 pH 值。也可用 pH 酸碱计，将其探针插入泥浆，直接读出 pH 值。

8. 钻孔灌注桩成孔质量检测内容和标准

（1）桩位偏差：对于群桩不得大于 100mm；单排桩不得大于 50mm。

（2）孔径：不小于设计。

（3）桩倾斜度：垂直桩允许偏差不超过 1％；斜桩不应超过设计斜度的±2.5％。

（4）孔底沉淀厚度：对于摩擦桩沉淀厚度应符合设计要求，当设计无要求时，对于直径≤1.5m的桩沉淀厚度≤300mm；对于直径大于 1.5m 或桩长大于 40m 或土质较差的桩，沉淀厚度≤500mm；支承桩的沉淀厚度不得大于设计规定值。

第三节　灌注桩完整性检测

一、灌注桩完整性检测方法

1. 钻芯检验法

用地质钻机在桩身沿长度方向钻取芯样，通过对芯样的观测和测试确定桩的质量。这种方法只能反映钻孔范围内小部分混凝土质量，且设备庞大、费工费时、价格贵，只能用于抽样检查，一般抽检总桩数的 3％～5％，或作为对无损检测结果的校核手段。

2. 振动检验法

它是在桩顶用各种方法（例如锤击、敲击、电磁激振器、电水花等）施加一个激振力，使桩体乃至桩土体系产生振动，或在桩内产生应力波，通过对波动及振动参数的种种分析，以推定桩体混凝土质量及总体承载力的一类方法。其主要包括敲击法和锤击法、稳态机械阻抗法、瞬态机械阻抗法、水电效应法等方法。

3. 超声波脉冲检验法

其方法是在桩的混凝土灌注前沿桩的长度方向平行预埋若干根检测用管道，作为超声发射和接收的通道。检测时探头分别在两个管子中同步移动，沿不同深度从不逐点测出横截面上超声脉冲穿过混凝土时的各项参数，并按超声测缺原理分析每个断面上混凝土的质量。

4. 射线法

以放射性同位素辐射线在混凝土中的衰减、吸收、散射等信息为检查的一种方法。当射线穿过混凝土时，因混凝土的质量不同或因存在缺陷，接收仪所记录的射线强弱发生变化，据此来判断桩的质量。

二、反射波法

反射波法有设备轻便灵活、现场检测工作量小、检测效率高、检测费用低等优点。

1.基本原理

反射波法基本理论是在桩顶进行竖向激振，弹性波沿着桩身向下传播，在桩身存在明显波阻抗界面(如桩底、断桩或严重离析等部位)或桩身截面积变化(如缩径或扩径)部位将产生反射波。经接收、放大滤波和数据处理，可识别来自桩身不同部位的反射信息，据此计算桩身波速、判断桩身完整性。

2.适用范围

(1)反射波法是通过分析实测桩顶速度响应信号的特征来检测桩身的完整性，判断桩身缺陷位置及影响程度，判断桩端嵌固情况。

(2)反射波法适用于混凝土灌注桩和预制桩等刚性材料桩的桩身完整性检测。

(3)使用反射波法时，被检测桩的桩端反射信号应能有效识别。

3.仪器与设备

(1)仪器宜由传感器、放大器、滤波器、记录、处理、监视系统以及激振设备和专用附件组成。

(2)传感器可选用宽频带的速度型或加速度型传感器。速度型传感器灵敏度应大于200mV/cm/s，加速度型传感器灵敏度应大于100mV/g。

(3)放大系统增益应大于60dB，长期变化量应小于1%。折合输入端的噪声水平应低于3μV。频带宽度应不窄于10～1 000Hz，滤波频率可调整。

(4)模/数转换器的位数不应小于8bit。采样时间宜为50～100μs，可分数档调整。每个通道数据采集暂存器的容量不应小于1kbit。

注：bit为二进制计数数字量的位数。

(5)多道采集系统应具有一致性，其振幅偏差应小于3%，相位偏差应小于0.1ms。

(6)可根据激振条件试验要求及改变激振频谱和能量，选择符合材质和质量要求的激振设备，以满足不同的检测目的。

4.现场检测技术

(1)检测前的准备工作

①检测前首先应收集有关技术资料。

②根据现场实际情况选择合适的激振设备、传感器及检测仪，检查测试系统各部分之间是否连接良好，确认测试系统处于正常工作状态。

③桩顶应凿至新鲜混凝土面，并用打磨机将测点和激振点磨平。

④应测量并记录桩顶截面尺寸。

⑤混凝土灌注桩的检测宜在成桩14d以后进行。

(2)传感器的安装应符合的规定

①传感器的安装可采用石膏、黄油、橡皮水泥等耦合剂，黏结应牢固，并与桩顶面垂直。

②对混凝土灌注桩，传感器安装在距桩中心1/2～1/3半径处，且距离桩的主筋不宜小于50mm。当桩径不大于1 000mm时不宜少于2个测点；当桩径大于1 000mm时不宜少于4个测点。

③对混凝土预制桩，当边长不大于600mm时不宜少于2个测点；当边长大于600mm时

不宜少于 3 个测点。

④对预应力管桩不应少于 2 个测点。

(3)激振时应符合的规定

①混凝土灌注桩、混凝土预制桩的激振点宜在桩顶中心部位；预应力混凝土管桩的激振点和传感器的安装点与桩中心连线的夹角不应小于 45°。

②激振锤和激振参数宜通过现场对比试验选定。短桩或浅部缺陷桩的检测宜采用轻锤短脉冲激振；长桩、大直径桩或深部缺陷桩宜采用重锤宽脉冲激振，也可采用不同的锤垫来调整激振脉冲宽度。

③采用力棒激振时，应自由下落；采用力锤敲击时，应使其作用力方向与桩顶面垂直。

(4)检测工作应遵守的规定

①采样频率和最小采样长度应根据桩长和波形分析确定。

②各测点的重复次数不应少于 3 次，且检测波形具有良好的一致性。

③当干扰较大时，可采用信号增强技术进行重复激振，提高信噪比；当信号一致性较差时，应分析原因，排除人为和检测仪器等干扰因素，重新检测。

④对存在缺陷的桩应改变条件重复检测，相互验证。

5. 检测数据分析与判定

(1)桩身完整性分析宜以时域曲线为主，辅以频域分析，并结合施工情况、岩土工程勘察资料和波形特征等因素进行综合分析判定。

(2)桩身波速平均值的确定

①当桩长已知、桩端反射信号明显时，选取相同条件下不少于 5 根 I 类桩的桩身波速计算平均值：

$$c_{\mathrm{m}}=\frac{1}{n}\sum_{i=1}^{n}c_{\mathrm{i}} \tag{1-2-6}$$

$$c_{\mathrm{i}}=\frac{2L\times 1\,000}{\Delta T}=2L\cdot\Delta f \tag{1-2-7}$$

式中：c_{m}——桩身波速平均值(m/s)；

c_{i}——第 i 根桩的桩身波速计算值(m/s)；

L——完整桩桩长(m)；

ΔT——时域信号第一峰与桩端反射波峰间的时间差(ms)；

Δf——幅频曲线桩端相邻谐振峰间的频差(Hz)，计算时不宜取第一与第二峰；

n——基桩数量($n\geqslant 5$)。

②当桩身波速平均值无法按上述方法确定时，可根据本地区相同桩型及施工工艺的其他桩基测试结果，并结合桩身混凝土强度等级与实践经验综合确定。

(3)桩身缺陷位置应按式(1-2-8)计算：

$$x=\frac{1}{2\,000}\Delta t_{\mathrm{x}}\cdot \mathrm{c}=\frac{1}{2}\cdot\frac{c}{\Delta f_{\mathrm{x}}} \tag{1-2-8}$$

式中：x——测点至桩身缺陷之间的距离(m)；

Δt_{x}——时域信号第一峰与缺陷反射波峰间的时间差(ms)；

Δf_{x}——幅频曲线所对应缺陷的相邻谐振峰间的频差(Hz)；

c——桩身波速(m/s)，无法确定时用 c_{m} 值替代。

(4)灌注桩采用时域信号分析时，应结合有关施工和岩土工程勘察资料，正确区分由扩径处产生的二次同相反射与因桩身扩大急速恢复原桩径处的一次同相反射。

(5)对于嵌岩桩，当桩端反射信号为单一反射波且与锤击脉冲信号同相时，应结合岩土工程勘察和设计等有关资料以及桩端同向反射波幅的高低来推断嵌岩质量。

(6)桩身完整性类别应按下列原则判定

I 类桩：桩端反射较明显，无缺陷反射波，振幅谱线分布正常，混凝土波速处于正常范围。

II 类桩：桩端反射较明显，但有局部缺所产生的反射信号，混凝土波速处于正常范围。

III 类桩：桩端反射不明显，可见缺陷二次反射波信号，或有桩端反射但波速明显偏低。

IV 类桩：无桩端反射信号，可见因缺陷引起的多次强反射信号，或按平均波速计算的桩长明显短于设计桩长。

(7)实测曲线判读解释的基本方法

①反射波波形规则，波列清晰，桩底反射波明显，易于读取反射波到达时间，以及桩身混凝土平均波速较高的桩为完整性好的单桩。

②缺陷存在可能性的判读

判断桩身缺陷存在与否，需先在实测曲线中分辨桩底反射信号(这对缺陷的定性及定量解释是有帮助的)，然后分析有无缺陷的反射信号。桩底反射明显，一般表明桩身完整性好，或缺陷轻微、规模小。另外，可换算桩身平均纵波速 v_{pm}，从而评价桩身是否有缺陷及其严重程度。

③反射波到达时间小于桩底反射波到达时间，且波幅较大，往往出现多次反射，难以观测到桩底反射波的桩，系桩身断裂。

④桩身混凝土严重离析时，其波速较低，反射波幅减少，频率降低。

⑤缩径与扩径的部位可按反射历时进行估算，类型可按相位特征进行判别，如图 1-2-2 所示。

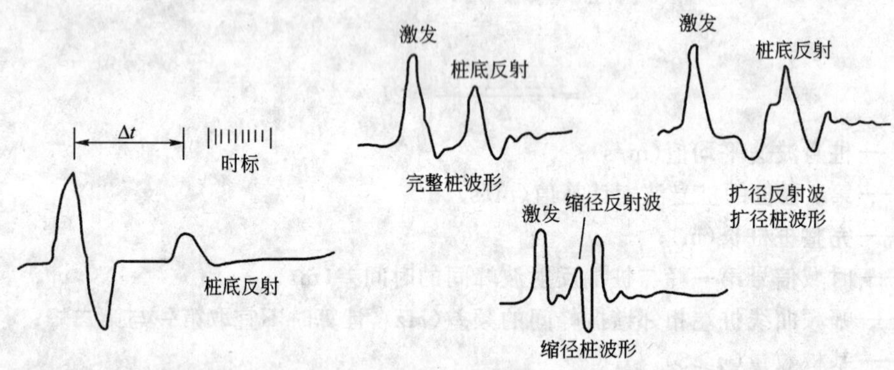

图 1-2-2　波形分析图

⑥多次反射及多层反射问题。当实测曲线中出现多个反射波至时，应判别它是同一缺陷面的多次反射，还是桩间多处缺陷的多层反射。前者，即缺陷反射波在桩顶面与缺陷面间来回反射，其主要特征：反射波至时间成倍增加(倍程)，反射波能量有规律递减。多次反射现象的出现，一般表明缺陷在浅部，或反射系数较大(如断桩)。它是桩顶存在严重离析或断裂(断层)的有力证据。

多层反射往往是杂乱的，不具有上述规律性。不只表明缺陷可能有多处，而且由下层缺陷反射波在能量上的相对差异，可推测上部缺陷的性质及相对规模。

(8)检测报告应包括的内容

①桩身混凝土波速值。

②桩身完整性描述，包括缺陷位置、性质及类别。

③时域曲线图，并注明桩底反射位置。

④桩位编号及平面布置示意图、地质柱状图。

⑤检测报告格式参照《公路工程基桩动测技术规程》(JTG/T F81-01—2004)。

6. 注意问题

(1)露出于桩头的钢筋对波形的影响

由于灌注桩考虑到以后的承台问题，桩头均有钢筋露出，这对实测波形有一定影响。这是因为在桩头激振时，钢筋所产生的回声极易被检波器接收，之后又与反射信息叠加在一起。克服这一影响因素的方法是将检波器用细砂或粒土屏蔽起来，使检波器收不到声波信息。

(2)桩头破损对波形的影响

预制桩在贯入过程中，桩头可能产生破损，灌注桩头表面松散，这将使弹性波能量很快衰减，从而削弱桩间及桩底反射信息，影响了波形的识别。克服其对波形影响的有效途径是将破损处或松散处铲去。

三、声波透射法

该法是在桩的混凝土灌注前沿桩的长度方向平行预埋若干根检测用管道，作为超声发射和接受换能器的通道。检测时，探头分别在两个管子中同步移动，沿不同深度逐点测出横截面上超声波穿过混凝土时的各项参数，并按超声测缺原理分析每个断面上的混凝土的质量。

1. 检测方式

(1)双孔检测

在桩内预埋两根以上的管道，把发射探头和接收探头分别置于两根管道中。

(2)单孔检测

在某些特殊情况下，只有一个孔道可供检测使用。这时可采用单孔测量方式，换能器放置在一个孔中，探头之间的用隔声材料隔离。

(3)桩外孔检测

当桩的上部结构已施工，或桩内未预埋管道时，可在桩外的土基中钻一孔作为检测通道。检测时在桩顶上放置一较强功率的低频平探头，向下沿桩身发射超声脉冲，接收探头从桩外孔中慢慢放下。

2. 判断桩内缺陷的基本物理量

(1)声时值

缺陷区的夹杂物声速较低或声阻抗明显低于混凝土的声阻抗，超声脉冲穿过缺陷或绕过缺陷时，声时值增大。因增大的数值与缺陷尺度大小有关，所以声时值是判断缺陷有无和计算缺陷大小的基本物理量。

(2)波幅(或衰减)

当波束穿过缺陷区时，部分声能被缺陷内含物所吸收，部分声能被缺陷的不规则表面反射和散射，到达接收探头的声能明显减少，反映为波幅降低。

(3)接收信号的频率变化

当超声脉冲穿过缺陷区时，声脉冲中的高频部分首先被衰减，导致接收信号主频下降，即所谓频漂，其下降百分率与缺陷的严重程度有关。

(4)接收波形的畸变

由于缺陷区的干扰，部分超声脉冲波被多次反射而滞后到达接收探头。这些波束的前锋到达接收探头的时间参差不齐，相位也不尽一致，叠加后造成接收波形的畸变。

3.检测仪器与设备

目前常用的检测装置有两种。一种是用一般超声检测仪和发射及接收探头所组成。探头在声测管内的移动由人工操作，数据读出后再输入计算机处理。另一种是全自动智能的测桩专用的检测装置。它由超声发射和接收装置、探头自动升降装置、测量控制装置、数据处理计算机系统四大部分组成。

声波检测仪器的技术性能应符合下列规定。

(1)检测仪系统应包括信号放大器、数据采集及处理存储器、径向振动换能器等。

(2)检测仪应具有一发双收功能。

(3)声波发射应采用高压阶跃脉冲或矩形脉冲，其电压最大值不小于 1 000V，且分档开调。

(4)接收放大与数据采集器应符合下列规定。

①接收放大器的频带宽度为 5～200kHz，增益不应小于 100dB，放大器的噪声有效值不大于 2μ，波幅测量值范围不小于 80dB，测量误差小于 1dB。

②计时显示范围不大于 2 000μs，计时误差小于 2%。

③采集器模—数转换精度不应低于 8bit，采集频率不应小于 10MHz，最大采样长度不应小于 32kB。

(5)径向振动换能器应符合下列要求。

①径向水平面无指向性。

②谐振频率宜大于 25kHz。

③在 1MPa 水压下能正常工作。

④收、发换能器的导线均应有长度标注，其标注长度允许误差不大于 10mm。

⑤接收换能器宜带有前置放大器，频带宽度宜为 5～60kHz。

⑥单孔检测采用一发双收一体型换能器，其发射换能器至接收换能器的最近距离不应小于 30cm，两换能器的间距宜为 20cm。

4.测前准备和要求

(1)预埋检测管应符合下列规定

①桩径不大于 1 500mm 时，应埋设三根管；桩径大于 1 500mm 时应埋设四根管。

②声波检测管宜采用钢管，其内径应比换能器外径大 15mm。管的连接宜采用螺纹连接，并且不漏水。

③检测管应牢固焊接或绑扎在钢筋笼的内侧，且相互平行、定位准确，并埋至桩底，管口高出桩顶面 300mm 以上。

④声测管管底应封闭，管口应加盖。

⑤声测管的布置以路线前进方向的顶点为起始点，按顺时针旋转方向进行编号和分组，每两根为一编号。

(2)检测前的准备工作应符合下列规定

①被检测的混凝土龄期应大于 14d。

②声测管内应灌满清水，且保证畅通。

③标定超声波检测仪发射至接收的系统延迟时间 t_0。

④准确量测声测管的内外径和两相邻声测管外壁间的距离，精度为±1mm。

⑤取芯孔的垂直度误差不应大于 0.5%，检测前应进行孔内清洗。

(3)检测方法应符合下列要求

①测点间距不宜大于 250mm，发射与接收换能器应同步，高程相差不大于 20mm。

②同一根检测过程中，声波发射电压应保持不变。

③大于声时和波幅值出现异常的部位，应采用水平加密、等差同步或扇形扫测，结合波形分析确定缺陷的位置及严重程度。

④现场检测前测定声波检测仪发射至接收系统的延迟时间 t_0，并应按式(1-2-9)计算声时修正值 t'：

$$t' = \frac{D-d}{v_t} + \frac{d-d'}{v_w} \tag{1-2-9}$$

式中：D——检测管外径(mm)；

d——检测管内径(mm)；

d'——换能器外径(mm)；

v_t——检测管壁厚度方向的声速(km/s)；

v_w——水的声速(km/s)；

⑤混凝土中声波传播时间和速度按式(1-2-10)和式(1-2-11)计算：

$$t = t_i - t_0 - t' \tag{1-2-10}$$

$$\left.\begin{aligned} v_i &= \frac{l}{t_i} \\ v_m &= \sum_{i=1}^{n} \frac{v_i}{n} \end{aligned}\right\} \tag{1-2-11}$$

式中：t——声时值(μs)；

t_i——超声波第 i 测点声时值(μs)；

t_0——声波检测仪发射至接收系统的延迟时间(μs)；

t'——声时修正值(μs)；

v_i——第 i 测点声速值(km/s)；

l——两根检测管外壁间的距离(mm)；

v_m——混凝土声速平均值(km/s)；

n——测点数。

⑥单孔折射法的声时、声速值应按式(1-2-13)和式(1-2-14)计算：

$$\Delta t = t_2 - t_1 \tag{1-2-12}$$

$$v_i = \frac{h}{\Delta t} \tag{1-2-13}$$

式中：Δt——两个换能器间的声时差(μs)；

t_1——近道接收换能器的声时(μs)；

t_2——远道接收换能器声时(μs)；

v_i——第 i 测点声速值(km/s)；

h——两个换能器间的距离(mm)。

⑦声波检测仪发射至接收系统的延迟时间 t_0 的测定方法参见有关章节。

5.现场检测步骤

(1)将装设有扶正器的接收及发射换能器置于检测管内,调试仪器的有关参数,直至显示出清晰的接收波形,且使最大波幅达到显示屏的 2/3 左右为宜。

(2)检测宜由管底部开始,将发射与接收换能器置于同一高程,测取声时、波幅或频率,并进行记录。

(3)发射与接收换能器同步升降,测量点距离小于或等于 250mm,各发射与接收相对高差不应大于 20mm,并随时校正。

(4)一根桩有多根检测管时,应分组进行测试,并编号。

6.检测数据处理与判定

1)声速判据(概率法)

当实测声速 v_i 低于声速临界值 v_D 时应将其作为可疑缺陷区。

声速临界值采用正常混凝土声速平均值与 2 倍声速标准差之差,即:

$$v_D = \bar{v} - 2\sigma_v \tag{1-2-14}$$

$$\bar{v} = \sum_{i=1}^{n} v_i / n \tag{1-2-15}$$

$$\sigma_v = \sqrt{\frac{\sum_{i=1}^{n}(v_i - \bar{v})^2}{n-1}} \tag{1-2-16}$$

式中:$\bar{v}$——声速平均值(km/s);

n——测点数;

v_i——混凝土中第 i 测点声速值(km/s);

σ_v——声速标准差。

2)相邻测点间声时的斜率和差值乘积判据(简称 PSD 判据)

设测点的深度为 H,相应的声时值为 t,则声时值随深度变化的关系,可用如下的函数式表达:

$$t = f(H) \tag{1-2-17}$$

当桩内存在缺陷时,由于在缺陷与完好混凝土界面处声时值的突变,所以在 $t=f(H)$ 的实测曲线中,在缺陷处只表现为斜率的变化。该斜率可用相邻测点的声时差值与测点间距离之比求得,即:

$$S_i = \frac{t_i - t_{i-1}}{H_i - H_{i-1}} \tag{1-2-18}$$

式中: i——测点位置或序号;

S_i——第 $i-1$~i 测点之间的斜率;

t_i, t_{i-1}——相邻两测点的声时值;

H_i, H_{i-1}——相邻两测点的深度。

但是,斜率只反映了相邻两测点声时值的变化速率。为了使判据进一步反映缺陷的大小,就必须加大声时差值在判据中的权数。因此,判据可写成:

$$K_i = S_i(t_i - t_{i-1}) = \frac{(t_i - t_{i-1})^2}{H_i - H_i} \tag{1-2-19}$$

其中,K_i 即为 i 点的 PSD 判据值,其余各项同前。

(1)临界判据值及缺陷大小与 PSD 判据的关系。

实验证明，PSD 判据对缺陷十分敏感，而对于因声测管不平行，或混凝土强度不等原因所引起的声时变化，基本上没有反映。这是由于非缺陷因素所引起的声时变化都是渐变过程，虽然总的声时变化量可能很大，但相邻点间的声时差却很小，因而 K_i 值很小，所以采用 PSD 判据基本上消除了声测管不平行，或混凝土不匀质等因素所造成的声时变化对缺陷判断的影响。

(2)判断方法

为了对全桩各测点进行判别，必须将各测点的 K_i 值求出，并描成"H-K"曲线进行分析，凡在 K 值较大的地方，即大于临界判据 K_0 的，均可列为可疑区，作进一步的细测。

3)波幅(衰减量)判据法

用波幅平均值减 6dB 作为波幅临界值，当实测波幅低于波幅临界值时，应将其作为可疑缺陷区。

$$A_D = A_m - 6 \tag{1-2-20}$$

$$A_m = \sum_{i=1}^{n} \frac{A_i}{n} \tag{1-2-21}$$

式中：A_D——波幅临界值(dB)；

A_m——波幅平均值(dB)；

A_i——第 i 个测点相对波幅值(dB)；

n——测点数。

4)多因素概率分析法

多因素的概率法就是运用声时、频率、波幅或声速、频率、波幅等参数，通过其总体的概率分布特征，获得一个综合判断值 NFP 来判断缺陷的一种方法。

各测点的综合判据值 NFP 按式(1-2-22)计算：

$$\mathrm{NFP}_i = \frac{v'_i F'_i A'_i}{\frac{1}{n}\sum_{i=1}^{n}(v'_i F'_i A'_i) - ZS} \tag{1-2-22}$$

式中：NFP_i——第 i 测点的综合判据；

v'_i, F'_i, A'_i——第 i 点的声速、频率、波幅的相对值，即分别除以该桩各测点中最大声速、频率、波幅后所得的值；

S——上述三个参数相对值之积为样本的标准差；

Z——概率保证系数，它是根据与样本相拟合的夏里埃(Charliar)分布率幂函数及样本的偏移系数、峰凸系数及其保证率所决定的。

根据 NFP 判据的性质可知，当 NFP 越大，则混凝土质量越好；当 $\mathrm{NFP}_i < 1$ 时，该点应判为缺陷。同时，根据实践所得的经验数据可作为判断缺陷性质的参考。

5)桩身完整性评价

I 类桩：各声测剖面每个测点的声速、波幅均大于临界值，波形正常。

II 类桩：某一声测剖面个别测点的声速、波幅略小于临界值，但波形基本正常。

III 类桩：某一声测剖面连续多个测点或某一深度桩截面处的声速、波幅小于临界值，PSD 值变大，波形畸变。

IV 类桩：某一声测剖面连续多个测点或某一深度桩截面处的声速、波幅明显小于临界值，PSD 值突变，波形严重畸变。

7. 注意问题

(1)声波检测管可采用钢管、塑料管或钢质波纹管,可焊接或绑扎在钢筋笼的内侧,检测管之间应互相平行。管内应注满清水。

(2)检测由检测管底部开始。发射电压值应固定,并应始终保持不变,放大器增益值也应始终固定不变。

(3)每组检测管测试完成后,测试点应随机重复抽测 10%~20%。其声时相对标准差不应大于 5%;波幅相对标准差不应大于 10%。并对声时及波幅异常的部位应重复抽测。

第四节 基桩承载力检测

现有确定基桩承载力的检测方法有两种:一种是静荷载试验,另一种是各种桩的动测方法。

一、基桩静荷载试验

依据现行地基基础规范:单桩承载力宜通过现场静载试验确定,在同一条件下试桩数量不宜少于总桩数的 1%,并不少于 3 根。就地灌注桩的静载试验应在混凝土强度达到能承受预定破坏荷载后开始。斜桩做静载试验时,荷载方向应与斜桩轴线相同。

1. 试验前的准备工作

(1)试桩的桩顶如有破损或强度不足时,应将破损或强度不足段凿除后修补平整。

(2)做静推试验的桩如果为空心桩,则应在直接受力部位填充混凝土。

(3)做静压、静拔试验的桩,为便于在原地面施加荷载,在承台底面以上波幅或局部冲线以上部分设计不能考虑的摩擦力应予扣除。

(4)做静压、静拔试验的桩,桩身需通过尚未固结新近沉积的土层或湿陷性黄土、软土等土层对桩侧产生向上的负摩擦力部分,应在桩表面涂刷涂层,或设置套管等方法予以消除。

(5)在冰冻季节试桩时,应将桩周围的冻土全部融化。其融化范围:静压、静拔试验时,离试桩周围不小于 1m;静推试验时,不小于 2m。融化状态应保持到试验结束。

(6)在结冰的水域做试验时,桩与冰层之间应保持不小于 100mm 的间隙。

2. 静压试验

(1)试验目的:通常用来确定单桩承载能力和荷载与位移的关系,以及校核动力公式的准确程度。

(2)试验方法:采用慢速维持荷载法,若设计无特殊要求,采用单循环加载法。

(3)试验时间:静压试验应在冲击试验后立即进行;对于钻孔灌注桩,须待混凝土达到能承受设计要求的荷载后才可进行试验。

(4)加荷装置:一般采用油压千斤顶加载。千斤顶的反力装置可选用下列三种形式之一。

①锚桩承载梁反力装置:提供的反力应不小于预估最大试验荷载的 1.3~1.5 倍,锚桩一般采用 4~6 根。锚桩与试桩的中心间距,当试桩直径(或边长)小于或等于 800 时,可为试桩直径的 5 倍,大于 800mm 时上述距离不得小于 4m。

②压重平台反力装置:利用平台上的压重作为试验的反力装置。压重不得小于预估最大试验荷载的 1.2 倍。压重要在试验前一次加上。试桩与压重平台支承边缘的距离与锚桩与试桩的中心间距相同。

③锚桩压重联合反力装置：当最大加载量超过锚桩的抗拉拔力时，可在承载梁上放置或悬挂一定重物，由锚桩和重物共同承受千斤顶的反力。

(5)测量位移的装置：一般使用 1/20 光学仪器或力学仪器，如水平仪、位移计等。支承仪表的基准架应有足够的刚度和稳定性，基准梁一端应自由支承，不受温度影响引起上拱或下挠。基准桩应埋入地表以下一定深度，不受气候影响。基准桩中心与锚桩、试桩中心之间的距离应符合下列规定：锚桩承载反力系统时，基准桩与试桩、锚桩中心间距应大于或等于 4 倍试桩直径；压重平台承载反力系统时，基准桩与试桩、压重平台边缘中心间距应大于或等于 2m。

(6)加载方法

①加载重心应与试桩轴线相一致。加载时应分级进行，使荷载传递均匀，无冲击。

②荷载分级：每级加载为预估最大荷载的 1/10～1/15；当桩下端为巨粒土、粗粒土或坚硬的黏质土，第一级可按 2 倍的分级荷载加载。

③预估最大荷载：对施工检验性桩，一般可取设计荷载的 2 倍。

(7)沉降观测

①下沉未达到稳定状态不得进行下一级加载。

②每级加载的观测时间规定为：每级加载完毕后，每隔 15min 观测一次；累计 1h 后每隔 30min 观测一次。

(8)稳定标准

每级加载下沉量在下列时间内如不大于 0.1mm 即可认为稳定：

①桩端下为巨粒土，砂类土、坚硬黏质土，最后 30min。

②桩端下为半坚硬和细粒土，最后 1h。

(9)加载终止及极限荷载取值

①总位移量大于或等于 40mm，本级荷载的下沉量大于或等于前一级荷载下沉量的 5 倍时，加载即可终止。取此终止时荷载小一级的荷载为极限荷载。

②总位移量大于或等于 40mm，本级荷载加上后 24h 未达到稳定，加载即可终止。取此终止时荷载小一级的荷载为极限荷载。

③巨粒土、密实砂类土以及坚硬的黏质土中，总沉降量小于 40mm，但荷载已大于或等于设计荷载乘以设计规定的安全系数，加载即可终止。取此时的荷载为极限荷载。

④施工过程中的检验性试验，一般加载应继续到桩的 2 倍设计荷载为止。如果桩的总沉降量不超过 40mm，及最后一级加载引起的沉降不超过前一级的沉降的 5 倍，则该桩可以停止试验。

⑤极限荷载的确定有时比较困难，应绘制荷载—沉降曲线（P—S 曲线）、沉降—时间曲线（S—t 曲线）。必要时，还应绘制 S—$\lg t$ 曲线、S—$\lg P$ 曲线（单对数法）、S—$[1-P/P_{max}]$曲线（百分率法）等综合比较，确定比较合理的极限荷载值。

(10)桩的卸载和回弹量观测

①卸载应分级进行，每级卸载量为两个加载级的荷载。每级卸载后，应观测桩顶的回弹量，观测办法与沉降相同。直到回弹稳定后，再卸下一级。回弹稳定标准与下沉稳定标准相同。

②卸载到零后，至少在 2h 内每 30min 观测一次。如果桩尖下为砂类土，则开始 30min 内，每 15min 观测一次；如果桩尖下为黏质土，第一小时内，每 15min 观测一次。

3. 静拔试验

(1)试验时间：一般到按复打规定的休止时间以后进行。对于钻挖轧灌注桩，须待灌注的混凝土强度达到设计要求的强度后才可进行。静拔试验也可在静压试验后进行。

(2)加载装置:可采用油压千斤顶加载。千斤顶的反力装置一般采用两根锚桩和承载梁组成,试桩和承载梁用拉杆连接,将千斤顶置于两根锚桩之上,顶推承载梁,引起试桩上拔。

(3)加载方法:一般采用慢速维持荷载法进行。施加的静拔力必须作用于桩的中轴线。加载应均匀、无冲击。每级加载量不大于预计最大荷载的1/10～1/15。

(4)位移观测:每级加载完毕后,每隔15min观测一次;累计1h后,每隔30min观测次。下沉未达到稳定不得进行下一级加载。

(5)稳定标准:位移量小于或等于0.1mm/h,即可认为稳定。

(6)加载终止:勘测设计阶段,总位移量大于或等于25mm,加载即可终止;施工阶段,加载不应大于设计容许抗拔荷载。

4.静推试验

1)试验方法

对于承受反复水平荷载的基桩,采用多循环加卸载的方法;对于承受长期水平荷载的基桩,采用单循环加载的方法。

2)加载装置

(1)一般采用两根单桩通过千斤顶相互顶推加载;或在两根锚桩间平放一根横梁,用千斤顶顶向试桩加载;有条件时可利用墩台或专设反力座以千斤顶向试桩加载。千斤顶与试桩接触处宜安设一球形铰座,保证千斤顶作用力能水平通过试桩轴线。

(2)加载反力结构的承载力应为预估最大试验荷载的1.3～1.5倍,其作用方向的刚度不应小于试桩。反力结构与试桩之间净距按设计要求确定。

(3)固定百分表的基准桩宜设在桩侧面靠位移的反方向,与试桩净距不小于试桩直径的1倍。

(4)多循环加载卸载试验法按下列规定进行。

①加载分级:可按预计最大试验荷载的1/10～1/15,一般可采用5～10kN,过软的土可采用2kN级差。

②加载程序与位移观测:各级荷载施加后,恒载4min测读水平位移,然后卸载至零,2min后测读残余水平位移。至此,完成一加载循环,如此循环5次,便完成一级荷载的试验观测。加载时间应尽量缩短,测量位移间隔时间应严格准确。

③加载终止条件:当出现下列情况之一时即可终止加载。

a.桩顶水平位移超过20～30mm(软土取40mm)。

b.桩身已经断裂。

c.桩侧地面明显裂纹或隆起。

(5)多循环加卸载法的资料整理:由试验资料绘制水平荷载—时间—桩顶位移关系曲线($H—t—x$曲线)、水平荷载—位移梯度关系曲线($H—x/H$曲线)。

(6)多循环加卸载临界荷载(H_{cr})、极限荷载(H_u)及水平抗推容许承载力的确定。

①临界荷载:相当于桩身开裂,受拉混凝土不参加工作时的桩顶水平力,其数值可按下列方法综合确定:

a.取$H—t—x$曲线出现突变点的前一级荷载。

b.取$H—x/H$曲线的第一直线段终点所对应的荷载。

c.取曲线第一突变点对应的荷载。

②极限荷载可按下列方法综合确定：

a.取曲线明显陡降的前一级荷载。

b.取曲线各级荷载下水平位移包络线向下凹曲的前一级荷载。

c.取曲线第二直线终点所对应的荷载。

d.桩身断裂或钢筋应力达到流限的前一级荷载。

③水平抗推容许荷载：为水平极限荷载除以设计规定的安全系数。

3)单循环加载试验法的规定执行

(1)加载分级与多循环相同。

(2)加载后测读位移量与静压试验的方法相同。

(3)静推稳定标准：如位移量小于或等于 0.05m/h 即可认为稳定。

(4)终止加载条件：勘测设计阶段的试验，水平力作用点处位移量大于或等于 50mm，加载即可终止；施工检验性试验，加载不应超过设计的容许荷载。

5.注意问题

(1)加载装置要安全可靠，保证有足够的加载量，不能发生加载量达不到要求而中途停止试验的事故。

(2)设置基准点时应满足以下几个条件：基准点本身不变动，没有被接触或遭破损的危险，附近没有振源，不受直射阳光与风雨等干扰，不受试桩下沉的影响。

(3)当量测桩位移用的基准梁采用钢梁时，为保证测试精度需采取下述措施：基准梁的一端固定，另一端必须自由支承，防止基准梁受日光直接照射；基准梁附近不设照明及取暖炉，必要时基准梁可用聚苯乙烯等隔热材料包裹起来，以消除温度影响。

(4)测量仪器安装前应予校验，擦干润滑。

二、基桩高应变动力检测(凯斯法)

1.基本原理

凯斯法以现代波动理论为基础，导出了一套简捷的分析计算公式。其借助于现代的振动测量和信号处理技术，在锤击桩的过程中检测桩头的受力和运动响应信息，借助计算机分析技术，较全面地考虑桩和土及其相互作用的各种因素，通过复杂的运算，获得桩的承载力。

2.检测仪器及设备

试验仪器应具有现场显示、记录、保存实测力与加速度信号的功能，并能进行数据处理、打印和绘图。

(1)数据采集装置的模/数转换。

(2)力传感器宜采用工具式应变传感器。应变传感器安装谐振频率应大于 2kHz，在 0～1 000$\mu\varepsilon$测量范围内的非线性误差不应大于±1%，由于导线电阻引起的灵敏度降低不应大于1%。

(3)安装后的加速度计在 2～3 000Hz 范围内灵敏度变化不应大于±5%，冲击加速度不大于 10 000$m \cdot s^{-2}$，其幅值非线性误差不应大于±5%。

(4)打桩机械或类似的装置都可作为锤击设备。重锤宜用铸钢或铸铁制作。当采用自由落锤时，锤的重力应大于预估的单桩极限承载力的1%。

(5)桩的贯入度可用精密水准仪、激光变形仪等光学仪器测定。

3.检测方法

1)混凝土桩桩头的处理

桩头顶面应水平、平整;桩头中轴线与桩身中轴线应重合,桩头截面积应与原桩身截面积相同;桩头主筋应全部直通至桩顶混凝土保护层之下,各主筋应在同一高度上。

距桩顶1倍桩径范围内,宜用厚度为3～5mm的钢板围裹或距桩顶1.5倍桩径范围内设置箍筋,间距不宜大于150mm。桩顶应设置钢筋网片2～3层,间距60～100mm。

桩头混凝土强度等级宜比桩身混凝土提高1～2级,且不得低于C30;桩顶应设置桩垫,并根据使用情况及时更换;桩垫宜采用胶合板、木板和纤维板等材质均匀的材料。

2)传感器的安装

(1)传感器应分别对称安装在桩顶以下桩身两侧。传感器与桩顶之间的垂直距离,对于一般桩型,不宜小于2倍桩的直径或边长;对于大直径桩,不得小于1倍桩的直径或边长。

(2)安装传感器的桩身表面应平整,安装面范围内的材质和截面尺寸应与原桩身等同。

(3)应变传感器的中心与加速度传感器中心应位于同一水平线上,两者之间的水平距离不宜大于10cm。

3)现场检测参数设定

(1)桩的参数设定

现场检测时桩头测点处的桩截面面积、桩身波速、桩材质量密度和弹性模量应按测点处桩的实际情况确定。

①测点下桩长和截面积的设定值应符合下列规定:测点下桩长应取传感器安装点至桩底的距离;对于预制桩,可采用建设或施工单位提供的实际桩长和桩截面积作为设定值;对于混凝土灌注桩,测点下桩长和截面积设定值宜按建设或施工单位提供的施工记录确定。

②桩身波速设定可符合下列规定:对于普通钢桩,波速值可设定为5 120m/s;对于混凝土预制桩,宜在打入前实测无缺陷桩的桩身平均波速作为设定值;对于混凝土灌注桩,在桩长已知的情况下,可用反射波法按桩底反射信号计算桩的平均波速作设定值。

③桩身质量密度设定应符合下列规定:对于普通钢桩,质量密度应设定为7.85t/m³;对于普通混凝土预制桩,质量密度可设定为2.45～2.55t/m³;对于普通混凝土灌注桩,质量密度可设定为2.40t/m³。

桩材弹性模量设定值应按式(1-2-23)计算:

$$E = \rho v^2 \tag{1-2-23}$$

式中:E——桩材弹性模量(kPa);

v——桩身内应力波传播速度(m/s);

ρ——桩材质量密度(kg/m³)。

4.测试技术要求

检测时要记录每根桩的有效锤击次数,应根据贯入度及信号质量确定。检测时宜实测每一锤击力作用下桩的贯入度,单击贯入度不宜小于2.5mm,但也不宜大于10mm。

采用自由落锤为锤击设备时,宜重锤低击,最大锤击落距不宜大于2.5m。

检测时应及时检查采集数据的质量。如发现测试系统出现问题、桩身有明显缺陷或缺陷程度加剧,应停止检测,进行检查。

1)基桩承载力判定

(1)锤击后出现下列情况之一,其信号不得作为分析计算依据

①力的时程曲线最终未归零。

②严重偏心锤击,一侧力信号呈现受拉。

③传感器出现故障。

④传感器安装处混凝土开裂或出现塑性变形。

(2)检测承载力时选取锤击信号,宜符合下列规定

①预制桩初打,宜取最后一阵中锤击能量较大的击次。

②预制桩复打和灌注桩检测,宜取其中锤击能量较大的击次。

(3)分析计算前,应根据实测信号按下列方法确定桩身波速平均值

①桩底反射信号明显时,可根据下行波上升沿的起点到上行波下降沿的起点之间的时差与已知桩长值确定。

②桩底反射信号不明显时,可根据桩长、混凝土波速的合理取值范围以及邻近桩的桩身波速值综合判定。

2)凯斯法判定桩承载力

凯斯法判定单桩极限承载力的公式如下:

$$Q_{uc}=\frac{1}{2}\{(1-J_c)[F(t_1)+Z\cdot V(t_1)]+(1+J_c)[F(t_1+2L/c)-Z\cdot V(t_1+2L/c)]\} \tag{1-2-24}$$

$$Z=A\cdot E/c \tag{1-2-25}$$

式中:Q_{uc}——单桩轴向抗压级限承载力(kN);

J_c—— 凯司法阻尼系数;

t_1——速度信号第一峰对应的时刻(ms);

$F(t_1)$——t_1 时刻的锤击力(kN);

$V(t_1)$——t_1 时刻的振动速度(m/s);

Z——桩身截面力学阻抗(kN·s/m);

E——桩身材料弹性模量(kPa);

A——桩身截面面积(m^2);

c——桩身波速(m/s);

L——测点以下桩长(m)。

凯斯法适用范围和优点如下。

(1)适用范围:凯斯法判定单桩极限承载力只限于中、小直径桩;用于混凝土灌注桩时,桩身材质应均匀,且有可靠经验。

(2)优点:凯斯法有较完整的理论体系,测试较简单,尤其对打入桩,可在沉桩过程中同步进行测试;可对施工进行监测,并可作为确定打入桩的停打标准手段;传感器为工具式,装卸方便,能重复使用和进行实时分析。

复习思考题

一、单项选择题

1. 按规范方法确定容许承载力时,当基础宽度 $b>2$m,埋置深度 $h>3$m,且 h/b 符合下列(　)条件时可以对容许承载力予以提高。

A. $h/b>1/4$　　B. $h/b>2$　　C. $h/b\leqslant 4$　　D. $b/h\geqslant 4$

2. 对于老黏性土地基，可按土样的(　)来确定容许承载力。

A. 天然含水量 ω 和液限 ω_L 的比值　　B. 压缩模量

C. 含水比 ω/ω_L　　D. 天然孔隙比 e 和含水比 ω/ω_L

3. 多年冻土地基承载力的确定是根据土的分类和基础底面的(　)。

A. 年平均最高土温　　B. 月平均最低土温

C. 月平均最高土温　　D. 最高土温

4. 反射波法检测桩基，对混凝土灌注桩，传感器安装位置一般在距桩中心至半径处的(　)。

A. 1/2　　B. 1/3　　C. 1/4　　D. 1/2～1/3

5. 现场荷载试验中，各级荷载下沉降相对稳定标准一般采用连续 2h 的每小时沉降量不超过(　)。

A. 1mm　　B. 0.05mm　　C. 0.5mm　　D. 0.1mm

6. 正常混凝土的波速范围一般在(　)范围内。

A. 2 500～3 500m/s　　B. 3 500～4 500m/s

C. 4 500～5 500m/s　　D. 2 000～6 000m/s

7. 桩基检测桩径为 2 000mm 时，应埋设检测管为(　)。

A. 2 根　　B. 3 根　　C. 4 根　　D. 4 根以上

8. 钻芯检验法桩基只能用于抽样检查，一般抽检总桩数的(　)。

A. 1%　　B. 3%　　C. 3%～5%　　D. 1%～3%

9. 桩荷载试验时，桩端下为半坚硬和细粒土时每级加载稳定标准为：下沉量在下列时间内如不大于 0.1mm 即可认为稳定(　)。

A. 最后 1d　　B. 最后 1h　　C. 最后 30min　　D. 最后 2h

10. 桩的荷载试验锚桩承载梁反力装置，提供的反力应不小于(　)。

A. 预估最大试验荷载的 1.5～2.0 倍　　B. 预估最大试验荷载的 1.2 倍

C. 预估最大试验荷载的 1.3～1.5 倍　　D. 设计荷载的 2 倍

二、多项选择题

1. 桥梁工程基础的形式有(　)。

A. 扩大基础　　B. 桩基础

C. 沉井基础　　D. 地下连续墙基础

E. 组合式基础

2. 对于一般黏性土地基，要确定土样天然孔隙比和液性指数，必须测土样(　)。

A. 含水量　　B. 干重度

C. 液限　　D. 塑限

E. 颗粒密度

3. 桩基孔底沉淀厚度当设计无要求时，对于直径大于 1.5m 的桩沉淀厚度(　)。

A. ≤150mm　　B. ≤200mm

C. ≤300mm　　D. ≤500mm

4. 用规范法检测地基承载能力，与下列参数有关(　)。

A. 土的压缩模量 E_S　　B. 天然含水量 W

C. 相对密度 D_r　　D. 基础埋置深度

5. 成孔质量检测内容包括(　)。

A. 桩位偏差　　B. 桩顶高程

C. 孔径　　D. 桩倾斜

E. 孔底沉淀厚度

6. 钻孔灌注桩施工时泥浆一般有(　)。

A. 护壁作用　　B. 浮渣作用　　C. 防塌孔作用　　D. 润滑作用

7. 采用凯斯法测桩时,应预先将桩的(　)等按试桩的实际情况确定。

A. 桩长　　B. 桩身波速

C. 桩身混凝土质量密度　　D. 桩身截面积

E. 混凝土水灰比

8. 超声波检测判断桩内缺陷的基本物理量为(　)。

A. 声时值　　B. 波幅(或衰减)

C. 接收信号的频率　　D. 接收波形的畸变

E. 声波检测仪的延迟时间 t_0

9. 凯斯法判定单桩极限承载力桩垫材料宜采用(　)。

A. 钢板　　B. 胶合板

C. 橡胶板　　D. 纤维板

E. 木板

10. 凯斯法判定单桩极限承载力适用于(　)。

A. 任何直径的灌注桩　　B、打入钢管桩

C. 预制桩　　D. 中、小直径灌注桩

E. 钢板桩

三、判断题

1. 同一根钻孔灌注桩,应根据地质情况分段,选用不同性能指标的泥浆。(　)

2. 钢管声测管的接收信号比塑料管声测管的强,故一般采用钢管声测管。(　)

3. 对于一般新黄土地基,按天然孔隙比 e 和含水比 w/w_L 查表确定容许承载力。(　)

4. 预埋检测管应符合下列规定:桩径小于1.0m时应埋设双管;桩径在1.0~2.5m时应埋设三根管;桩径2.5m以上应埋设四根管。(　)

5. 超声波检测桩基各发射与接收相对高差不应大于50mm,并随时校正。(　)

6. 超声波检测时,PSD判据对混凝土强度不均匀所引起的声时变化,基本上没有反应。(　)

7. 斜桩做静载试验时,荷载方向应与斜桩轴线相同。(　)

8. 桩基静压试验,对于钻孔灌注桩,须待混凝土达到能承受设计要求的80%才可进行试验。(　)

9. 桩的垂直静荷载试验锚桩与试桩的中心间距,当试桩直径(或边长)小于或等于800时,可为试桩直径的5倍,大于800mm时上述距离不得小于3m。(　)

10. 凯斯法判定单桩极限承载力,所用重锤宜用铸钢或铸铁制作。当采用自由落锤时,锤的重力应大于预估的单桩极限承载力的2%。(　)

四、问答题

1. 如何按规范法确定地基的容许承载力?
2. 简述地基荷载试验方法及指标的确定方法。
3. 简述标准贯入试验方法及确定指标。
4. 简述泥浆主要性能检测方法。
5. 简述反射波法检测基桩完整性时现场操作步骤和注意问题。
6. 简述反射波法检测基桩完整性时波形分析的方法和步骤。
7. 简述声波透射法检测基桩完整性时现场操作步骤和注意问题。
8. 简述声波透射法检测基桩完整性的检测数据处理与判定方法。
9. 简述反射波法和超声波法检测桩身完整性的评价标准。
10. 简述基桩静荷载试验方法和现场注意问题。

第三章 桥梁上部结构

【主要内容】

本章主要介绍桥梁工程上部构造的组成部分、桥梁支座、伸缩装置的试验检测方法以及混凝土强度测试及评定方法。

【要求】

了解:桥梁上部结构的组成部分。

熟悉:桥梁支座和伸缩装置的类型、构造及适用条件;悬吊结构的检测方法;**预应力筋用锚具、夹具和连接器检测方法**(员掌握);静载锚固性能试验方法;**张拉设备校验的校验方法**(员掌握);钢构件缺陷的各种无损检测方法等。

掌握:板式橡胶支座的力学性能、外观质量和解剖检验的相关要求;板式橡胶支座的力学性能的测试方法;桥梁伸缩装置的分类与检测项目;钻芯法、回弹法、超声法、超声—回弹综合法和拉拔法等的测定内容、适用范围、现场操作步骤和注意问题;混凝土强度评定方法;**混凝土构件强度和缺陷的无损检测方法**(员熟悉)。

第一节 桥梁上部结构的组成

一、桥梁支座

承重结构与墩、台的支承处所设置的传力装置,称为支座。

二、桥跨结构

桥跨结构是在线路中断时跨越障碍的主要承载结构。分为:1)梁式桥;2)拱式桥;3)刚架桥;4)吊桥;5)组合体系桥等。

三、桥面构造

桥面构造包括:桥面铺装、排水防水系统、人行道(或安全带)、缘石、栏杆、护栏和伸缩缝等。

第二节 桥 梁 支 座

一、桥梁支座分类

桥梁支座是连接桥梁上部结构和下部结构的重要结构部件。它能将桥梁上部结构的反力和变形(位移和转角)可靠地传递给桥梁下部结构,从而使结构的实际受力情况与计算的理论图式相符合。

桥梁支座必须满足以下功能要求。首先桥梁支座必须具有足够的承载能力,以保证安全可靠地传递支座反力。其次支座对桥梁变形(位移和转角)的约束应尽可能地小,以适应梁体自由伸缩及转动的需要。此外支座应便于安装、养护和维修,并在必要时进行更换。桥梁支座分类方法如下:

1. 按支座变形可能性分类有:固定支座、单向活动支座、多向活动支座等;

2. 按支座用材料分类有:钢支座、聚四氟乙烯支座、橡胶支座、混凝土支座、铅支座等;

3. 按支座的结构型式分类有:弧形支座、摇轴支座、辊轴支座、板式橡胶支座、四氟板式橡胶支座、盆式橡胶支座、球型支座等。

二、板式桥梁橡胶支座构造特性

1. 板式桥梁橡胶支座构造特性

板式桥梁橡胶支座通常由若干层橡胶片与以薄钢板为刚性加劲物组合而成,各层橡胶与上下钢板经加压硫化牢固地黏结成为一体。支座在竖向荷载作用下,具有足够的刚度,主要是由于嵌入橡胶片之间的钢板可以限制橡胶的侧向膨胀。在水平力作用下,支座的水平位移量取决于橡胶片的净厚度。支座的上下面及四边都有橡胶保护层。

2. 板式桥梁橡胶支座构造分类及适用条件

(1)按支座形状划分:分为矩形板式桥梁橡胶支座和圆形板式桥梁橡胶支座。

(2)按橡胶种类划分:分为氯丁橡胶(CR)支座(适用温度-25℃~60℃)和天然橡胶(NR)支座(适用温度-35℃~60℃)。

(3)按结构形式划分:分为普通橡胶支座和聚四氟乙烯滑板式支座。

3. 型号

以下列示支座型号表示方法。

例1 公路桥梁矩形普通氯丁胶支座,短边尺寸为300mm、长边尺寸为400mm、厚度为47mm的支座,表示为:GJZ300×400×47(CR)。

例2 公路桥梁圆形四氟滑板天然胶支座,直径为300mm、厚度为54mm的支座,表示为:$GYZF_4$300×54(NR)。

4. 支座抗压弹性模量E和形状系数S的计算

支座抗压弹性模量和形状系数按式(1-3-1)、式(1-3-2)、式(1-3-3)计算:

$$E = 5.4GS^2 \tag{1-3-1}$$

矩形支座
$$S = \frac{l_{0a} \times l_{0b}}{2t_1(l_{0a} + l_{0b})} \tag{1-3-2}$$

圆形支座
$$S = \frac{d_0}{4t_1} \tag{1-3-3}$$

式中:E——支座抗压弹性模量(MPa);

G——支座抗剪弹性模量(MPa);

S——支座形状系数;

l_{0a}——矩形支座加劲钢板短边尺寸(mm);

l_{0b}——矩形支座加劲钢板长边尺寸(mm);

t_1——支座中间单层橡胶片厚度(mm);

d_0——圆形支座加劲钢板直径(mm)。

三、板式桥梁橡胶支座检验方法

主要检验项目有支座成品力学性能检验、支座成品解剖检验和外观、几何尺寸检验等。

1. 试样、试验条件和试验设备要求

(1)试样：随机抽取实样，每种规格试样数量为三对，各种试验试样通用。试样试验前应暴露在标准温度 23℃±5℃下，停放 24h 以使试样内外温度一致。

(2)试验条件：试验室的标准温度为 23℃±5℃，且不能有腐蚀性气体及影响检测的振动源。

(3)仪器设备：试验机宜具备下列功能：微机控制，能自动、平稳连续加载、卸载，自动持荷，自动采集数据，自动绘制应力—应变图形，自动储存数据和打印结果。试验用承载板应具有足够的刚度，厚度应大于平面最大尺寸的 1/2，平面尺寸大于被测试样的平面尺寸，在最大荷载下不应发生挠曲。剪切试验机构的水平油缸、负荷传感器的轴线应和中间钢拉板对称轴线相重合，确保试样水平轴向受力。

试验机的级别为 1 级是指相对误差允许值为 1.0%，试验机正压力使用可在最大压力值的 0.4%～90%范围内，水平力的使用可在最大力值的 1%～90%范围内。

测量支座变形量的仪表量程应满足测量支座试样变形量的需要，测量转角变形量的分度值为 0.001m，测量竖向压缩变形量和水平位移变形量的分度值为 0.01mm。

2. 抗压弹性模量检验

试验方法为通过中心受压试验，得出橡胶支座的应力—应变曲线，并据此求出支座的抗压弹性模量，实测出使用应力下支座的最大压缩量并观察支座在受压情况下的工作状态。

1)试验步骤

(1)将橡胶支座成品直接置于试验加荷装置承压板上，对准中心，加荷至压力应为 1.0MPa，在承载板的四角对称安装四只位移计。

(2)预压。将压应力以 0.03～0.04MPa/s 速率加压至 $\sigma=10$MPa，持荷 2min，然后卸至 1.0MPa。持荷 5min，记录百分表初始值，预压三次。

(3)正式加载。每一加载循环自 1.0MPa 开始，以 0.03～0.04MPa/s 速率加压至 $\sigma=4$MPa，持荷 2min，读取百分表读数，然后以同样速率每 2MPa 为一级逐级加载，每级持荷 2min 后采集变形数据直至平均压应力 σ 为止，然后卸载至压应力为 1.0MPa。10min 后进行下一加载循环。加载过程连续进行三次。

(4)以承载四角所测得的变位平均值为各级荷载下试样的累计压缩变形 Δ_c，按试样橡胶层的总厚度 δ_i 求出在各级试验荷载作用下试样的累计压缩应变 ε_i。

2)抗压弹性模量的计算

试样实测抗压弹性模量按下列公式(1-3-4)计算：

$$E_1=\frac{\sigma_{10}-\sigma_4}{\varepsilon_{10}-\varepsilon_4} \tag{1-3-4}$$

式中：E_1——试样实测抗压弹性模量计算值，精确至 1MPa；

σ_4、ε_4——第 4MPa 级试验荷载下的压应力和累积压缩应变值；

σ_{10}、ε_{10}——第 10MPa 级试验荷载下的压应力和累积压缩应变值。

每一块试样的抗压弹性模量 E 为三次加载过程所得的三个结果的算术平均值。单项结果和算术平均值之间的偏差不应大于算术平均值的 3%。否则应对该试样重新复核试验一次。

3. 极限抗压强度检验

以 0.1MPa/s 的加荷速率加载试样极限抗压强度 R_u 不小于 70MPa 为止，绘制应力—时间图，并随时观察试样受力状况及变形情况，试样是否完好无损。

4. 抗剪弹性模量检验

橡胶支座抗剪弹性模量试验是以正压力为容许压应力，并在抗剪过程中保持不变的情况下，采用 2 块支座用中间钢拉板推或拉组成双剪装置，橡胶支座的顶面或底面必须以实桥（钢筋混凝土梁、钢梁）设计图纸一致，而且中间钢拉板的对称轴应和加压设备中轴处在同一垂直面上，剪切变形量的量测一般采用 2 个大标距的位移传感器或百分表，正压力和剪切力一般采用力传感器进行量测控制。正式试验前应进行预载，以控制安装偏差和消除初应力，正式加载时，施加水平力至剪应力 $\tau=0.1$MPa 后持荷 5min，然后卸载至剪应力为 0.1MPa 后记录位移计初始值。

正式加载：每一加载值循环自 $\tau=0.1$MPa 开始，每级剪应力增力 0.1MPa，持荷 1min，读取位移计读数，至 $\tau=1.0$MPa 为止，然后卸载剪应力为 0.1MPa。10min 后进行下一循环。加载过程连续进行三次。

将各级水平荷载下位移计所测出的试样累积为水平变形式 Δ_s，按试样橡胶层的总厚度 δ_i 求出在各级试验荷载作用下试样的累计剪切应变 γ_i。

按式(1-3-5)计算抗剪弹性模量：

$$G_1=\frac{\tau_{1.0}-\tau_{0.3}}{\gamma_{1.0}-\gamma_{0.3}} \tag{1-3-5}$$

式中：G_1——试样的实测抗剪弹性模量计算值，精确至 1%(MPa)；

$\tau_{1.0}$、$\gamma_{1.0}$——第 1.0MPa 级试验荷载作用下的剪应力和累积剪应变(MPa)；

$\tau_{0.3}$、$\gamma_{0.3}$——第 0.3MPa 级试验荷载作用下的剪应力和累积剪应变(MPa)。

每两个检验支座所组成试样的综合抗剪弹性模量 G_1 为这组试件三次加载所得到的三个结果的算术平均值。但各单项结果与算术平均值之间的偏差不应大于算术平均值的 10%，否则该试样应重新进行一次试验。

5. 抗剪黏结性能试验

整体支座抗剪黏结性能试验方法与抗剪弹性模量试验方法相同，将压应力以 0.03～0.04MPa/s 连续地增至平均压应力 σ，绘制应力—时间图，并在整个试验过程中保持不变。然后以 0.02～0.03MPa/s 的速率连续施加水平力，当剪应力达到 2MPa，持荷 5min 后，水平力以连续均匀的速度连续卸载，在加、卸载过程中绘制应力—应变图。试验中随时观察试件受力状态的变化情况，水平力卸载后试样是否完好无损。

6. 抗剪老化试验

将试样置于老化箱内，在 70℃±2℃温度下经 72h 后取出，将试样在标准温度 23℃±5℃下，停放 48h，再在标准试验室温度下进行剪切试验，试验与标准抗剪弹性模量试验方法步骤相同。老化后抗剪弹性模量 G_2 的计算方法与标准抗剪弹性模量计算方法相同。

7.摩擦系数检验

摩擦系数试验，除要求必须对四氟板与不锈钢板进行检验外，对橡胶与混凝土、橡胶与钢板间摩擦系数试验可按需要或用户要求进行检验。

(1)将试样按规定摆好，对准试验机承压板中心位置。

(2)将压应力以0.03～0.04MPa/s的速率连续施加至平均压应力[σ]，绘制应力—时间图，并在整个摩擦系数试验过程中保持不变。其预压时间为1h。

(3)以0.002～0.003MPa/s速率连续地施加水平力，直至支座试样与混凝土板、钢板、不锈钢板试样接触面间发生滑动时为止，记录此时水平剪应力。试验过程连续进行三次。

(4)摩擦系数按式(1-3-6)、式(1-3-7)、式(1-3-8)计算：

$$\mu_f = \frac{\tau}{\sigma} \tag{1-3-6}$$

$$\tau = \frac{H}{A_0} \tag{1-3-7}$$

$$\sigma = \frac{R}{A_0} \tag{1-3-8}$$

式中：μ_f——四氟滑板与不锈钢板表面的摩擦系数，精确至0.01；

τ——接触面发生滑动时的平均剪应力(MPa)；

σ——支座的平均压应力(MPa)；

H——支座承受的最大水平力(kN)；

R——支座最大承压力(kN)；

A_0——支座有效承压面积(mm^2)。

(5)结果

每对试样的摩擦系数为三次试验结果的算术平均值。

8.允许转角检验

在外荷载作用下，支座在发生竖向压缩的同时，由于梁体的挠曲作用还产生转动。支座转动时，一侧的橡胶被压缩，而另一侧则逐渐被抬起。如果竖向压缩回弹变形值大于其总压缩量，支座边缘必将出现脱空现象。这是检验橡胶支座的厚度在梁体端部在可能出现最大转角的作用下能否满足设计要求的必要条件。

检测时，在距支座中心600mm处，安装使支座产生转动的千斤顶和测力传感器，并在假定梁体的四角安置位移传感器或百分表。

首先进行预压，将压应力缓缓增至[σ]，维持5min然后卸载至应力为1.0MPa。如此反复预压三遍。

正式加载：施加压力至[σ]，停5min读数；维持[σ]不变，用油压千斤顶对中间工字梁施加一个向上的力P，使其达到预期转角的正切值(偏差不大于5%)；停5min后，读取千斤顶力P及百分表的读数。

9.判定规则

(1)实测抗压弹性模量、抗剪弹性模量、老化后抗剪弹性模量和四氟板试样与不锈钢钢板的摩擦系数应满足有关规范规定的要求。

(2)支座在不小于70MPa的压应力时，橡胶层未被挤坏，中间层钢板未断裂，四氟板与橡胶未发生剥离，则认为试样的极限抗压强度是满足要求的。

(3)支座在两倍剪应力作用下，橡胶层未被剪坏，中间层钢板未断裂错位，卸载后，支座变形恢复正常，认为该试样抗剪黏结性能满足要求。

(4)试样的容许转角正切值，混凝土、钢筋混凝土桥在 1/300、钢桥在 1/500 时，试样边缘最小变形值大于或等于零时，认为试样容许转角是满足要求的。

(5)三块(或三组)试样中，有两块(或两组)不能满足要求时，则认为该批产品不合格。若有一块(或一组)试样不能满足要求时，则应从该批产品中随机再取双倍试样对不合格项目进行复验，若仍有一项不合格，则判定该批产品不合格。

10. 支座外观质量检测

(1) 支座外形尺寸检测：支座外形尺寸应用钢直尺量测，厚度应用游标卡尺或量规量测。对于矩形支座，除应在四边上量测长短边尺寸外，还应量测平面与侧面对角线尺寸，厚度应在赛边中点及对角线中心处量测；对圆形支座，其直径、厚度应至少量测四次，测点应垂直交叉，并量测圆心处厚度，外形尺寸和厚度实测的平均值，其尺寸偏差应符合有关规定。

(2) 支座外观检测：支座外观用目测方法或量具逐块进行检查。检测项目：气泡、杂质；凹凸不平；四侧面裂纹、钢板外露；掉块、崩裂、机械损伤；钢板与橡胶粘结处开裂或剥离；表面平整度；四氟滑板划痕、碰伤、敲击；四氟滑板与橡胶支座粘结错位等项目。每块支座不允许存在两项以上的缺陷。

11. 解剖检验

解剖检验项目有：支座用钢锯锯后检验项目有橡胶层厚度、钢板与橡胶粘结、剥离胶层后橡胶的性能等。均应满足表 3-3-1 的要求

产品支座解剖检验要求　　表 3-3-1

名　　称	解剖检验标准
锯开后胶层厚度	胶层厚度应均匀 τ_1 为 5mm 或 8mm 时，其偏差为±0.4mm；τ_1 为 11mm 时，其偏差不得大于±0.7mm；τ_1 为 15mm 时，其偏差不得大于±1.0mm
钢板与橡胶黏结	钢板与橡胶黏结应牢固，且无离层现象，其平面尺寸偏差为±1mm；上下保护层偏差为(+0.5,0)mm
剥离胶层(应按 HG/T2198 规定制成试样)	剥离胶层后，测定的橡胶性能，其拉伸强度的下降大应大于 15%，扯断伸长率的下降不应大于 20%

第三节　桥梁橡胶伸缩装置

一、桥梁橡胶伸缩装置的作用及分类

桥梁橡胶伸缩装置的主要作用是满足桥梁上部结构变形的需要，并保证车辆通过桥面时平稳。桥梁橡胶伸缩装置按照伸缩体结构不同可划分为四类。

1. 模数式伸缩装置

其伸缩体由中钢梁和 80mm 的单元橡胶密封带组合而成的伸缩装置。适用于伸缩量为 160～1 200mm 的公路桥梁工程。

2. 梳齿板式伸缩装置

其伸缩体由钢制梳齿板组合而成的伸缩装置。一般适用于伸缩量不大于 300mm 的公路桥梁工程。

3. 橡胶式伸缩装置

橡胶式伸缩装置分为板式橡胶伸缩装置和组合式橡胶伸缩装置两种。

(1)板式橡胶伸缩装置:伸缩体由橡胶、钢板或角钢硫化为一体的板式伸缩装置。它适用于伸缩量小于 60mm 的公路桥梁工程。

(2)组合式橡胶伸缩装置:伸缩体中橡胶板和钢托板组合而成的组合式橡胶伸缩装置。适用于伸缩量不大于 120mm 的公路桥梁工程。

4. 异形钢单缝式伸缩装置

伸缩体完全由橡胶密封带组成的伸缩装置。由单缝钢和橡胶密封带组成的单缝式伸缩装置,适用于伸缩量不大于 60mm 的公路桥梁工程。由边梁钢和橡胶密封带组成的单缝式伸缩装置,适用于伸缩量不大于 80mm 的公路桥梁工程。

二、检测项目

(1)模数式伸缩装置应进行拉伸、压缩、纵向、竖向、横向错位试验,测定水平摩阻力、变位均匀性。应按实际受力荷载测定中梁、支承横梁及其连接部件应力、应变值。并对试样进行振动冲击试验,对橡胶密封带进行防水性能试验。

(2)梳齿板式伸缩装置应进行拉伸、压缩试验,测定水平摩阻力、变位均匀性。

(3)橡胶伸缩装置应进行拉伸、压缩试验,测定水平摩阻力及垂直变形;且试验应在15℃～28℃温度下进行。

(4)异形钢单缝伸缩装置应进行橡胶密封带防水试验。

(5)尺寸偏差:伸缩装置的尺寸偏差,应采用标定的钢直尺、游标卡尺、平整度仪、水准仪等测量。橡胶伸缩装置平面尺寸除量测四边长度以外,还应量测对角线尺寸,厚度应在四边量测 8 点取其平均值。模数式和梳齿式伸缩装置应每 2m 取其断面量测后,取其平均值。

(6)外观质量:产品的外观质量,应用目测方法和相应精度量具逐步进行检测,不合格产品可进行一次修补。

(7)内在质量橡胶板式伸缩装置解剖检验应每 100 块取 1 块,沿中横向锯开进行规定项目检验。

(8)原材料伸缩装置中使用的钢材、橡胶、不锈钢板、聚四氟乙烯板、硅脂等应按《公路桥梁伸缩缝装置》中规定的方法进行试验。

三、判定规则

(1)进厂原材料检验应全部项目合格后方可使用,不合格的材料不能应用于生产。

(2)出厂检验时,若有一项指标不合格,则应从该批产品中再随机抽取双倍数目的试样,对不合格的项目进行复检,若仍有一项不合格则判定该批产品不合格。

(3)形式检验时,整体性试验全部满足要求为合格,若检验项目中有一项不合格,则从该批产品中再随机抽取双倍数目的试样,对不合格项目进行复检;若复检仍有一项目不合格,则判定该批产品不合格。

第四节　混凝土构件强度检测方法及其评定

一、钻芯取样法

1. 测定内容

钻芯取样法检验混凝土强度指从混凝土结构物中钻取芯样和检查芯样，测定混凝土的劈裂抗拉强度或抗压强度，作为评定结构的主要品质指标。也可作为抽检混凝土均匀性和内部缺陷的指标。

2. 适用范围

(1)对试块抗压强度的测试结果有怀疑时。

(2)因材料、施工或养护不良而发生混凝土质量问题时。

(3)混凝土遭受冻害、火灾、化学侵蚀或其他损害时。

(4)需检测多年使用的建筑结构或构造物中混凝土强度时。

3. 现场操作步骤

1)芯样钻取

在钻取芯样应尽可能避免在靠近混凝土构件的接缝或边缘钻取。

芯样直径应为混凝土所有集料最大粒径的 3 倍，任何情况下不小于集料最大粒径的 2 倍。

2)钻取的芯样数量应满足的规定

(1)按单个构件检验时，每个构件钻取芯样数不少于 3 个，对较小构件至少应取 2 个。

(2)对构件局部区域检验时，应由要求检验的单位确定取芯位置及数量。

(3)芯样的高度

芯样抗压试件的高度和直径之比应在 1～2 的范围之内。

(4)钻取芯样检查

每个芯样应详细描述有关裂缝、分层、麻面或离析等，并估计集料的最大粒径、形状种类及粗细集料的比例与级配，检查并记录存在的气孔的位置、尺寸与分布情况。

(5)芯样的测量

在芯样的中间两个垂直方向测量确定芯样的平均直径 d，精确至 mm；取芯样直径两端侧面测定钻取后芯样的长度。

(6)试件的制作

芯样端面必须平整。芯样两端平面应与轴线垂直，误差不应大于 1°。必要时应磨平或用硫磺胶泥(硫磺)或水泥砂浆(水泥净浆)抹顶等方法处理。

(7)芯样抗压强度 f_{cu}^{c} 按式(1-3-9)计算：

$$f_{cu}^{c}=\alpha\cdot\frac{P}{A}=\alpha\cdot\frac{AP}{\pi d^{2}} \tag{1-3-9}$$

式中：f_{cu}^{c}——混凝土芯样抗压强度(MPa)；

P——极限荷载(N)；

A——受压面积(mm^2)；

d——芯样截面的平均直径(mm)；

α——不同高径比芯样试件混凝土强度换算系数。

结果计算精确至 0.01MPa。

4. 注意问题

(1)对混凝土强度等级低于 C10 的结构,不宜采用钻芯法检测。

(2)芯样试件内不应含有钢筋。如不能满足此项要求,每个试件内最多只允许含有 2 根直径小于 2mm 的钢筋,且钢筋应与芯样轴线基本垂直并不得露出端面。

(3)将芯样取出并稍晾干后,应标上芯样的编号,并应记录取芯构件名称、取芯位置、芯样长度及外观质量等,必要时应拍摄照片。

(4)芯样在搬运之前应采用草袋废水泥袋等材料仔细包装,以免碰坏。

(5)芯样有裂缝或有其他较大缺陷时不得用作抗压强度试验。

(6)硫磺胶泥(或硫磺)补平法一般适用于自然干燥状态下抗压试验的芯样试件补平。

砂浆(或水泥净浆)补平法一般适用于潮湿状态下抗压试验的芯样试件补平。

(7)补平层应与芯样结合牢固,以使受压时补平层与芯样的结合面不提前破坏。

(8)经端面补平后的芯样高度小于 0.95d(d 为芯样试件平均直径),或大于 2.05d 时,不得用作抗压强度试验。

二、回弹法

1. 回弹法的基本原理

回弹法是采用回弹仪的弹簧驱动重锤,通过弹击杆弹击混凝土表面,并以重锤被反弹回来的距离(称回弹值指反弹距离与弹簧初始长度之比)作为强度相关指标来推算混凝土强度的一种方法。

2. 测定内容

对试件的检验结果有怀疑或供检验用的试件数量不足时,可采用回弹法检测,并将检测结果作为处理混凝土质量问题的一个主要依据。

另外,施工阶段如构件拆模、预应力张拉或移梁、吊装时,回弹法可作为评估混凝土强度的依据。

3. 适用范围

回弹法的使用前提,是要求被测结构或构件混凝土的内外质量基本一致。因此,当混凝土表层与内部质量有明显差异,例如遭受化学腐蚀或火灾、硬化期间遭受冻伤等或内部存在缺陷时,不能用回弹法评定混凝土强度。

4. 现场操作步骤

1)每一构件的测区,应符合下列要求。

(1)对长度不小于 3m 的构件,其测区数不少于 10 个,对长度小于 3m 且高度低于 0.6m 的构件,其测区数量可适当减少,但不应少于 5 个。

(2)相邻两测区的间距应控制在 2m 以内,测区离构件边缘的距离不宜大于 0.5m。

(3)测区应选在使回弹仪处于水平方向,检测混凝土浇筑侧面,当不能满足这一要求时,可选在使回弹仪处于非水平方向,检测混凝土浇筑侧面、表面或底面。

(4)测区宜选在构件的两个对称可测面上,也可选在一个可测面上,且应均匀分布。在构件的受力部位及薄弱部位必须布置测区,并应避开预埋件。

(5)测区的面积宜控制在 0.04m^2。

(6)检测面应为原状混凝土面，并应清洁、平整，不应有疏松层和杂物，且不应有残留的粉末或碎屑。

(7)对于弹击时会产生颤动的薄壁、小型构件应设置支撑固定。

2)测点宜在测区范围内均匀分布，相邻两测点的净距一般不小于 20mm，测点距构件边缘或外露钢筋、预埋件的距离一般不小于 30mm，测点不应在气孔或外露石子上，同一测点只允许弹击一次。每一测区应记取 16 个回弹值，每一测点的回弹值读数精确至 1。

3)检测时，回弹仪的轴线应始终垂直于结构或构件混凝土检测面，缓慢施压，准确读数，快速复位。

4)回弹值测量完毕后，应选择不小于构件数的 30%测区数在有代表性的位置上测量碳化深度值。

5)测量碳化深度值时，可用合适的工具在测区表面形成直径约 15mm 的孔洞，其深度大于混凝土的碳化深度。然后除净孔洞中的粉末和碎屑，不得用水冲洗。应立即用浓度为 1%酚酞酒精溶液滴在孔洞内壁的边缘处，再用深度测量工具测量已碳化与未碳化混凝土交界面到混凝土表面的垂直距离多次，取其平均值，该距离即为混凝土的碳化深度值。每次读数精确至 0.5mm。

6)回弹值的计算

(1)计算测区平均回弹值时，应从该测区的 16 个回弹值中剔除 3 个最大值和 3 个最小值，然后将余下的 10 个回弹值按下列公式(1-3-10)计算：

$$R_m = \frac{\sum_{i=1}^{10} R_i}{10} \tag{1-3-10}$$

式中：R_m——测区平均回弹值，精确至 0.1；

R_i——第 i 个测点的回弹值。

(2)回弹仪非水平方向检测混凝土浇筑侧面时，应按下列公式(1-3-11)修正：

$$R_m = R_{m\alpha} + R_{a\alpha} \tag{1-3-11}$$

式中：$R_{m\alpha}$——非水平方向检测时测区的平均回弹值，精确至 0.1；

$R_{a\alpha}$——非水平方向检测时回弹值的修正值，按规范查用。

(3)回弹仪水平方向检测混凝土浇筑表面时，应按下列公式(1-3-12)、式(1-3-13)修正：

$$R_m = R_m^t + R_a^t \tag{1-3-12}$$

$$R_m = R_m^b + R_a^b \tag{1-3-13}$$

式中：R_m^t、R_m^b——水平方向检测混凝土浇筑表面、底面时，测区的平均回弹值，精确至 0.1；

R_a^t、R_a^b——混凝土浇筑表面、底面回弹值的修正值，按规范查用。

(4)如检测时仪器非水平方向且测试面非混凝土的浇筑侧面，则应先对回弹值进行角度修正，然后再对修正后的值进行浇筑面修正。

7)混凝土强度的推算

(1)结构或构件第 i 个测区混凝土强度换算值，可按平均回弹值 R_m 及求得的平均碳化深度值 d_m 由规范查得。有地区或专用测强曲线时，混凝土强度换算值应按地区或专用测强曲线换算得出。

$$R_n = 0.0250\overline{N}^{2.0108} \times 10^{-0.0358L} \quad (1\text{-}3\text{-}14)$$

(2)由各测区的混凝土强度换算值可计算得出结构或构件混凝土的强度平均值。当测区数不少于 10 个时,还应计算强度标准差。

(3)构件混凝土强度推定值 $f_{cu,e}$的确定

①当按单个构件检测中,以最小值作为该构件的混凝土强度推定值,即:

$$f_{cu,e} = f^{c}_{cu,min} \quad (1\text{-}3\text{-}15)$$

②当按批量检测时,应按公式(1-3-16)、式(1-3-17)计算:

$$f_{cu,e1} = m_{f^{c}_{cu}} - 1.645S_{f^{c}_{cu}} \quad (1\text{-}3\text{-}16)$$

$$f_{cu,e2} = m_{f^{c}_{ci,min}} \quad (1\text{-}3\text{-}17)$$

式中:$m_{f^{c}_{ci,min}}$——该批每个构件中最小的测区混凝土强度换算值的平均值(MPa),精确至 0.1MPa。

取两者中的较大值为该批构件的混凝土强度推定值。

(4)对于按批量检测的构件,当该批构件混凝土强度标准差出现下列情况之一时,则该批构件应全部按单个构件检测。

①当该批构件混凝土平均值小于 25MPa 时:

$$S_{f^{c}_{cu}} > 4.5\text{MPa} \quad (1\text{-}3\text{-}18)$$

②当该批构件混凝土强度平均值不小于 25MPa 时:

$$S_{f^{c}_{cu}} > 5.5\text{MPa} \quad (1\text{-}3\text{-}19)$$

5. 注意问题

1)回弹法测强的误差比较大,因此对比较重要的构件或结构物强度检测必须慎重使用。

(1)符合下列条件的混凝土才能采用全国统一测强曲线进行测区混凝土强度换算。

(2)混凝土采用的材料、拌和用水符合现行国家有关标准。

(3)不掺外加剂或仅掺非引气型外加剂。

(4)采用普通成型工艺。

(5)采用符合现行国家标准《混凝土结构工程施工质量验收规范》的钢模、木模及其他材料制作的模板。

(6)自然养护或蒸汽养护出池后经自然养护 7d 以上,且混凝土表层为干燥状态。

(7)龄期为 14～1 000d。

(8)抗压强度为 10～60MPa。

2)当有下列情况之一时,测区混凝土强度值不得按全国统一测强曲线进行测区混凝土强度换算,但可制定专用测强曲线或通过试验进行修正。

(1)粗集料最大粒径大于 60mm。

(2)特种成型工艺制作的混凝土。

(3)检测部位曲率半径小于 250mm。

(4)潮湿或浸水混凝土。

(5)当构件混凝土抗压强度大于 60MPa 时可采用标准能量大于 2.207J 的混凝土回弹仪,

并应另行制定检测方法和专用测强曲线进行检测。

三、超声—回弹综合法

超声—回弹综合法检测混凝土强度。它较之单一的超声或回弹非破损检验方法具有受混凝土龄期和含水量影响小、精度高、适用范围广等优点，它也是对常规检验补充的一种办法，当对结构的混凝土强度有怀疑时，可按此办法进行检验，以推定混凝土的强度，作为处理其质量问题的依据。

1.现场操作步骤

1)测区布置规定

(1)当按单个构件检测时，应在构件上均匀布置测区，每个构件上的测区数不应少于10个。

(2)对同批构件按批抽样检测时，构件抽样数应不少于同批构件的30%，且不少于10件，每个构件测区数不应少于10个。

(3)对长度小于或等于2m的构件，其测区数可适当减少，但不应不少于3个。

2)当按批抽样检测时，符合下列条件的构件才可作为同批构件

(1)混凝土强度等级相同。

(2)混凝土原材料、配合比、成型工艺、养护条件及龄期基本相同。

(3)构件种类相同。

(4)在施工阶段所处状态相同。

3)构件的测区，应满足下列要求

(1)测区布置在构件混凝土浇筑方向的侧面。

(2)测区均匀分布，相邻两测区的间距不宜大于2m。

(3)测区避开钢筋密集区和预埋件。

(4)测区尺寸为200mm×200mm。

(5)测试面应清洁、平整、干燥，不应有接缝、饰面层、浮浆和油垢，必要时可用砂轮片清除杂物和磨平不平整处，并擦净残留粉尘。

4)结构或构件的每一测区，宜先进行回弹测试，后进行超声测试

2.回弹值的计算

超声—回弹综合法中回弹值的测试和计算与回弹法相同。

3.超声声速值的测量与计算

(1)超声测点应布置在回弹测试的同一测区内。

(2)测量超声声时值时，应保证换能器与混凝土耦合良好。

(3)测试的声时值应精确至0.1μs，声速值应精确至0.01km/s。超声测距的测量误差不大于±1%。

(4)在每个测区内的相对测试面上，应各布置3个测点，且发射和接收换能器的轴线应在同一轴线上。

(5)测区声速应按式(1-3-20)、式(1-3-21)计算：

$$v = l/t_{m} \tag{1-3-20}$$

$$t_{m} = (t_{1} + t_{2} + t_{3})/3 \tag{1-3-21}$$

式中：v——测区声速值(km/s)；

l——超声测距(mm)；

t_m——测区平均声时值(μs)；

t_1、t_2、t_3——分别为测区中 3 个测点的声时值。

(6)当在混凝土的顶面与底面测试时，测区声速值应按下列公式(1-3-22)修正：

$$v_a = \beta v \tag{1-3-22}$$

式中：v_a——修正后的测区声速值(km/s)；

β——超声测试面修正系数，在混凝土浇筑面的顶面及底面测试时，$\beta=1.034$；在混凝土侧面测试时，$\beta=1$。

4. *混凝土强度的推定*

1)构件第 i 个测区的混凝土强度换算值 $f^c_{cu,i}$ 应采用修正后的测区回弹值 R_{ai} 及修正后的测区声速值 v_{ai}，优先采用专用或地区测强曲线推定。当无该类测强曲线时，可按规范查阅混凝土强度或按下列式(1-3-23)、式(1-3-24)计算。

(1)粗集料为卵石时

$$f^c_{cu,i} = 0.0038(v_{ai})^{1.23}(R_{ai})^{1.95} \tag{1-3-23}$$

(2)粗集料为碎石时

$$f^c_{cu,i} = 0.008(v_{ai})^{1.72}(R_{ai})^{1.57} \tag{1-3-24}$$

式中：$f^c_{cu,i}$——第 i 个测区混凝土强度换算值(MPa)，精确至 0.1MPa；

v_{ai}——第 i 个测区修正后的超声声速值(km/s)，精确至 0.01km/s；

R_{ai}——第 i 个测区修正后的回弹值，精确至 0.1。

2)当结构所用材料与制定的测强曲线所用材料有较大差异时，须用同条件试件块或从结构构件测区钻取的混凝土芯样进行修正，试件数量应不少于 3 个，得到的测区混凝土强度换算值应乘以修正系数。

3)结构或构件的混凝土强度推定值 $f_{cu,i}$ 可按下列条件确定。

(1)当按单个构件检测时，单个构件的混凝土强度推定值 $f_{cu,i}$ 取该构件各测区中最小的混凝土强度换算值 $f^c_{cu,min}$。

(2)当按批抽样检测时，该批构件的混凝土强度推定值应按公式(1-3-25)计算：

$$f_{cu,e} = m_{f^c_{cu}} - 1.645S_{f^c_{cu}} \tag{1-3-25}$$

式中各测区混凝土强度换算值的平均值 $m_{f^c_{cu}}$ 及标准差 $S_{f^c_{cu}}$，应按公式(1-3-26)、式(1-3-27)计算：

$$m_{f^c_{cu}} = \frac{1}{n}\sum_{i=1}^{n} f^c_{cu,i} \tag{1-3-26}$$

$$S_{f^c_{cu}} = \sqrt{\frac{\sum_{i=1}^{n}(f^c_{cu,i})^2 - n(m_{f^c_{cu}})^2}{n-1}} \tag{1-3-27}$$

(3)当同批测区混凝土强度换算值标准差 $S_{f^c_{cu}}$ 过大时，该批构件的混凝土强度推定值也可按公式(1-3-28)计算：

$$f_{cu,e}=m_{f^c_{cu,min}}=\frac{1}{m}\sum_{i=1}^{m}f^c_{cu,min,i} \tag{1-3-28}$$

式中：$m_{f^c_{cu,min}}$——该批每个构件中最小的测区混凝土强度换算值的平均值(MPa)；

$f^c_{cu,min,i}$——第 i 个构件中的最小测区混凝土强度换算值(MPa)；

m——抽取的构件数。

4)当属同批构件按批抽样检测时，若全部测区强度的标准差出现下列情况时，则该批构件应全部按单个构件检测：

(1)当混凝土强度等级低于或等于 C20 时：$S_{f^c_{cu}}>4.5$MPa；

(2)当混凝土强度等级高于 C20 时，$S_{f^c_{cu}}>5.5$MPa。

5. 注意问题

(1)操作回弹仪时，回弹仪的轴线始终应与测试面垂直。

(2)超声声时测量时，换能器与混凝土之间的良好耦合是十分重要的。

(3)同批构件的条件是：混凝土强度等级相同、混凝土原材料、配合比、成型工艺、养护条件基本相同，构件种类相同，在施工阶段所处状态相同。

(4)如缺少专用或地区测强曲线时，在采用《桥涵工程试验检测技术》书中附录Ⅰ中的附表1的基准测强曲线前，应进行验证，验证方法如下。

①选用该地区常用混凝土的原材料，按最佳配合比配制强度等级为 C10、C20、C30、C40、C50 的混凝土，制作边长为 150mm 立方体试块各 3 组，采用自然养护。

②使用符合技术要求的回弹仪和超声波检测仪。

③按龄期为 28d、60d 和 90d 进行综合法测试及试块抗压试验。

④根据每个试块测得的回弹值和超声声速值由教材附录Ⅰ中的附表 2 和附表 3 查出强度值 $f^c_{cu,i}$。

⑤将实测试块抗压强度 $f_{cu,i}$ 与查表所得的抗压强度 $f^c_{cu,i}$ 计算相对标准误差：

$$e_r=\sqrt{\frac{\sum_{i=1}^{n}(f_{cu,i}/f^c_{cu,i}-1)^2}{n-1}}\times 100\% \tag{1-3-29}$$

如 $e_r\leqslant\pm 15\%$，可使用《桥涵工程试验检测技术》(人民交通出版社)附录Ⅰ中的附表 1 和附表 2 的测强曲线；如 $e_r\geqslant\pm 15\%$，应另建立专用测强曲线或地区测强曲线。

四、后拔出法检测混凝土强度

后拔出法检测混凝土强度，是指在硬化混凝土表面进行钻孔、磨槽、嵌入锚固件，使用拔出仪进行拔出试验，测定极限拔出力，并根据预先建立的拔出力与混凝土强度之间的相关关系检测混凝土强度。

1. 适用范围

当对构件或结构混凝土强度有怀疑时，或对旧结构混凝土强度检验时，可用本方法进行检测，检测结果可作为评价混凝土强度的依据。

2. 现场检测步骤

1)试验前宜具备下列有关资料

(1)工程名称及设计、施工、建设单位名称。

(2)结构或构件名称、设计图纸及图纸要求的混凝土强度等级。

(3)粗集料品种及最大粒径。

(4)混凝土浇筑和养护情况以及混凝土的龄期。

(5)结构或构件存在的质量问题等。

2)测点布置应符合下列规定

(1)按单个构件检测时,应在构件上均匀布置3个测点。当3个拔出力中的最大拔出力和最小拔出力与中间值之差均小于中间值的15%时,仅布置3个测点即可;当最大拔出力或最小拔出力与中间值之差大于中间值的15%(包括两者均大于中间值的15%)时,应在最小拔出力测点附近再加测2个测点。

(2)当同批构件按批抽样检测时,抽检数量应不少于同批构件总数的30%,且不少于10件,每个构件不应少于3个测点。

(3)测点宜布置在构件混凝土成型的侧面,如不能满足这一要求时,可布置在混凝土成型的表面或底面。

(4)测点应避开接缝、蜂窝、麻面部位和混凝土表层的钢筋、预埋件。

3)钻孔

钻头应始终与混凝土表面保持垂直,垂直度偏差不应大于3°。

成孔尺寸应满足下列要求:

(1)钻孔直径 d_1 应比规定值大0.1mm,且不宜大于1.0mm。

(2)钻孔深度 h_1 应比锚固深度 h 深20~30mm。

(3)锚固深度 h 应符合规定,允许误差为±0.8mm。

(4)环形槽深度 c 应为3.6~4.5mm。

4)磨槽

磨槽时,磨槽机的定位圆盘应始终紧靠混凝土表面回转,磨出的环形槽形状应规整。

5)安装锚固件

将胀簧插入成型孔内,通过胀杆使胀簧插锚固台阶完全入环形槽内,保证锚固可靠。

6)拔出试验

摇动拔出仪的摇把,对锚固件施加拔出力,加荷速度控制在0.5~1kN/s。加载至混凝土开裂破坏、测力显示器读数不再增加为止。

3.混凝土强度换算及推定

1)混凝土强度换算值计算

2)单个构件混凝土弹度推定

(1)单个构件的拔出力计算值,应按下列规定取值:

当构件3个拔出力中的最大或最小拔出力与中间值之差均小于中间值15%时,取小值作为该构件拔出力计算值;当加测时,加测的2个拔出力值和最小拔出力值一起取平均值,再与前一次的拔出力中间值比较,取小值作为该构件拔出力计算值。

(2)将单个构件拔出力计算强度换算值(修正系数 η 乘以强度换算值)作为单个构件混凝土强度推定值 $f_{cu,e}$

$$f_{cu,e} = f_{cu}^{c} \tag{1-3-30}$$

3)抽检构件的混凝土强度推定

(1)将同批构件抽样检测的每个拔出力按公式计算强度换算值(或用公式得到的修正系数

η 乘以强度换算值)。

(2)混凝土强度的推定值 $f_{cu,e}$ 按下列公式(1-3-31)、式(1-3-32)计算:

$$f_{cu,e1} = m_{f^c_{cu}} - 1.645 S_{f^c_{cu}} \tag{1-3-31}$$

$$f_{cu,e2} = m_{f^c_{cu,min}} = \frac{1}{m}\sum_{j=1}^{n} f^c_{cu,min,j} \tag{1-3-32}$$

式中:$m_{f^c_{cu}}$——批抽检每个构件混凝土强度换算值中的平均值(MPa),精确至0.1MPa;

$f^c_{cu,min,j}$——第 j 个构件混凝土强度换算值中的最小值(MPa),精确至 0.1MPa;

m——批抽检的构件数。

$m\,f^c_{cu,min}$——批抽检构件混凝土强度换算值最小值的平均值(MPa),精确至 0.1MPa,按式(1-3-33)计算:

$$m_{f^c_{cu,min}} = \frac{1}{n}\sum_{i=1}^{n} f^c_{cu,i} \tag{1-3-33}$$

其中:$f^c_{cu,i}$——第 i 个测点混凝土强度换算值;

$S_{f^c_{cu}}$——批抽检构件混凝土强度换算值的标准差(MPa),精确至 0.1MPa,按式(1-3-34)计算:

$$S_{f^c_{cu}} = \sqrt{\frac{\sum_{i=1}^{n}(f^c_{cu,i})^2 - n(m_{f^c_{cu}})^2}{n-1}} \tag{1-3-34}$$

其中:n——批抽检构件的测点总数;

取两式中较大值作为该批构件的混凝土强度推定值。

(3)对于按批抽样检测的部件,当全部测点的强度标准差出现下列情况时,则该批构件应全部按单个构件检测。

当混凝土强度换算值的平均值小于或等于 25MPa 时,$S_{f^c_{cu}} > 4.5$MPa。

当混凝土强度换算值的平均值大于 25MPa 时,$S_{f^c_{cu}} > 5.5$MPa。

4.注意问题

(1)对结构或构件进行检测时,应采取有效措施防止拔出仪及机具脱落摔坏或伤人。

(2)当拔出试验出现异常时,应做详细记录,并将该值舍去,在其附近补测一个点。

(3)拔出试验后,应对拔出试验造成的混凝土破损部位进行修补。

五、混凝土强度评定方法

1.混凝土立方体试件的取样原则

结构混凝土立方体试验制取组数是以不同等级及不同配合比的浇筑地点或拌和地点随机制取,浇筑一般体积的结构物(如基础、墩台)时,每一单元结构应制取 2 组。连续浇筑大体积结构时,每 8m^3 或每一工作班应制取 2 组。

桥梁上部构造主要构件长度在 16m 以下时应制取 1 组;16～30m 时制取 2 组;31～50m 长时应制取 3 组;50m 以上者不少于 5 组。

对小型构件每批或每个工作班至少应制取 2 组;对于钻孔桩每条至少应制取 2 组。

当桩长在 20m 以上时不少于 3 组;对桩径大、灌注时间很长时不少于 4 组。另外还要根据施工的需要，再另外制取几组作为拆模、张拉和吊装等施工阶段强度依据。

2. 结构混凝土强度评定

结构混凝土强度的合格标准评定的常规方法是在浇筑或拌和现场制取试件，以28d龄期的极限抗压强度值进行统计评定。规范规定，对于大桥等重要工程及中小桥、涵洞工程的取样试件大于或等于10组时，应以数理统计方法下述条件按评定：

$$\bar{R}_n - K_1 S_n \geqslant 0.9R \tag{1-3-35}$$

$$R_{min} \geqslant K_2 R \tag{1-3-36}$$

小于10组时按下列条件评定：

$$\bar{R}_n \geqslant 1.15R \tag{1-3-37}$$

$$R_{min} \geqslant 0.95R \tag{1-3-38}$$

六、混凝土构件缺陷的无损检测方法

可用于探伤的无损检测手段有超声脉冲法和射线法两大类，其中射线法因穿透能力有限，以及操作中需解决人体防护等问题，在我国使用较少。目前最有效的方法是超声脉冲法。

1. 混凝土超声探伤判别缺陷的基本依据

(1)根据低频超声在混凝土中遇到缺陷时的绕射现象，按声时及声程的变化，判别和计算缺陷的大小。

(2)根据超声波在缺陷界面上产生反射，因而到达接收探头时能量显著衰减的现象判断缺陷的存在及大小。

(3)根据超声脉冲各频率成分在遇到缺陷时被衰减的程度不同，因而接收频率明显降低，或接收波频谱产生差异，也可判别内部缺陷。

(4)根据超声波在缺陷处的波形转换和叠加，造成接收波形畸变的现象判别缺陷。

2. 声学参数测量

(1)声时测量时，应将发射换能(以下简称T换能器)和接收换能器(以下简称R换能器)分别耦合在测区同一测点对应位置上，用“衰减器”将接收信号首波调至一定高度，再调节游标脉冲，用其前沿对准首波前沿基线弯曲的起始点，读取调节游标脉冲，用其前沿对准首波前沿基线弯曲的起始点，读取声时值 t_i(精确至0.1μs)。该测点混凝土声时值应按式(1-3-39)计算：

$$t_{ct} = t_i - t_0 \tag{1-3-39}$$

式中：t_{ct}——第 j 点混凝土声时值(μs)；

t_i——第 i 点测读声时值(μs)；

t_0——声时初读数，当采用厚度振动式换能器时，可参照仪器使用说明书测得，当采用径向振动式换能器时，可按“时—距”法测得。

(2)波幅测量时，应在保持换能器良好耦合状态下采用下列两种方法之一进行读数。

①刻度法：将衰减固定在某一衰减位置，从仪器波屏上读取首波幅度(格数)。

②衰减值法：采用衰减器将首波幅度调至一定高度(如5mm或刻度一格)，读取衰减器上

的 dB 值。

(3)频率测量时，应先将游标脉冲调至首波前半个周期的波谷（或波峰），读取声时值 t_1（μs），再将游标脉冲调至相邻的波谷（或波峰），读取声时值 t_2（μs），由此即可按式（1-3-40）计算出该点（第 i 点）第一周期波的频率 f_i（精确至 0.1kHz）。

$$f_i = \frac{1\,000}{t_2 - t_1} \tag{1-3-40}$$

(4)波形观察时主要观察接收信号的波形是否畸变或观察包络线的形状，必要时可描绘或拍照。

(5)声时初读数 t_0 的测定方法

超声波仪器上显示的发射和接收这两个信号之间的时间 t'，除了超声波在被测物体中传播的时间外，尚包括以下几部分时间：电延迟时间、电声转换时间和声延迟时间。这三部分延迟构成了仪器粗读时间 t' 与超声波在被测物体中传播时间 t 的差异。这种时间上 t 的差异统称仪器零读数，常用符号 t_0 来表示。不同的超声仪，不同的换能器，t_0 值均不同，应分别标定。

①平面振动式换能器声时初读数 t_0 的标定方法

a. 直接相对法

把发射、接收换能器隔着耦合剂层相对，直接用超声仪测量声时读数，此即为零读数 t_0。适用于精度要求不高或测距较大的情况下标定。

b. 长短测距法

利用某种匀质材料（如有机玻璃）制成长方块或长度不同的两段。准确测量其长方向距离 l_1 和短距离 l_2，用超声波仪测量二方向的仪器读数 t_1 和 t_2（以耦合剂耦合）。因为材料均匀两个方向的声速应相等，于是有：

$$\frac{l_1}{t_1 - t_0} = \frac{l_2}{t_2 - t_0} \tag{1-3-41}$$

则

$$t_0 = \frac{l_1 t_2 - l_2 t_1}{l_1 - l_2} \tag{1-3-42}$$

c. 标准试棒法

即制作一种标准棒，用已由上述方法取代了 t_0 值的设备（陈世友与换能器）来准确测出该试棒的"真正声时值"并刻在试棒上。当使用者欲测量自己设备的 t_0 值时，只需将换能器与标准棒对准（黄油耦合），测出仪器粗读时间 t' 与标准试棒上所标出的时间之差即设备的 t_0 值。

②径向振动方式换能器声时初读数（t_0）的测量方法

将两个径向振动换能器保持其轴线相对平行，置于清水中同一水平高度，逐次调节两个换能器轴线间距，并测量其距离 l_i 和读取相应的声时值 t_i（$i=1,2$），由仪器、换能器及其高频电缆所产生的声时初读数 t_0 按式（1-3-43）计算：

$$t_0 = (l_1 \times t_2 - l_2 \times t_1)/(l_1 - l_2) \tag{1-3-43}$$

径向振动式换能器在钻孔中进行对测时，声时初读数应按式（1-3-44）计算：

$$t_{00} = t_0 + \frac{d_1 - d_2}{v_w} \tag{1-3-44}$$

式中：t_{00}——孔中测试的声时初读数（μs）；

t_0——仪器设备的声时初读数(μs);

d_1——钻孔直径(mm);

d_2——换能器直径(mm);

v_w——水中声速,按水温查有关资料。

当采用一只厚度振动式换能器和一只径向振动式换能器进行检测时,声时初读数可取该厚度振动式换能器和径向振动式换能器的声时初读数之和的一半。

3.测前准备

1)测前应掌握和取得有关结构情况的资料

(1)工程和结构名称。

(2)混凝土原材料品种和规格。

(3)混凝土浇筑和养护情况。

(4)结构尺寸和配筋施工图或钢筋隐蔽图。

(5)结构外观质量及存在问题。

2)对检测面的要求

测区混凝土表面应清洁、平整,必要时可用砂轮磨平或用高强度等级快凝砂浆抹平。换能器应通过耦合剂与结构表面接触,耦合层中不得夹杂泥沙或空气。

3)测点间距

普测的测点间距宜为 200~500mm(平测法例外),对出现可疑数据的区域,应加密布点进行细测。

4)换能器频率的选择

换能器频率的选择原根据测点间距和结构最小横截面尺寸进行选择。

5)换能器的布置方法

(1)直穿法:两只换能器对面布置(直接传播)。

(2)斜穿法:两只换能器在相邻面布置(半直接传播)。

(3)平测法:两只换能器布置在同一表面(间接传播或表面传播)。

(4)钻孔法:一对换能器分别置于两个对应钻孔中,采用孔中对测、孔中斜测、孔中平测。

4.混凝土缺陷检测

1)混凝土均匀性检测

构件内部或各构件之间的混凝土不均匀性可引起脉冲速度的差异,这种差异又和质量的差别相连。脉冲速度的测量为研究匀质性提供了手段。而为达此目的,就得选定足以均匀地布置该混凝土结构一定体积的若干测点,测点间距一般为 200~500mm,测点布置时应避开与声波传播方向相一致的钢筋。

各测点的声速值按式(1-3-45)计算:

$$v_i = \frac{l_i}{t_{ci}} \tag{1-3-45}$$

式中:v_i——第 i 点混凝土声速值(km/s);

l_i——第 i 点声径长度或称测距值(mm);

t_{ci}——第 i 点混凝土的声时值(μs)。

各测点混凝土的声速平均值 m_v 和标准差 S_r 及离差系数 C_v 分别按式(1-3-46)、式(1-3-47)

式(1-3-48)计算：

$$m_v = \frac{1}{n}\sum_{i=1}^{n} v_i \quad (1\text{-}3\text{-}46)$$

$$S_v = \sqrt{(\sum v_i^2 - nm_v^2)/(n-1)} \quad (1\text{-}3\text{-}47)$$

$$C_v = S_v / m_v \quad (1\text{-}3\text{-}48)$$

式中：m_v——声速平均值(km/s)；

n——测点数；

v_i——第 i 点的声速值(km/s)；

S_v——声速标准差；

C_v——声速离差系数。

根据声速的标准差和离差系数，可以相对比较相同测距的同类结构或各部位混凝土均匀性的优劣。

2)混凝土结合面质量检测

混凝土结合面(简称结合面)，系指前后两次浇筑间隔时间大于3h的混凝土之间所形成接触面，如施工缝、修补加固等。

混凝土结合面检测时，被测部位及测点的确定应满足以下要求：

(1)测试前应查明结合面的位置及走向，以正确确定被测部位及布置测点。

(2)结构的被测部位应具有使声波垂直或斜穿结合面的一对平行测试面。

(3)所布置的测点应避开平行声波传播方向的主钢筋或预埋铁件。

混凝土结合面质量检测可采用斜测法布置测点，布置测点时应注意以下几点：

①使测试范围覆盖全部结合面或有怀疑的部位。

②各对 T、R 换能器连线的倾斜角及测距应相等。

③测点的间距视结构尺寸和结合面外观质量情况而定，可控制在 100～300mm。

按布置好的测点分别测出各点的声时、波幅和频率值对某一测区各测点声时、波幅和频率值分别进行统计和异常值判断，当通过结合面的某些测点的数据被判为异常，并查明无其他因素影响时，可判定混凝土结合面在该部位结合不良。

3)混凝土表面损伤层检测

检测表面损伤厚度时，被测部位和测点的确定应满足以下要求：

(1)根据结构的损伤情况和外观质量选取有代表性的部位布置测区。

(2)结构被测表面应平整并处于自然干燥状态，且无接缝和饰面层。

(3)测点布置时应避免 T、R 换能器的连线方向与附近主钢筋的轴线平行。

表面损伤层检测宜选用频率较低的厚度振动式换能器。

测试时 T 换能器应耦合保持不动，然后将 R 换能器依次耦合在测点 1、2、3、…位置上，读取相应的声时值 t_1、t_2、t_3、…，并测量每次 R、T 换能器之间的距离 l_1、l_2、l_3、…。R 换能器每次移动的距离不宜大于 100mm，每一测区的测点数不得少于 5 个。

当结构的损伤层厚度不均匀时，应适当增加测区数。

以各测点的声时值 t_i 和相应测距值 l_i 绘制“时—距”坐标图。由图可以得到声速改变所形成的拐点，算出损伤混凝土的声速(v_f)和未损伤混凝土的声速(v_a)。

4)混凝土不密实区和空洞检测

进行混凝土不密实区和空洞检测时，结构的被测部位及测区应满足以下要求：

(1)被测部位应具有一对(或两对)相互平行的测试面。

(2)测区的范围应大于有怀疑的区域。

(3)在测区布置测点时，应避免T、R换能器的连线与附近的主钢筋轴线平行。

根据被测结构实际情况，可按下列方法之一布置换能器。

①结构具有两对互相平行的测试面时可采用对测法。在测区的两对相互平行的测试面上，分别画间距为200～300mm的网络，并编号确定对应的测点位置。

②结构中只有一对相互平行的测试面时可采用斜测法。即在测区的两个相互平行的测试面上，分别画出交叉测试的两组测点位置。

③当结构的测试距离较大时，为了提高测试灵敏度，可在测区适当位置钻出平行出侧面的测试孔。测孔直径40～50mm，深度视测试需要而定，结构侧面采用厚度振动换能器，用黄油耦合。测孔中有用径向振动式换能器，用水耦合。

每一测点的声时、波幅、频率和测距的测量，应分别按规定进行。测区混凝土声时(或声速)、波幅、频率测量值的平均值(m_x)和标准(S_x)应按式(1-3-49)、式(1-3-50)计算：

$$m_x = \frac{1}{n}\sum_{i=1}^{n} X_i \tag{1-3-49}$$

$$S_x = \sqrt{\left(\sum_{i=1}^{n} X_i^2 - nm_x^2\right)/(n-1)} \tag{1-3-50}$$

式中：X_i——第i点的声时(或声速)、波幅、频率的测量值；

n——一个测区参与统计的测点数。

测区中的异常数据可按以下方法判别。

①将一测区各测点的波幅、频率或(由声时计算的)声速由大到小按顺序排列，即$X_1 \geqslant X_2 \geqslant \cdots \geqslant X_N \geqslant X_{N+1} \cdots$，将排在后面明显小的数据视为可疑，再将这些可疑数据中最大的一个(假定X_n)连同其前面的数据按公式计算出m_x及S_x值，并代入下面的公式(1-3-51)，计算出异常情况的判断值(X_0)。

$$X_0 = m_x - \lambda_1 \cdot S_x \tag{1-3-51}$$

式中：λ_1——异常判定系数，按统计数的个数查表。

将判断值(X_0)与可疑数据的最大值(X_n)比较，如X_n小于或等于X_0，则X_n及排列于其后的各数据均为异常值；当X_n大于X_0，应再将X_{n+1}放进去重新进行统计计算和判别。若耦合条件保证不了测幅稳定，则波幅值不能作为统计法的判别。

②当测位中判出异常测点时，可根据异常测点的分布情况，按式(1-3-52)进一步判别其相邻测点是否异常：

$$X_0 = m_x - \lambda_2 S_x \text{ 或 } X_0 = m_x - \lambda_3 S_x \tag{1-3-52}$$

式中λ_2、λ_3按统计数的个数查表，当测点布置为网格状时取λ_2，当单排布置测点(如在声测孔中检测)时取λ_3。

③当测区中某些测点的声速值、波幅值或频率值被判为异常值时，可结合异常测点的分布及波形状况确定混凝土内部存在不密实区和空洞的范围。

当判定缺陷是空洞时;可按以下的方法估算其尺寸。

④空洞尺寸估算方法

设检测距离为空洞中心(在另一对测试面上,声时最长的测点位置)距一个测试面的垂直距离为 l_h,声波在空洞附近无缺陷混凝土中传播的时间平均值为 m_{ta},绕空洞传播的时间(空洞处的最大声时)为 t_h,空洞半径为 r。

根据 l_h/l 值和 $(t_h-m_{ta})/m_{ta}\times 100\%$ 值,查得空洞半径 r 与测距 l 的比值,再计算空洞大致尺寸 r。

如被测部位只有一对可供测试的表面,空洞尺寸可用式(1-3-53)计算:

$$r=\frac{l}{2}\sqrt{\left(\frac{t_h}{m_{ta}}\right)^2-1} \tag{1-3-53}$$

式中:r——空洞半径(mm);

l——T、R 换能器之间的距离(mm);

t_h——缺陷处的最大声时值(μs);

m_{ta}——无缺陷区的平均声时值(μs)。

5)浅裂缝检测

需要检测的裂缝中,不得有水或泥土等夹杂物。如有主钢筋穿过裂缝且与 T、R 换能器的连线大致平行,布置测点时应注意使 T、R 换能器连线至少与该钢筋轴线相距 1.5 倍的裂缝预计深度。

平测法:

当结构的裂缝部位只有一个可测表面,可采用平测法检测,平测时应在裂缝的被测部位以不同的测距同时按跨缝和不跨缝布置测点进行声时测量。

(1)不跨缝声时测量:将 T 和 R 换能器置于裂缝同一侧,以两个换能器内边缘间距(l'),绘制"时—距"坐标图,用统计的方法求出两者的关系式。

每测点超声实际传播的距离应为:

$$l_i=l'_i+a \tag{1-3-54}$$

式中:l_i——第 i 点的超声实际传播距离(mm);

l'_i——第 i 点的 R、T 换能器内边缘间距(mm);

a——"时—距"图中 l'轴的截距或回归所得的关系式的常数项(mm)。

(2)跨缝的声时测量:将 T、R 换能器分别置于以裂缝为轴线的对称两侧,两换能器中心连线垂直于裂缝走向,以 l'=100mm、150mm、200mm、250mm、300mm、…分别读声时值 t_i^0。

(3)当结构的裂缝部位具有两个相互平行的测试表面时,可采用斜测法检测。将 T、R 换能器分别置于对应测点 1、2、3、…的位置,读取相应声时值 t_i 和波幅值 A_i 及频率值 λ。

(4)平测法的裂缝深度可按式(1-3-55)计算:

$$d_{ci}=\frac{l_i}{2}\sqrt{\left(\frac{t_i^0}{t_i}\right)^2-1} \tag{1-3-55}$$

式中:d_{ci}——裂缝深度(mm);

t_i、t_i^0——分别代表测距为 l_i 时不跨缝、跨缝平测的声时值(μs)。

以不同测距取得的 d_{ci} 的平均值作为该裂缝的深度值(d_c)。如所得的 d_c 值大于原测距中任一个 l'_i,则应把该 l_i 距离的 d_{ci} 舍弃后重新计算 d_c 值。

(5)裂缝深度的确定方法

a 跨裂缝测量中,当在某测距发现首波反向时,可用该测距及两个相邻测距的测量值计算的 h_{ci} 值,取此三点的平均值作为裂缝深度值;

b 难于发现首波反向时,将 $1'_i$ 与 m_{bc} 相比较,凡测距 $1'_i$ 小于 m_{bc} 和大于 $3m_{bc}$,应剔除该组数据,然后取余下 h_{ci} 的平均值,作为该裂缝的深度值(h_c)。

双面斜测法

当结构的裂缝部位具有两个相互平行的测试表面时,可采用双面斜测法检测,如图 3-3-1 所示,将 T、R 换能器分别置于两测试表面对应测点 1、2、3.... 的位置,读取相应声时值 t_i、波幅 A_i 及主频率 f_i。如 T、R 换能器的连线通过裂缝,则接收信号的波幅和频率明显降低,根据波幅和频率的突变,可以判定裂缝深度以及是否在平面反向贯通。

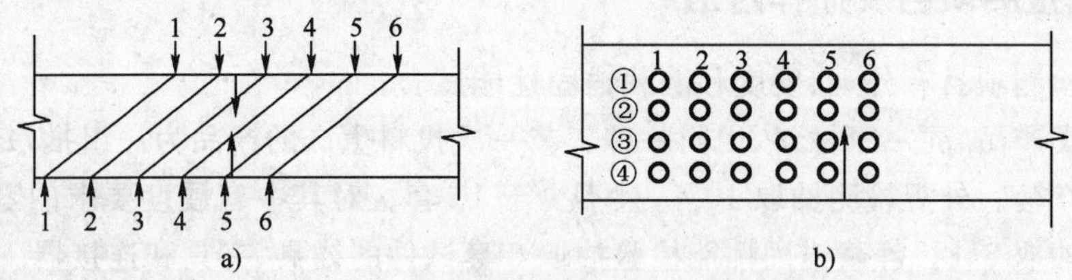

图 3-3-1 倾斜测裂缝测点布置示意图

a)平面图;b)立面图

6)深裂缝检测

(1)被检测结构应满足下列要求:

①允许在裂缝两旁钻测试孔。

②裂缝中不得充水或泥浆。

(2)被测结构上钻取的测试孔应满足下列要求:

①孔径应至少比裂缝预计深度深 700mm,经测试如浅于裂缝深度,则应加深钻孔。

②对应的两个测试孔,必须始终位于裂缝两侧,其轴线应保持平行。

③两个对应测试孔的间距宜为 2000mm,同一结构的各对应测孔间距应相同。

④宜在裂缝一侧多钻一个较浅的孔,测试无缝混凝土的声学参数,供对比判别之用。

(3)深裂缝检测应选用频率为 20~40kHz 的径向振动式换能器,并在其接线上做出等距离标志(一般间隔 100~500mm)。

(4)测试前应先向测试孔中注满清水,然后将 T 和 R 换能器分别置于裂缝两侧的对应孔中,以相同高程等间距从上至下同步移动,逐点读取声时、波幅和换能器所处的深度。

(5)以换能器所处深度(d)与对应的波幅值(A)绘制 d-A 坐标图。随着换能器的下移,波幅逐渐增大,当换能器下移至某一位置后,波幅达到最大值并基本稳定,该位置所对应的深度便是裂缝深度 d_c。

第五节 预应力锚具、夹具和连接仪器的检测

锚具是在后张法预应力结构或构件中为保持预应力筋的张拉力将其传递到混凝土上所用的永久性锚固装置。

夹具是先张法预应力混凝土结构或构件施工时，为保持预应力筋的拉力并将其固定在张拉台座（或设备）上的临时性锚固装置；或者为后张法预应力结构或构件施工时，能将千斤顶（或其他张拉设备）的张拉力传递到预应力筋上的临时性锚固装置（又称工具锚）。

连接器为用于连接预应力筋的装置。

一、产品分类与代号

（1）锚具、夹具和连接器按锚固方式不同，可分为夹片式、支撑式、锥塞式和握裹式四种。

（2）锚具、夹具和连接器的代号可以用两个汉语拼音字母表示。第一位字母为预应力体系代号，由研制单位选定，无研制单位者可省略不写。第二位字母为锚具（M）、夹具（J）和连接器（L）代号。锚具、夹具和连接器的标记由代号、预应力钢材直径、预应力钢材根数三部分组成。例：锚固 9 根直径 15.2mm 预应力混凝土用钢绞线的 QM 型群锚锚具，标记为 QM15—9。

二、常规检测项目及抽样方法

（1）常规检测项目有外观、硬度和静载锚固性能试验。

（2）同一类产品、同一原材料，用同一种工艺一次投料生产的产品为一组批，每个抽检组批不得超过 1000 套。外观检测抽取 10%，且不少于 10 套。对其中有硬度要求的零件做硬度检验，硬度检验抽取 5%。静载锚固性能检验抽取 3 套试件的锚具、夹具和连接器。

（3）疲劳试验和周期性荷载试验及辅助性试验各抽取 3 套试件。

预应力锚具按锚固性能分为 I 类和 II 类两种，I 类锚具用于承受动、静载作用的预应力混凝土结构，II 类锚具仅用于有黏结的预应力混凝土结构中预应力筋应力变化不大的部位。

三、技术要求

1. 锚具

（1）锚具静载锚固性能由预应力锚具组装件的静载试验测定的锚具效率系数 η_a 和达到实测极限拉力时的总应变 ε_{apu} 来确定。锚具静载锚固性能符合下列要求：

$$\eta_a \geqslant 0.95, \varepsilon_{apu} \geqslant 2.0\% \qquad (1\text{-}3\text{-}56)$$

（2）在预应力筋—锚具组装件达到实测极限应力时，应当是由于预应力筋的断裂，而不是由于夹具的破坏所致。

（3）预应力筋—锚具组装件，尚需满足循环次数为 200 万次的疲劳性能试验。即经过 200 万次循环荷载后，锚具零件不应疲劳破坏。预应力筋在锚具夹持区域发生疲劳破坏的截面面积不应大于试件总截面面积的 5%。

（4）用于抗振要求结构的锚具，预应力筋—锚具组装件还应满足循环次数为 50 次的周期荷载试验。即试件经 50 次循环荷载后预应力筋在锚具夹持区域不应发生破断、滑移和夹片松脱现象。

（5）锚固过程中预应力筋的内缩量不大于 6mm。

（6）锚口摩阻力不大于 2.5%。

2. 夹具

（1）夹具的效率系数要求： $\eta_a \geqslant 0.92$ （1-3-57）

(2)在预应力筋—夹具组装件达到实测极限应力时，应当是由于预应力筋的断裂，而不是由于夹具的破坏所致。而夹具的全部零件均不应出现肉眼可见的裂缝或破坏。夹具应具有良好的自锚性能、松锚性能和重复使用性能。

(3)连接器

在先张法或后张法施工中，在张拉预应力后永久留在混凝土结构或构件中的连接器必须符合锚具的性能要求；若在张拉后还需放张和拆卸的连接器必须符合夹具的要求。

四、静载锚固性能试验

1.试验要求

(1)试验用的预应力筋—锚具、夹具或连接器组装件应由全部零件和预应力筋组装而成。组装时零件必须擦拭干净，不得在锚固零件上添加影响锚固性能的物质。束中各根预应力筋应等长平行，其受力长度不得小于3m。

(2)对于预应力筋在锚具夹持部位不弯折的组装件，可以不安装结束口状的锚下垫板；如预应力筋在锚具夹持部位有偏转角度而必须使预应力钢材在某个位置弯折时，可以在此处安装轴向可移动的偏转装置。

(3)单根钢绞线的组装试件，不包括夹持部分的受力长度不应小于0.8m，并参照试验设备确定。

(4)试验用预应力钢材应经过选择，全部力学必须严格符合标准要求，同时其直径公差应在锚具、夹具和连接器产品设计的允许范围之内。对符合要求的预应力钢材应先进行母材性能试验，试件不应少于3根，证明符合标准要求后才可用于组装件试验。

(5)在锚具确定适用于某一等级的预应力钢材后，试验用的预应力钢材生存极限抗拉强度平均值 f_{pm} 不应高于产品系列中高一级的抗拉强度标准值 f_{ptk}。

(6)试验用的测力系统，其不确定度不得大于2%；测量总应变的量具，其标注不确定度不得大于标距的0.2%，指示应变的不确定度不得大于0.1%。

2.试验方法

1)对于先安装锚具、夹具或连接器再张拉预应力筋的预应力体系，可直接用试验机或试验台座加载。加载前必须将各根预应力钢材的初应力调匀，初应力可取钢材抗拉强度标准值 f_{ptk} 的5%～10%。正确的加载步骤为：按预应力钢材抗拉强度标准值的20%、40%、60%、80%分4级等速加载，加载速度宜为100MPa/min，达到80%后持荷1h，再逐步加到破坏。

(1)在试验过程中测量项目

①有代表性的若干根预应力钢材与锚具、夹具或连接器之间在预应力筋应力达到 $0.8f_{ptk}$ 时的相对位移 Δa。

②锚具、夹具或连接器若干有代表性的零件之间在预应力筋应力达到 $0.8f_{ptk}$ 时的相对位移 Δb。

③试件的实测极限拉力 F_{apu}，将其代入式(1-3-58)。

计算静载锚固效率系数 η_g：

$$\eta_g = \frac{F_{apu}}{\eta_p F_{pm}} \tag{1-3-58}$$

式中：F_{apu}——预应力筋—锚具组装件的实测极限拉力；

F_{pm}——按预应力钢材试件实测评断荷载平均值计算的预应力筋的实际平均极限抗拉力；

η_p——预应力筋—锚具组装件中预应力钢材为 1～5 根时，$\eta_p=1$；6～12 根时，$\eta_p=0.99$；13～19 根时，$\eta_p=0.98$；20 根以上时，$\eta_p=0.97$。

④达到实测极限拉力时的总应变 ε_{apu}，由式(1-3-59)计算：

$$\varepsilon_{apu}=\frac{L_2-L_1-\Delta a}{L_0}\times 100\% \tag{1-3-59}$$

式中：L_1——千斤顶活塞初始行程读数；

L_2——试件破坏时活塞终了行程读数；

Δa——预应力钢材与锚具、夹具或连接器专家在预应力筋达到极限拉力 F_{apu} 时的相对位移。

(2)试验过程中应观察的项目

①在预应力筋达到 $0.8f_{ptk}$ 时持荷 1h，观察锚具、夹具或连接器的变形。

②试件破坏的部位和形式。

a. 用试验机进行单根预应力筋—锚具组装件试验时，在应力达到 $0.8f_{ptk}$ 时，持荷时间可以缩短，但不少于 10min。

b. 对于先张拉预应力筋再锚固的预应力体系，应先用施工用的张拉设备，按预应力钢材抗拉强度标准值的 20%、40%、60%、80%分 4 级等速张拉达到 80%后锚固，持荷 1h，再用试验设备逐步加载至破坏。

五、其他试验

1. 疲劳试验

预应力锚具组装件进行疲劳试验时，应根据预应力筋种类不同选取试验应力上限和应力幅度。

(1)预应力筋为钢丝、钢绞线或热处理钢筋时，试验应力上限取预应力钢材抗拉强度标准值的 65%，应力幅度取 80MPa。

(2)预应力筋为冷拉 II、III、IV 级钢筋时，试验应力上限取预应力钢材的抗拉强度标准值的 80%，应力幅度取 80MPa。

试验选用的疲劳试验机(一般采用脉冲千斤顶)的脉冲频率不应超过 500 次/min。

疲劳试验时以 100MPa/min 的速度加载至试验应力的下限值，再调节应力幅度达到规定值后，开始记录循环次数。试验过程中观察记录锚具和连接器部件与钢绞线疲劳损伤情况及变形情况，疲劳的钢绞线的断裂位置、数量和相应的疲劳次数。并用标准表记录疲劳试验结果。

2. 周期荷载试验

进行周期荷载试验时，预应力钢材为钢丝、钢绞线或热处理钢筋时，试验应力上限取预应力钢材抗拉强度标准值的 80%，下限取预应力钢材抗拉标准值的 40%。

预应力钢材为冷拉 II、III、IV 级钢筋时，试验应力上限取预应力钢材抗拉强度的标准值，下限取预应力钢材抗拉强度标准值的 40%。周期荷载设备、仪器的锚具组装形式和静载试验相同。

组装好试件后，以约 100MPa/min 的速度加载至试验应力上限值，再卸荷至试验应力下限值为第一周期，然后荷载自下限值经上限值再回复到下限值为一个周期。依此程序重复 50 个周期，并用标准表记录周期荷载试验结果。

3. 辅助性试验

对于新型锚具、夹具和连接器应进行辅助性试验，包括锚具、夹具的内缩量试验、锚口摩阻损失试验和张拉锚固工艺试验。

(1)锚具和夹具的内缩量试验

内缩量试验使用的设备、仪器及试件安装与静载试验相同，试验施加的张拉力力有关规范规定的最大张拉控制应力，内缩量可测量锚固处预应力筋相对位移计算出。试件组装后测量每根预应力筋的 a_i 值，用试验设备张拉试件至预应力筋张拉控制应力后锚固，测量每根预应力筋的 a_i' 值，计算出每根预应力筋的内缩量 Δa_i 和锚具组装件的内缩量 Δa：

$$\Delta a_i = a_i - a'_i$$

$$\Delta a = \frac{1}{n}\sum_{i=1}^{n}\Delta a_i \tag{1-3-60}$$

式中：n——锚具组装件中预应力筋的根数。

内缩量试验试件数不少于 3 个，试验结果取其平均值，并用标准表记录。

(2)锚口摩阻损失试验

锚口摩阻损失试验使用的设备和仪器也和静载试验相同，试件安装好后，用试验设备张拉组装件至预应力筋的张拉控制应力，进行锚固，测出锚具前后预应力筋拉力差值 ΔF。按式(1-3-61)计算锚口摩阻损失：

$$u = \frac{\Delta F}{npF_{pk}} \times 100\% \tag{1-3-61}$$

式中：n——锚具组装件中预应力筋的根数；

F_{pk}——预应力筋抗拉强度标准值；

p——最大张拉控制应力与预应力筋抗拉强度值标准之比，对钢丝和钢绞线 $p=0.8$，对于冷拉粗钢筋 $p=0.95$。

锚口摩阻损失试验试件数不应少于 3 个，试验结果取其平均值，并用标准表记录。

(3)张拉锚固工艺试验

试验设备仪器及试件组装形式与静载试验相同，用试验设备按预应力筋最大张拉控制应力 25%、50%、75%和 100%分 4 级张拉锚具组装件，每张拉 1 级荷载锚固 1 次，张拉完毕后，放松张拉应力。通过张拉、锚固工艺试验作如下观察：

①分级张拉或因张拉设备倒换行程需要临时锚固的可能性。

②经过多次张拉锚固后预应力筋内各根预应力钢材受力的均匀性。

③张拉发生故障时，将预应力筋全部放松的可能性。

六、检测结果判定

1. 外观检验

如表面无裂缝，影响锚固能力的尺寸符合设计要求，应判定为合格；如此尺寸有一套结果记录表格超过允许偏差，应另取双倍数量的试件重做检验，如仍有一套试件不符合要求，则应逐套检查，合格者方可使用。如发现一套有裂纹，即应对全部产品进行逐件检验，合格者方可使用。

2.硬度检验

硬度检验每个零件测试3点，当硬度值符合设计要求的范围应判为合格。如有1个零件不合格，则应另取双倍数量的零件重做检验；如仍有1个零件不合格，则应逐个检验，合格者方可使用。

3.静载锚固能力检验

静载试验应连续进行3个组装件的试验，全部试验结果均应做出记录，并计算锚具、夹具或连接器的锚固效率系数和相应的总应变。三个结果均应满足规定，不得进行平均。若有一个试件不符合要求，则另取双倍数量的零件重做检验；如仍有一个试件不合格，则该批为不合格。

第六节　张拉设备校验

常用的张拉设备由油压千斤顶和配套的高压油泵、压力表以及外接油管等组成。

一、张拉设备校验时间的规定

(1)新千斤顶初次使用前。

(2)油压表指针不能退回零时。

(3)千斤顶、油压表和油管更换或维修后。

(4)当千斤顶使用超过6个月或张拉超过200次以上。

(5)在使用过程中出现其他不正常现象。

二、用长柱压力试验机校验

压力试验机的精度不得低于±2%。校验时，应采取被动校验法，即在校验时用千斤顶顶试验机，这样活塞运行方向、摩阻力的方向与实际工作时相同，校验比较准确。

用压力试验机校验的步骤如下。

(1)千斤顶就位当校验穿心式千斤顶时，将千斤顶放在试验机台面上、千斤顶活塞面或撑套与试验机压板紧密接触，并使千斤顶与试验机的受力中心线重合。

(2)校验千斤顶开动油泵，千斤顶进油，使活塞杆上升，顶试验机上压板。在千斤顶顶试验机的平缓增加负荷载的过程中(此时不得用试验机压千斤顶)，自零位到最大吨位将试验机被动标定的结果逐点标定到千斤顶的油压表上。

标定点应均匀地分布在整个测量范围内，且不少于5点，当采用最小二乘法回归分析千斤顶的标定经验公式时需10～20点。各标定点应重复标定3次，取平均值，并且只测读进程，不得读回程。

(3)对千斤顶校验数值采用标准表记录，并可根据校验结果绘制千斤顶校验曲线供预应力筋钢材张拉时使用，亦可采用最小二乘法求出千斤顶校验的经验公式，供预应力筋张拉时使用。

三、用标准测力计校验

用水银压力计、测力环、弹簧拉力计等标准测力计校验千斤顶，是一种简单可靠的方法。校验时，开动油泵，千斤顶进油，活塞杆推出，顶压测力计。当测力计达到一定吨位 T_1 时，立即读出千斤顶油压表相应读数 P_1，同样方法可得 T_2、P_2、T_3、P_3；此时 T_1、T_2、T_3、…即为相应于油压表读数 P_1、P_2、P_3、…的实际作用力。将测得的各值绘成曲线，实际使用时，即可由此曲线找出要求的 T 值和相应的 P 值。

四、用电测传感器校验

传感器是在金属弹性元件表面贴上电阻应变片所组成的一个测力装置。当金属元件受外力作用变形后，电阻片也相应变形而改变其电阻值。改变的电阻值通过电阻应变仪测定出来，即可从预先标定的数据中查出外力的大小。将此数据再标定到千斤顶油压表上，即可用以进行作用力的控制。

第七节　悬吊结构试验检测

悬吊结构桥梁主要包括斜拉桥和悬索桥（吊桥），这两种桥型近十年来在我国发展很快，其检测体系有待于完善。

一、斜拉桥施工控制与测试

1.结构分析

(1)结构分析时要选用合理的计算图式，考虑施工过程中结构的逐步形成和体系转换、临时支承的设置和卸除，以及结构各部分的强度增长，合理估计主梁架设过程中各阶段的施工荷载。

(2)结构分析计入非线性影响。结构分析要计入混凝土收缩徐变对结构变形和内力的影响，考虑温度对变形和内力的影响，还应考虑风荷载等偶然因素对结构内力的不利影响分析控制。

(3)由于斜拉桥施工过程中受力变形的影响因素（混凝土收缩、徐变、温度），变化的复杂性、随机性和不可逆性，使得精确地计算斜拉桥施工过程变形十分困难，所以工程界提出了不同的算法模拟斜拉桥施工中的行为，如倒拆法、正算法。

2.施工控制的原则与方法

一般斜拉桥施工时，主梁架设阶段确保主梁的线形顺直正确是第一位的，即以高程控制为主。

二期恒载施工时为保证结构的整体受力变形处于理想状态，拉索张拉时以索力控制为主。

3.施工测试

施工测试的主要内容如下。

(1)结构的几何位置和变形。主要观测主梁轴线和索塔顶端位置，主梁挠度和塔顶水平位移，测试设备为：精密水准仪、经纬仪、测距仪等。

(2)应力测试。主要测试斜拉索索力、支座反力和主梁、塔的应力在施工中的变化。主梁和索塔中的应力可以预埋钢弦式应变计测试。

(3)温度测试。观测主梁、索塔和斜拉索的温度，以确定结构温度，监控主梁挠度和索塔位移随温度和时间的变化规律。测定温度时可采用热电偶、红外温度计等测试。

二、索力测试

斜拉桥斜拉索索力测定的方法如下：

(1)电阻应变片测定法。

(2)拉索伸长量测定法。

(3)索拉力垂度关系测定法。

(4)张拉千斤顶测定法。

(5)压力传感器测定法。

(6)振动测定法。

方法(1)～(3)从理论上讲是可行的,但实施会遇到较多的实际问题,一般不予采用;方法(4)、(5)测定拉索张拉过程的索力变化较方便,但不能测定成桥后索力;振动测定法实测斜拉索的固有频率,利用索的张力和固有频率的关系计算索力。

振动法可采用激振器激振或人工激振,亦可采用环境随机振动法。测试时用索夹或绑带将传感器固定在拉索上,进行激振和信号采集,现场分析,可以很方便测求索力。

经理论分析知拉索初应力较小时计算索力应计入垂度的影响。为了减小垂度对实测索力的影响,建议采用 4 阶以上频率计算索力。

第八节　钢结构无损检测

一、超声波探伤方法

1. 脉冲反射法

(1)纵波探伤

超声波垂直入射到工件中,当通过界面 A 缺陷和底面 B 时,均有部分超声波反射回来,这些反射波各自经历了不同的往返路程回到探头上,探头又重新将其转变为电脉冲,经接收放大器放大后,即可在荧光屏上显现出来。其对应各点的波型分别称为始波(A')、缺陷波(F')和底波(B')。当被测工件中无缺陷存在时,则在荧光屏上只能见到始波 A' 和底波 B'。缺陷的位置(深度 AF)可根据各波形之间的间距之比等于所对应的工件中的长度之比求出,即:

$$AF = \frac{AB}{A'B'} \times A'F' \tag{1-3-62}$$

其中 AB 是工件的厚度,可以测出;$A'B'$ 和 $A'F'$ 可从荧光屏上读出。

缺陷的大小可用当量法确定。这种探伤方法叫纵波探伤或直探头探伤。振动方向与传播方向相同的波称纵波;振动方向与传播方向相垂直的波称横波。

(2)横波脉冲反射法

当入射角不等于零的超声波入射到固体介质中,且超声波在此介质中的纵波和横波的传播速度均大于在入射介质中的传播速度时,则同时产生纵波和横波。又由于材料的弹性模量 E 总是大于剪切模量 G,因而纵波传播速度总是大于横波的传播速度。根据几何光学的折射规律,纵波折射角也总是大于横波折射角。当入射角取得足够大时,可以使纵波折射角等于或大于 90°,从而使纵波在工件中消失,这时工件中就得到了单一的横波。横波入射工件后,遇到缺陷时便有一部分被反射回来,即可以从荧光屏上见到脉冲信号;若探头离工件端面很近,会有端面反射,因此应该注意与缺陷区分;若探头离工件端面很远且横波又没有遇到缺陷,有可能由于过度衰减而出现单波情况(超声波在传播中存在衰减)。

横波探伤的定位在生产中采用标准试块调节或三角试块比较法。缺陷的大小同样用当量法确定。

2. 穿透法

穿透法是根据超声波能量变化情况来判断工件内部状况的，它是将发射探头和接收探头分别置于工件的两相对表面。发射探头发射的超声波能量是一定的，在工件不存在缺陷时，超声波穿透一定工件厚度后，在接收探头上所接收到的能量也是一定的。而工件存在缺陷时，由于缺陷的反射使接收到的能量减小，从而断定工件存在缺陷。

根据发射波的不同种类，穿透法有脉冲波探伤法和连续波探伤法两种。

穿透法探伤的灵敏度不如脉冲反射法高，且受工件形状的影响较大，但较适宜检查成批生产的工件。如板材一类的工件，可以通过接收能量的精确对比而得到高的精度。

二、射线探伤

射线探伤是利用射线可穿透物质和在物质中有衰减的特性来发现缺陷的一种探伤方法。按探伤所用的射线不同，射线探伤可以分为 X 射线、γ 射线和高能射线探伤三种。

1. X 射线照相法的探伤原理

照相法探伤是利用射线在物质中的衰减规律和对某些物质产生的光化及荧光作用为基础进行探伤的。从射线强度的角度看，当照射在工件上射线强度为 J_0，由于工件材料对射线的衰减，穿过工件的射线被减弱至 J_c。若工件存在缺陷时，因该点的射线透过的工件实际厚度减少，则穿过的射线强度 J_a、J_b 比没有缺陷的点的射线强度大一些。从射线对底片的光化作用角度看，射线强的部分对底片的光化作用强烈，即感光量大。感光量较大的底片经暗室处理后变得较黑。因此，工件中的缺陷通过射线在底片上产生黑色的影迹，这就是射线探伤照相法的探伤原理。

2. X 射线探伤照相法的工序

(1)确定产品的探伤位置和对探伤位置进行编号。在探伤工作中，抽查的焊缝位置一般选在：①可能或常出现缺陷的位置；②危险断面或受力最大的焊缝部位；③应力集中的位置。

对选定的焊缝探伤位置必须按一定的顺序和规律进行编号，以便容易找出翻修位置。

(2)选取软片、增感屏和增感方式，探伤用的软片一般要求反差高、清晰度高和灰雾少。增感屏和增感方式可根据软片或探伤要求选择。

(3)选取焦点、焦距和照射方向。照射方向尤其重要，一定选择最佳透照角度。

(4)放置铅字号码、铅箭头及象质计。一定按《钢熔化焊对接接头射线照相和质量分级》(GB 3323)要求放置。

(5)选定曝光规范。曝光规范要根据探伤机型事先作出，探伤时按工件的厚度和材质选取。

(6)进行暗室处理。

三、磁粉检测法和渗透检测法

1. 磁粉检测法

用于检测磁性材料和构件表面的裂纹以及其他缺陷。检测方法：先将构件磁化后，在构件表面上均匀喷撒微颗粒的磁粉(磁粉平均粒径为 5～10μm)，一般用四氧化三铁或三氧化二铁作为磁粉。如果构件没有缺陷，则磁粉在构件表面均匀分布。当构件上有缺陷时，由于缺陷(如裂纹、气孔等)内含有空气或非金属，其磁导率永远小于构件的磁导率；由于磁阻的变化，位于构件表面或近表面的缺陷处产生漏磁场，形成一个小磁极。磁粉将被小磁极所吸引，缺陷处由于堆积比较多的磁粉而被显示出来，形成肉眼可以看到的缺陷图像。

2. 渗透检测法

液体渗透检测法是利用黄绿色的荧光渗透液或红色的着色渗透液对窄狭缝隙良好的渗透性，经过渗透清洗、显示处理以后显示放大了的探伤显示痕迹。用目测法来观察，对缺陷的性质和尺寸作出适当的评价。

复习思考题

一、单项选择题

1. 公路桥梁矩形普通氯丁胶支座，短边尺寸为300mm、长边尺寸为400mm、厚度为47mm的支座，表示为( )。

A. GJZ400×300×47(CR)　B. GJZ300×400×47(NR)

C. GJZ300×400×47(CR)　D. GYZF300×400×47(CR)

2. 氯丁橡胶支座适用温度为( )。

A. －25℃～60℃　B. －35℃～60℃　C. －15℃～80℃　D. －20℃～100℃

3. 板式桥梁橡胶支座检验试样试验前应暴露在标准温度为( )下，停放24h以使试样内外温度一致。

A. 23℃±5℃　B. 20℃±5℃　C. 23℃±2℃　D. 20℃±2℃

4. 板式桥梁橡胶支座检验试验机的级别为1级示值相对误差允许值为1.0%，试验机正压力使用可在最大压力值的范围为( )。

A. 1%～90%范围内　B. 0.4%～90%　C. 20%～90%　D. 20%～80%

5. 梳齿板式伸缩装置其伸缩体由钢制梳齿板组合而成的伸缩装置。一般适用于伸缩量为( )。

A. 600mm以下　B. 120mm以下　C. 80mm以下　D. 300mm以下

6. 正常混凝土的波速范围一般在下列哪个范围( )。

A. 2 500～3 500m/s　B. 3 500～4 500m/s　C. 4 500～5 500m/s　D. 2 000～6 000m/s

7. 橡胶支座检验时环境温度和相对湿度要求是( )。

A. 20±2℃，(60±5)%　B. 23±5℃，(65±5)%

C. 20±5℃，(60±5)%　D. 20±2℃，相对温度≥90%

8. 抗剪老化试验将试样置于老化箱内，在70℃±2℃温度老化时间为( )。

A. 24h　B. 72h　C. 1 000h　D. 48h

9. 锚具硬度检验每个的测试点数为( )。

A. 12个　B. 3个　C. 6个　D. 1个

10. 回弹法测点宜在测区范围内均匀分布，相邻两测点的净距一般不小于( )。

A. 10mm　B. 20mm　C. 30mm　D. 200mm

11. 锚具静载锚固性能符合下列要求( )。

A. $\eta_a \geq 0.90, \varepsilon_{apu} \geq 2.0\%$　B. $\eta_a \geq 0.95, \varepsilon_{apu} \geq 2.0\%$

C. $\eta_a \geqslant 0.90, \varepsilon_{apu} \geqslant 1.7\%$　　D. $\eta_a \geqslant 0.95, \varepsilon_{apu} \geqslant 1.7\%$

12. 周期荷载试验组装好试件后，以约 100MPa/min 的速度加载至试验应力上限值，再卸荷至试验应力下限值为第一周期，然后荷载自下限值经上限值再回复到下限值为一个周期。重复次数为（ ）。

A. 100 万次　B. 200 次　C. 50 次　D. 200 万次

13. 混凝土均匀性检测测点布置时应避开与声波传播方向相一致的钢筋，间距一般为（ ）。

A. 不大于 250mm　B. 200～500mm　C. 300～500mm　D. 50～100mm

14. 静载锚固性能试验试验用的预应力筋—锚具、夹具或连接器组装件应由全部零件和预应力筋组装而成。束中各根预应力筋应等长平行，其受力长度不得小于（ ）。

A. 60cm　B. 3m　C. 30d　D. 10d

15. 调试超声波检测仪时，测得 $t_0 = 5\mu s$，已知某测点声距 $L = 40cm$，仪器显示声时为 $105\mu s$，则超声波在混凝土中传播的声速为（ ）。

A. 3 636m/s　B. 3 810m/s　C. 4 000m/s　D. 3 000m/s

二、多项选择题

1. 桥面构造包括（ ）。

A. 桥面铺装　B. 排水管　C. 伸缩缝　D. 人行道　E. 锥坡

2. 抗压弹性模量检验预压时应符合下列要求（ ）。

A. 将压应力以 0.03～0.04MPa/s 速率加压至 $\sigma = 10MPa$

B. 将压应力以 1MPa/s 速率加压至 $\sigma = 10MPa$。

C. 持荷 3min，然后卸至 1.0MPa

D. 持荷 5min，然后卸至 1.0MPa

E. 持荷 2min，然后卸至 1.0MPa

3. 经端面补平后的芯样高度应符合下列要求（ ）。

A. 小于 $2.05d$　B. 小于 $2.0d$

C. 大于 $0.95d$　D. 大于 $0.90d$

E. 在 $0.85d$～$2.1d$ 之间

4. 下列哪些情况回弹值应进行修正（ ）。

A. 回弹仪非水平方向检测混凝土浇筑侧面

B. 回弹仪水平方向检测混凝土浇筑表面

C. 回弹仪水平方向检测混凝土浇筑侧面

D. 混凝土表面碳化深度为 2mm

E. 回弹仪非水平方向检测混凝土浇筑底面

5. 锚具的试验项目包括（ ）。

A. 静载试验　B. 动载试验

C. 周期性荷载试验　D. 辅助性试验

6. 模数式橡胶伸缩装置作相对错位试验包括（ ）。

A. 纵向错位　B. 横向错位　C. 切线向错位　D. 竖向错位

7. 超声法检测浅裂纹时，应注意（ ）。

A. 裂缝预计深度≤500mm　B. 换能器对称裂缝轴线布置

C. 混凝土中应无主钢筋　　D. 裂缝走向应接近直线

8. 混凝土缺陷检测换能器的布置方法有(　)。

A. 直穿法　B. 斜穿法　C. 平测法　D. 钻孔法　E. 孔外法

9. 回弹法检测混凝土强度同批构件的条件是(　)。

A. 混凝土强度等级相同　　B. 混凝土原材料、配合比相同

C. 成型工艺相同　　D. 养护条件基本相同

E. 所处环境状态相同

10. 回弹法测强适应混凝土抗压强度为(　)

A. 15MPa 以上的混凝土　　B. 20～60MPa 混凝土

C. 30MPa 以上混凝土　　D. 10～60MPa 混凝土

11. 混凝土立方体试件的取样原则规定(　)。

A. 浇筑一般体积的结构物(如基础、墩台)时，每一单元结构应制取 2 组

B. 连续浇筑大体积结构时，每 $80m^3$ 或每一工作班应制取 1 组

C. 构件长度在 16m 以下时应制取 2 组

D. 31～50m 长时应制取 3 组

E. 构件长度 50m 以上者不少于 5 组

12. 锚具、夹具和连接器按锚固方式不同，可分为(　)。

A. 夹片式　B. 支撑式　C. 锥塞式　D. 握裹式　E. 螺纹锚固

13. 张拉设备校验时间的规定为(　)。

A. 新千斤顶初次使用前　　B. 油压表指针不能退回零时

C. 千斤顶、油压表和油管更换或维修后　　D. 张拉大型构件前

E. 在使用过程中出现其他不正常现象

14. 斜拉桥施工测试的主要内容有(　)。

A. 结构的几何位置　　B. 应力测试

C. 结构变形　　D. 温度测试

E. 频率测试

15. 钢结构无损检测方法有(　)。

A. 超声波探伤方法　　B. X 射线探伤方法

C. 高能射线探伤　　D. 激光探伤方法

E. 磁粉检测法

三、判断题

1. 回弹法相邻两测区的间距应控制在 2m 以内，测区离构件边缘的距离不宜大于 1.0m。(　)

2. 板式桥梁橡胶支座检验随机抽取实样，每种规格试样数量为三对，各种试验试样通用。(　)

3. 支座检验判定规则规定：三块(或三组)试样中，有两块(或两组)不能满足要求时，则应从该批产品中随机再取双倍试样对不合格项目进行复验，若仍有一项不合格，则判定该批产品不合格。(　)

4. 预应力钢材的松弛试验，其环境温度因保持在 20℃＋2℃范围内。(　)

5. 在进行预应力锚具组装件疲劳实验时，如预应筋为钢丝，试验应力上限取预应力钢材拉强度标准值的 65%，如预应力筋为冷拉 II、III 级钢筋时，实验应力上限取预应力钢材抗拉强度标准值的 80%，应力幅度皆为 80MPa。(　)

6. 采用回弹法确定的混凝土强度误差一般在5%以内。（ ）

7. 若混凝土试块中有两个测值与中值的差值均超过中值的15%时，则该组混凝土强度不合格。（ ）

8. 换能器频率的选择应根据测点间距和结构最小截面尺寸进行选择。（ ）

9. 校验千斤顶时，用千斤顶顶试验机压板。（ ）

10. 张拉设备校验时间的规定：当千斤顶使用超过12个月或张拉超过100次以上应进行校验。（ ）

四、问答题

1. 简述板式橡胶支座抗压弹性模量的检测方法。
2. 简述板式橡胶支座外观质量和解剖检验要求。
3. 简述桥梁伸缩装置的分类与检测项目。
4. 简述回弹法检测混凝土强度的原理。
5. 简述回弹法检测混凝土强度的适用范围和步骤。
6. 简述超声法检测混凝土强度的适用范围、现场操作步骤和注意问题。
7. 简述超声—回弹综合法检测混凝土强度的现场操作步骤和注意问题。
8. 简述混凝土超声探伤判别缺陷的基本依据。
9. 简述超声波检测混凝土浅裂缝的方法。
10. 简述斜拉桥斜拉索索力测定的方法。

第四章　桥梁荷载试验及状态监测

【主要内容】

本章主要介绍桥梁静、动荷载试验及运营状态监测的方法、内容及其数据分析和承载能力评定。

【要求】

了解：桥梁荷载试验与运营状态监测的目的、意义、内容和方法（工程师）。**桥梁荷载试验的目的、内容和意义**（检测员）。

熟悉：桥梁基本知识（工程师）；荷载试验、运营状态监测所需观测的参数以及各种传感器、放大器、记录装置的功能、技术要求、校准方法及使用方法；荷载试验荷载效率系数和校验系数的定义**与计算**（工程师）；**运营状态监测数据的处理方法及资料的整理**（工程师）。

掌握：桥梁荷载试验的准备工作；各种桥型的测点设置、加载工况；电阻应变片的**选用**（工程师）、粘贴和温度补偿方法，以及现场使用时应注意的问题，**弦式应变计的原理和使用方法**（检测员）；试验过程中的观测内容和终止加载的控制条件；**实测数据的修正方法**（工程师）；**桥梁承载力的评定方法**（工程师）；**结构振动测试的基本概念和桥梁动载试验时频率、阻尼和冲击系数的测量、分析方法与评定等**（工程师）；**桥梁运营状态监测系统的基本构成**（工程师）；**传感器的安装与更换**（工程师）；**信号传输的基本方式**（工程师）；**索结构力参数的测量**（工程师）；**桥梁养护管理系统的要求及功能**（工程师）。

第一节　桥梁基本知识

一、桥梁工程的基本组成

桥梁一般由桥跨结构、桥墩和桥台、基础和调治构造物等四大部分组成。

(1)桥跨结构：是在线路中断时跨越障碍的主要承载结构。

(2)桥墩和桥台：是支撑桥跨结构并将恒载和车辆等活载传至地基的建筑物。通常设置在桥两端的称为桥台，它除了上述作用外，还与路堤相衔接，以抵御路堤土压力，防止路堤填土的滑坡和坍落。在路堤与桥台衔接处，一般还在桥台两侧设置石砌的锥形护坡。

(3)基础：基础是将桥梁墩、台所承受的各种荷载传递到地基上的结构物，是确保桥梁安全使用的关键部位。有扩大基础(明挖浅基础)、桩基础和沉井基础等不同的结构形式。随着桥梁技术的不断发展，一些新的基础形式(如地下连续墙基础、组合式基础等)也逐渐在桥梁工程中得到应用。

(4)调治构造物：指为引导和改变水流方向，使水流平顺通过桥孔并减缓水流对桥位附近河床、河岸的冲刷而修建的水工构造物。如桥台的锥形护坡、台前护坡、导流堤、护岸墙、丁坝、顺坝等，对保证河道流水顺畅和防止破坏生态环境有着极其重要的作用。

二、桥梁工程的分类

1.按桥梁的基本体系划分

1)梁式桥：梁式桥是一种在竖向荷载作用下无水平反力的结构。由于外力的作用方向与承重结构的轴线接近垂直，故与同样跨径的其他结构体系相比，梁内产生的弯矩最大，通常用抗弯能力强的材料来建造。这种桥梁结构简单、施工方便。

2)拱式桥：拱式桥的主要承重结构是拱圈或拱肋，这种结构在竖向荷载作用下，桥墩或桥台将承受水平推力。同时，这种水平推力将显著抵消荷载所引起在拱圈内的弯矩。因此，与同跨径的梁相比，拱的弯矩和变形要小很多。鉴于拱桥的承重结构以受压为主，通常就可用抗压能力强的圬工材料和钢筋混凝土等来建造。

3)刚架桥：刚架桥的主要承重结构是梁或板和立柱或竖墙整体结合在一起的刚架结构，梁和柱的连接处具有很大的刚性。

在竖向荷载作用下，梁部主要受弯，而在柱脚处也具有水平反力，其受力状态介于梁桥和拱桥之间。因此，对于同样的跨径，在相同的荷载作用下，刚架桥的跨中正弯矩要比一般梁桥小。根据这一特点，刚架桥跨中的建筑高度就可以做得较小。

4)吊桥：传统的吊桥均用悬挂在两边塔架上的强大缆索作为主要承重结构。在竖向荷载作用下，通过吊杆使缆索承受很大的拉力，通常就需要在两岸桥台的后方修筑非常巨大的锚碇结构。吊桥也是具有水平反力的结构。现代的吊桥上，广泛采用高强度钢丝编制的钢缆，以充分发挥其优异的抗拉性能，因此结构自重较轻，就能以较小的建筑高度跨越其他任何桥型无与伦比的特大跨度。吊桥的另一特点是：成卷的钢缆易于运输，结构组成构件较轻，便于无支架悬吊拼装。

5)组合体系桥：根据结构的受力特点，由几个不同体系的结构组合而成的桥梁称为组合体系桥。组合体系桥实质是利用梁、拱、吊三者的不同组合，上吊下撑以形成新的结构。

2. 按用途来划分

有公路桥、铁路桥、公路铁路两用桥、农用桥、人行桥、运水桥及其他专用桥梁。

3. 桥涵按跨径分类

按多孔跨径总长和单孔跨径的不同分为特大桥、大桥、中桥、小桥和涵洞，见表 1-4-1。

表 1-4-1

桥涵分类	特大桥	大桥	中桥	小桥	涵洞
多孔跨径总长 L(m)	$L>500$	$100\leqslant L\leqslant 1000$	$30<L<100$	$8\leqslant L\leqslant 30$	—
单孔跨径 L_K(m)	$L_K>150$	$40\leqslant L_K\leqslant 150$	$20\leqslant L_K<40$	$5\leqslant L_K<20$	$L_K<5$

注：单孔跨径系指标准跨径而言。

4. 按主要承重结构所用的材料划分

有圬工桥、钢筋混凝土桥、预应力混凝土桥、钢桥、木桥以及钢、混凝土组合体系等。

5. 按上部结构行车道位置划分

可分为上承式桥、下承式桥和中承式桥。

三、与桥梁布置和结构有关的主要尺寸和术语名称

低水位：是指在枯水季节的最低水位。

高水位：是指在洪峰季节河流中的最高水位。

设计洪水位：是指桥梁设计中按规定的设计洪水频率计算所得的高水位。

净跨径：对于梁式桥是设计洪水位上相邻两个桥墩(或桥台)之间的净距；对于拱式桥是每孔拱跨两个拱脚截面最低点之间的水平距离。

计算跨径：对于有支座的桥梁，是指桥跨结构相邻两个支座中心之间的距离；对于拱式桥，

是两相邻拱脚截面形心点之间的水平距离。

标准跨径:对于梁式桥,它是指两相邻桥墩中线之间的距离,或墩中线至桥台背前缘之间的距离;对于拱桥,则是指净跨径。

总跨径:是多孔桥梁中各孔净跨径的总和。

多孔跨径总长:为多孔桥梁中各孔标准跨径的总长。

桥梁全长:是桥梁两端两个桥台的侧墙或八字墙后端点之间的距离;对于无桥台的桥梁为桥面系行车道的全长。

桥梁高度:是指桥面与低水位之间的高差,或为桥面与桥下线路路面之间的距离。

建筑高度:是指桥上行车道路面高程至桥跨结构最下缘之间的距离。

第二节 桥梁荷载试验

一、荷载试验的目的、内容及意义

1.检验桥梁设计与施工质量

对于一些新建的大、中型桥梁或者具有特殊设计的桥梁。在竣工后一般要求进行荷载试验,以检验桥梁整体受力性能和承载力是否达到设计文件和规范的要求,并把试验结果作为评定工程质量优劣的主要技术资料和依据。

2.判断桥梁结构的实际承载力

旧桥由于构件局部发生意外损伤,使用过程中产生明显的病害,设计荷载等级偏低等原因,有必要通过荷载试验判定构件损伤程度及承载力、受力性能的下降幅度,确定其运营荷载等级。同时,旧桥荷载试验也是改建、加固设计的重要依据。

3.验证桥梁结构设计理论和设计方法

对于桥梁工程中的新结构、新材料和新工艺,应通过荷载试验验证桥梁的计算图式是否正确,材料性能是否与理论相符,施工工艺是否达到预期目的。

二、荷载试验的主要内容

(1)明确荷载试验的目的。

(2)试验的准备工作。

(3)加载方案设计。

(4)测点设置与测试。

(5)加载控制与安全措施。

(6)试验结果分析与承载力评定。

(7)试验报告编写。

一般包含三个阶段:桥梁结构的考察和试验准备、加载试验与观测、测试结果的分析与评定。

三、荷载试验的准备工作

1.试验孔(或墩)的选择

对多孔桥梁中跨径相同的桥孔(或墩)可选 1～3 孔具有代表性的桥孔(或墩)进行加载试验。选择时应综合考虑以下因素:

(1)该孔(或墩)计算受力最不利。

(2)该孔(或墩)施工质量较差、缺陷较多或病害较严重。

(3)该孔(或墩)便于搭设脚手架,便于设置测点或便于实施加载。

2. 搭设脚手架和测试支架

脚手架和测试支架应分开搭设互不影响,脚手架和测试支架应有足够的强度、刚度和稳定性。脚手架要保证工作人员的安全、方便操作。

测试支架要满足仪表安装的需要,不因自身变形影响测试的精度,同时还应保证试验时不受车辆和行人的干扰。

晴天或多云天气下进行加载试验时,阳光直射下的应变测点,应设置遮挡阳光的设备,以减小温度变化造成的观测误差。雨季进行加载试验时,则应准备仪器、设备等的防雨设施,以备不时之需。

3. 静载试验加载位置的放样和卸载位置的安排

静载试验前应在桥面上对加载位置进行放样,以便于加载试验的顺利进行。应预先放样,且用不同颜色的标志区别不同加载工况时的荷载位置。

静载试验荷载卸载的安放位置应预先安排。卸载位置的选择既要考虑加、卸载方便,离加载位置近一些,又要使安放的荷载不影响试验孔(或墩)的受力。

4. 试验人员组织及分工

应根据每个试验人员的特长进行分工,每人分管的仪表数目除考虑便于进行观测外,应尽量使每人对分管仪表进行一次观测所需的时间大致相同。为使试验有条不紊地进行,应设试验总指挥1人,其他人员的配备可根据具体情况考虑。

5. 其他准备工作

加载试验的安全设施、供电照明设施、通信联络设施、桥面交通管制等工作应根据荷载试验的需要进行准备。

四、常见桥型的试验工况和测点设置

1. 试验荷载工况的确定

荷载工况选择应反映桥梁设计的最不利受力状态,简单结构可选1~2个工况,复杂结构可适当多选几个工况,但不宜过多。

以下介绍常见桥型静荷载试验工况。

(1)简支梁桥

跨中最大正弯矩工况。

$L/4$ 最大正弯矩工况。

支点最大剪力工况。

桥墩最大竖向反力工况。

(2)连续梁桥

主跨跨中最大正弯矩工况。

主跨支点负弯矩工况。

主跨桥墩最大竖向反力工况。

主跨支点最大剪力工况。

边跨最大正弯矩工况。

(3)悬臂梁桥(T形刚构桥)

支点(墩顶)最大负弯矩工况。

锚固孔跨中最大正弯矩工况。

支点(墩顶)最大剪力工况。

挂孔跨中最大正弯矩工况。

(4)无铰拱桥

跨中最大正弯矩工况。

拱脚最大负弯矩工况。

拱脚最大推力工况。

正负挠度绝对值之和最大工况。

(5)刚架桥

跨中截面最大弯矩工况。

柱腿截面最大应力工况。

节点附近截面最大应力工况。

(6)悬索桥

主梁控制截面最大弯矩应力工况。

主梁扭转变形工况。

主梁控制截面位移和挠度工况。

塔顶最大水平变位工况。

塔柱底截面最大应力工况。

钢索(主缆、吊索)最大拉力工况。

(7)斜拉桥

主梁跨中最大正弯矩工况。

主梁最大负弯矩工况。

主塔塔顶顺桥方向最大水平位移工况。

斜拉索最大索力工况。

主梁最大挠度工况。

此外,对桥梁施工中的薄弱截面或缺陷修补后的截面可以专门进行荷载工况设计,以检验该部位或截面对结构整体性能的影响。

动载试验一般安排标准汽车车列(对小跨径桥也可用单车:)在不同车速时的跑车试验,跑车时速一般定为5km、10km、20km、30km、40km、60km;如需测定桥梁承受活载水平力性能时做车辆制动试验;测定桥梁自振频率作跳车后的余振观测,并在无荷载时进行脉动观测。

2.测点设置

(1)主要测点的布设

测点的布设不宜过多,但要保证观测质量。对主要测点的布设应能控制结构的最大应力(应变)和最大挠度(或位移)。常用桥梁体系的主要测点布设如下。

①简支梁桥:跨中挠度;支点沉降,跨中截面应变。

②连续梁桥:跨中挠度;支点沉降,跨中和支点截面应变。

③悬臂梁桥:悬臂端部挠度、支点沉降,支点截面应变。

④拱桥:跨中,$L/4$处挠度,拱顶$L/4$和拱脚截面应变。

挠度观测测点一般布置在桥中轴线位置。截面抗弯应变测点应设置在截面横桥向应力可能分布较大的部位,沿截面上、下缘布设,横桥向测点设置一般不少于3处,以控制最大应力的分布。

(2)其他测点的布设

根据桥梁调查和检算工作的深度,综合考虑结构特点和桥梁目前状况等可适当加设以下测点:

①挠度沿桥长或沿控制截面桥宽方向分布。

②应变沿控制截面桥宽方向分布。

③应变沿截面高分布。

④组合构件的结合面上、下缘应变。

⑤墩台的沉降、水平位移与转角,连拱桥多个墩台的水平位移。

⑥剪切应变。

⑦其他结构薄弱部位的应变。

⑧裂缝的监测测点。

对于剪切应变测点一般采取设置应变花进行观测。为了方便,对于梁桥的剪应力也可在截面中性轴处主应力方向设置单一应变测点来进行观测。梁桥的实际最大剪应力截面应设置在支座附近而不是支座上。

(3)温度测点的布设

选择与大多数测点较接近的部位设置1~2处气温观测点,此外可根据需要在桥梁主要测点部位设置一些构件表面温度观测点;或进行单点补偿。

五、荷载试验的仪器设备

桥梁荷载试验需观测结构的反力、应变、位移、倾角、裂缝等物理量,因此常见的仪器设备有:百分表、千分表、位移计、应变仪、应变计(应变片)、精密水准仪、经纬仪、倾角仪、刻度放大镜等。这些测试仪器按其工作原理可分为机械测试仪器、电测仪器、光测仪器等。

机械式仪器具有安装与使用方便、迅速、读数可靠的优点,但需要搭设观测脚手架,而且使用试验人员较多,观测读数费时,不便于自动记录。

电测仪表安装调试比较麻烦,影响测试精度的因素也较多,但测试记录较方便,便于数据自动采集记录,操作安全。

(一)机械式位移计

机械式位移计包括百分表、千分表及张线式位移和挠度计等;其构造和工作原理基本相同,主要区别在于精度和量程不同。

1.百分表的基本构造和使用方法

将测杆触头抵在测点上,借助弹簧的使用,使其接触紧密。当测点沿(或背向)测杆方向发生位移时,推动(或放松)测杆,使测杆的平齿带动小齿轮、小齿轮又和它同轴的大齿轮一起转动,最后使指针齿轮和指针旋转,经过一系列放大之后;便在表盘上指示出位移值。

使用时,百分表装在表座上(目前大都采用磁性表座),表架安装在临时专门搭设的支架上,支架应具有一定的刚度,避免支架本身的变形,并与被测结构物分开。

1)安装按以下步骤进行:

(1)将百分表轴颈插于表架横杆上的颈箍相应孔中,并旋紧螺栓;

(2)接通磁路:顺时针旋转磁体开关至限位处,磁性表座即与被吸附面吸牢;

(3)调节：旋松螺栓，并移动连接杆，可将表调节到需要的位置；

(4)微调：旋转微调螺栓即能达到微调；

(5)切断磁路：逆时针旋转磁体开关至限位处，磁性表座即可由吸附面上取下。

2)使用时应汪意的事项

(1)使用时，只能拿取外壳，不得任意推动测杆，避免磨损机件，影响放大倍数。注意保护触头，触头上不得有伤痕。

(2)安装时，要使测杆与欲测的位移的方向一致，或者与被测物体表面保持垂直。并注意位移的正反方向和大小，以便调节测杆，使百分表有适宜的测量范围。

(3)百分表架要安设稳妥，表架上各个螺丝要拧紧，但当颈夹住百分表的轴颈时，不可夹得过紧，否则会影响测杆移动。

(4)百分表安装好，可用铅笔头在表盘上轻轻敲击，看指针摆动情况。若指针不动或绕某一固定值在小范围内左右摆动，说明安装正常。

(5)百分表使用日久或经过拆洗修理后，必须进行标定，标定可在专门的百分表、千分表校正仪上进行。千分表与百分表使作方法完全相同。

2. 位移计

(1)用位移计测挠度与变位

用位移计测挠度或某点的位移时，要注意位移的相对性，位移计的定点(表壳)和动点(测杆)必须分别和相对位移的两点连接。

位移计可装在各种表架上，通常用颈箍夹住表的轴颈，也可用其他方式将表壳或轴颈固定在某一个定点，测杆可直接顶住试件测点。

(2)用位移计测应变

应变，就是结构上某区段纤维长度的相对变化($\varepsilon=\Delta L/L$)。应变仪就是用来测定这个长度变化的仪器。

采用特制的夹具将位移计安装在结构表面测定应变，可用钢、铜或铝合金等制成的固定位移计和顶杆的夹具，按照选定的标距以粘贴或预埋的方式固定在结构需量测应变的部位上。

粘贴方法：在混凝土结构上贴夹具时，应先将混凝土表面用砂轮打磨，除去泥灰再用细砂布略微磨光，用丙酮等擦净随后用胶黏剂将夹具按选定的标距粘上，待胶黏剂固化后，即可安装位移计进行量测。

量测结构构件的轴向应变，常用的量测标距对混凝土为10～20m，对砖石砌体则更大。

(二)手持式应变仪

此仪器的主要部分是千分表，它固定在一根金属杆上，其测杆则自由地顶在另一金属杆的突出部分上、两金属杆之间用两片富有弹性的薄钢片相连，因而能平行地相对移动，每根金属杆的一端带有一个尖形插轴，两插轴间的距离 L 即仪器的标距。二次读数差即为结构在区段 L 内的变形 ΔL，除以标距 L 即得杆件的应变值。仪器不是固定在测点上，而是读数时才安上去。

为了保证仪器工作稳定可靠，标距两端的小孔必须钻得和仪器的插轴钢尖相吻合。测孔的制作方法如下：

(1)钢结构可在杆件上直接钻孔。

(2)圬工或木质构件则可粘贴特制的钢脚标(用环氧树脂黏结剂粘贴)。

使用此种仪器，尚有一温度影响问题，为了达到补偿目的，采取“横向温度补偿法”。在布置测应变的测点的同时，在垂直方向布置测点。

(三)水准管式倾角仪

水准管式倾角仪的构造,其原理是利用高灵敏度的水准管来测定结构节点、截面或支座处转角。水准管安置在弹簧片上,一端铰接于基座弹簧片使另一端上升,但被测微计的微调螺丝顶住。将仪器用夹具装在测点后,用微调螺丝使水准管的气泡调平居中,结构变形后气泡漂移,再转动微调螺丝使气泡重新居中;度盘上前后两次读数差即代表该测点的转角。这种仪器最小读数有的可达 1″～2″,量程为 3°。

(四)连通管

利用物理学上"连通器中处于水平平面上的静止液体的压强相同"的原理。使用前先沿桥跨方向布置直径为 10～15mm 的白塑料软管,然后在每个测点位置剪断管子,接上三通,把三通开口的一端管子竖起来绑在支架上,最后灌水(或其它有色液体)至标尺位置,桥梁试验时加,卸荷载会引起桥梁结构下挠,此时水管中的水平液面仍需持平,但每个测点的相对水位会发生变化,读取这个变化值,经简单计算即可得到桥梁的挠度。计算方法:将各级加载稳定以后水管上读数减去未加载前水管上读数,然后对各点测值进行支座沉降修正,即为各点的挠度。

(五)电阻应变仪

用电阻式应变仪测试桥梁结构应变时需用应变仪和电阻应变片(应变计)配合使用。

1.电阻应变片

1)电阻应变片优点

电阻应变片又称电阻应变计,简称应变片或电阻片,它有如下的一些优点。

(1)灵敏度高。电阻应变仪可以精确地分辨出 1×10^{-6} 应变。

(2)电阻片尺寸小且粘贴牢固。

(3)电阻片质量小。

(4)可以在高温(800～100℃)、低温(－100～70℃)、高压(上万个大气压)、高速旋转(几千转/mm～几万转/mm)、核辐射等特殊条件下成功地使用。

此外,由于应变片输出是电信号,就易于实现测量数字化和自动化。

2)电阻应变片的构造

绕线式应变片主要由敏感元件、基底、覆盖层和引出线等几部分组成。

(1)敏感丝栅是应变片的主要元件,一般由康酮、镍铬合金制成。

(2)基底和覆盖层起定位和保护应变片几何形状的作用,也起到与被测试试件之间电绝缘作用。纸基常用厚度 0.015～0.02mm 的机械强度高、绝缘性能好的纸张制作。胶基则用性能稳定、绝缘度高、耐腐蚀的聚合胶制成。

(3)引出线是用以连接导线的过渡部分,一般用直径约为 0.15～0.30mm 的金属丝。

(4)黏结剂把丝栅基底和覆盖层牢固地黏结成一个整体。

3)电阻应变片的分类

根据不同的方法,有如下图 1-4-1 分类。

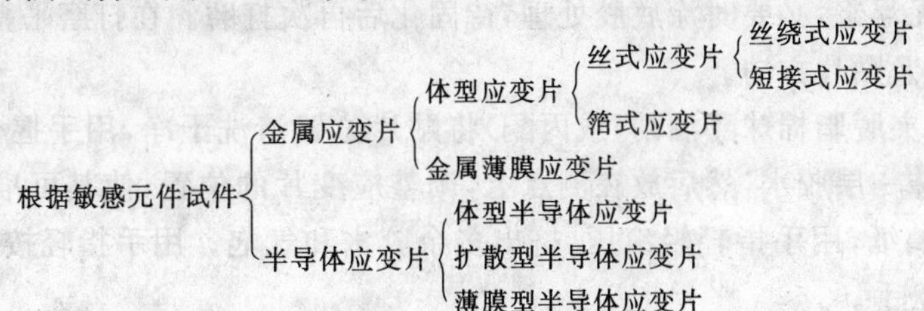

根据基底材料
- 纸基应变片
- 胶基应变片
- 金属片基应变片
- 临时基底应变片

根据温度场
- 低温应变片(工作温度低于－30℃)
- 常温应变片(工作温度为－30～60℃)
- 中温应变片(工作温度为60～350℃)
- 高温应变片(工作温度高于350℃)

图1-4-1 电阻应变片的分类

此外,按敏感栅的长度分,有大标距应变片和小标距应变片;按敏感栅形状分,有单轴应变片和应变花。还有各种特殊用途的应变片如防磁应变片、防水应变片、埋入式应变片、层式应变片、可拆式应变片、疲劳寿命片、测压片、无基底式应变片、大应变片、裂缝探测片、温度自补偿应变片等。

(1)金属应变片的工作原理

金属应变片的工作原理在于导体的"电阻应变效应"。所谓电阻应变效应是指导体或半导体在机械变形(伸长或缩短)时,其电阻随其变形而发生变化的物理现象金属导体产生电阻应变效应,主要是因为电阻丝的几何尺寸改变引起阻值的变化。

(2)电阻应变片的选用

选用应变片时应根据应变片的初始参数及试件的受力状态、应变梯度、应变性质、工作条件、测试精度要求等综合考虑。

对于一般的结构试验,采用120Ω纸基金属丝应变片就可满足试验要求。其标距可结合试件的材料来选定,如钢材常用5～20mm,混凝土则用40～150mm,石材用20～40mm。

(3)电阻应变片的粘贴技术

①黏结剂

对应变胶的性能要求是:黏结强度高(剪切强度一般不低于3～4MPa),电绝缘性能好,化学稳定性及工艺性好等。

常规桥梁试验粘贴应变片的应变胶一般为快干胶和热固性树脂胶等。

501快干胶和502快干胶是借助于空气中微量水分的催化作用而迅速聚合固化产生黏结强度的。该类胶黏结强度能满足桥梁应变测试要求。

环氧树脂胶是靠分子聚合反应而固化产生黏结强度的。它有较高的剪切强度和防水性能,电绝缘性能好。环氧树脂胶可以自制,其配方如下:

环氧树脂100%;邻苯二甲酸二丁酯:5%～20%;乙二胺:6%～7%。

注意:乙二胺有毒,须通风操作。

②应变片的粘贴技术

选片:用放大镜对应变片进行检查,保证选用的应变片无缺陷和破损。

定位:先初步画出贴片位置、用砂布或砂轮机将贴片位置打磨平整,钢材光洁度达到▽3～▽5,混凝土表面无浮浆,必要时涂底胶处理,待固化后再次打磨。在打磨平整的部位准确画出测点的纵、横中心及贴片方向。

贴片:用镊子夹脱脂棉球蘸酒精(或丙酮)将贴片位置清洗干净,用手握住应变片引出线,在其背面均匀涂抹一层胶水,然后放在测点上,调整应变片的位置,使其可准确定位。在应变片上覆盖小片玻璃纸,用手指轻轻滚压,挤出多余胶水和气泡。用手指轻按1～2min,待胶水初步固化后即可松手。

干燥固化：干燥才能固化，当气温较高，相对湿度较低的短期试验，可用自然干燥，时间一般1～2d。人工干燥：待自然干燥12h后、用红外线灯烘烤，温度不要高于50℃；还要避免骤热。烘干到绝缘电阻符合要求时为止。

应变片的防护：在应变片引线端贴上接线端子，把应变片引线和连接导线分别焊在接线端子上，然后立即涂防护层，以防止应变片受潮和机械损伤，受潮会影响应变片的正常工作，故防潮就显得十分重要。

(4)电阻应变测量的温度补偿

用应变片测量应变时，它除了能感受试件受力后的变形外，同样也能感受环境温度变化，并引起电阻应变仪指示部分的示值变动，这称为温度效应。

温度变化从两方面使应变片的电阻值发生变化。第一是电阻丝温度改变 Δt(℃)，其电阻将会随之而改变 ΔR_β：

$$\Delta R_\beta = \beta_1 R \Delta t \tag{1-4-1}$$

式中：β_1——电阻丝的电阻温度系数(1/℃)；

R——应变片的变原始电阻值(Ω)。

第二是因为材料与应变片电阻丝的线膨胀系数不相等，但二者又粘合在一起，这样温度改变 Δt(℃)时，应变片中产生了温度应变，引起一附加的电阻的变化 ΔR_α：

$$\Delta R_\alpha = K_t(\alpha_j - \alpha)\Delta t R \tag{1-4-2}$$

式中：K_t——贴好的应变丝对温度应力的灵敏系数；

α_j——试件材料的线膨胀系数(1/℃)；

α——电阻丝的线膨胀系数(1/℃)。

因此，总的温度效应是二者之和：

$$R_t = \Delta R_\alpha + \Delta R_\beta = [K_t(\alpha_j - \alpha) + \beta_i] R \Delta t \tag{1-4-3}$$

$$\beta = K_t(\alpha_j - \alpha) + \beta_1 \tag{1-4-4}$$

$$\Delta R_t = \beta R \Delta t \tag{1-4-5}$$

式中：β——贴好的应变片总的电阻温度系数。

温度效应的应变值为：

$$\varepsilon_t = K_0 \beta_1 R \Delta_t \tag{1-4-6}$$

这个 ε_t 称视应变。

消除温度效应的应变值主要是利用惠斯登电桥桥路的特性进行，称为温度补偿。还有采用应变片温度自补偿的办法，即使用一种特殊的应变片。

测量应变片 R_1(简称工作片)贴在受力构件上，它既受应变作用又受温度作用，故 R_1 是由两部分组成。即：

$$\Delta R_1 = \Delta R_\varepsilon + \Delta R_t \tag{1-4-7}$$

补偿片 R_2 贴在一个与试件材料相同并置于试件附近，具有同样温度变化条件但不承受外力作用的小试块上，它只有 $\Delta R_2 = \Delta R_t$ 的变化。电桥对角线上的电流计的反应为 $\Delta R_1 - \Delta R_2 = \Delta R_\varepsilon$，测得结果仅是试件受力后产生应变值，而温度效应所产生的视应变就消除了。

为保证补偿效果，对补偿片的设置应考虑如下因素：

①补偿片与工作片应该是同批产品，具有相同电阻值、灵敏系数和几何尺寸。

②贴补偿片的试块材料应与试件的材料一致，并应做到热容量基本相等。

③补偿片的贴片、干燥、防潮等处理工艺必须与工作片完全一致。

④连接补偿片的导线应与连接工作片的导线同一规格。同一长度，并且相互平列靠近布置或捆扎成束。

⑤补偿片与工作片的位置应尽量接近，使二者处于同样温度场条件下，以防不均匀热源的影响。

⑥补偿片的数量多少，根据试验材料特性、测点位置、试验条件等决定；一般情况下，钢结构可用一个补偿片同时补偿 10 个工作片；对混凝土材料或木材可用一个补偿片补偿 5～10 个工作片，也可以采用单独补偿。

目前除采用桥路补偿外，还有采用应变片温度自补偿的办法，即使用一种特殊的应变片，当温度变化时，其电阻增量等于零或相互抵消而不产生视应变。

2.应变仪

1)测量电路

测量电路是应变仪的重要组成部分，其作用是将应变片的电阻变化转换为电压（或电流）的变化。应变片电测一般采用两种测量电路，一种是电位计式电路，一种是桥式电路，通常采用惠斯登电桥。

如图 1-4-2 惠斯登电桥具有四个电阻，其中任一个都可以是应变片电阻，电桥的对角接入输入电压，另一对角来测量输出电压。电桥的一个特点是，四个电阻达到某一关系时，电桥输出为零，这样我们就能应用很灵敏的检流计来测量输出。由于这一特点使电桥能够精确地测量微小的电阻变化。

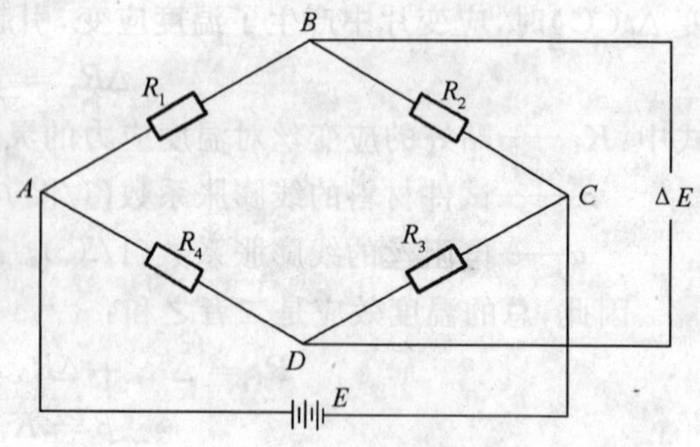

图 1-4-2 惠斯登电桥

根据电桥的测量电路，对应变电桥的测量方法有下列几种。

(1)单点测量

单点测量时，组成测量电桥的四个电阻中，R_1 为电阻片电阻，其余 3 个为精密电阻（无电阻变化），则：

$$\Delta E = \frac{1}{4} uK\varepsilon_1 \tag{1-4-8}$$

(2)半桥测量

其方法是将半桥接电阻片，另半桥为精密电阻（$\Delta R_3 = \Delta R_4 = 0$），则：

$$\Delta E = \frac{1}{4} uK(\varepsilon_1 - \varepsilon_2) \tag{1-4-9}$$

(3)全桥测量

其方法是组成测量电桥的四个电阻全由电阻片组成，即：

$$\Delta E = \frac{1}{4} uK(\varepsilon_1 - \varepsilon_2 + \varepsilon_3 - \varepsilon_4) \tag{1-4-10}$$

由此也可看出，电桥的增减特性：相邻的输出符号相反，电桥输出具有相减特性；相对两臂符号相同，电桥输出具有相加特性。

根据电桥的这些特性，我们就可以采用不同的测量（电阻片接线）方法进行选择。

2)电阻应变仪

电阻应变仪按使用内容不同,分为静态应变仪、动态应变仪和静动态应变仪。

(1)国产 YJS—14 型静态数字应变仪

YJS—14 型静态数字应变仪是一种静态应变自动测量装置,能自动平衡(或不需平衡)、自动换点、自动测量、数字显示和自动打印,并可与计算机联机进行数据处理。YJS—14 型主要由如下五个部分组成:

①转换器它在控制器控制下将各测点依次接入桥路,以便进行测量。

②电阻应变仪由桥压线性放大器和数字电压表组成。

③运算器由储存和运算两单元组成。

④控制器包括采样控制和数字钟两部分。

⑤输出装置分为打印输出和信息输出两种。

YJS—14 型数字应变测量装置的工作过程就是把应变测点组成惠斯登电桥。电桥的初始不平衡采用初始值存储的办法,即把每一个测点的初始不平衡值通过放大和 A/D 转换器转换成数字信号,记入对应序号内存中。在测量时,测量信号也转换成数字信息送入运算器,运算器从内存中取出对应测点的转换或测量区段的选择均由控制器控制。

(2)日本产 7V08 数据采集仪

7V08 型数据采集仪是应变仪的换代产品,该仪器是由单板机组成的一个计算机控制系统,可由键盘或面板触摸功能键直接输出数据或程序,主要是通过接口来输出模拟信号(电压、电流、应变、温度等),并通过 A/D 转换来完成存储、记录、转换、运算和输出。

该系统按线扫描箱采用直流电桥,因此,分布电容等不影响电桥平衡。在测试现场用接线箱连接,在 100mm 内连接电缆可与应变仪连接,测试数据记录和一次计算可进行程序控制或按键控制。

(六)传感器

1.应变式测力传感器

圆柱(或筒)形弹性元件承受轴向压力,而粘贴在元件上面的应变片感受其应变。知道元件的截面积,即可求得压力。为了提高量测的灵敏度和达到温度补偿,在元件上粘贴 8 片应变片,并组成全桥式接线。

2.电子式位移传感器

电子式位移传感器是一种位移测量计,属于一次仪表,它只能检测试件的位移,而本身不能显示其数值,因此,使用时必须依赖二次仪表进行显示或指示。

1)电阻式位移计

YHD 型电子位移计是电阻式位移计的一种,它主要由机械传动机构、应变电桥和滑线电阻等组成。

YHD 型位移计的工作原理也是利用应变电桥进行测量的。在仪器内部设置四个无感电阻 R_1、R_2、R_3 和 R_4,在 R_1 和 R_2 之间用一根电阻丝串联起来组成应变电桥。当试件产生位移时,位移计的测杆的便沿着导向槽做轴向移动,带动触点在电阻丝上滑动。在两个桥臂上都产生电阻的变化。如触点向右移动时,AB 桥臂的电阻增为 $R_1+\Delta R$;BC 桥臂的电阻则减为 $R_2-\Delta R$,则输出:

$$\Delta U=\frac{U}{4}\left(\frac{\Delta R}{R_1}+\frac{\Delta R}{R_2}\right)=\frac{1}{2}U\frac{\Delta R}{R} \tag{1-4-11}$$

电阻式位移传感器的特点是结构简单输出信号大，但因存在着活动触点，寿命受磨损影响。

2)应变式位移传感器

应变式位移传感器，主要由测杆、悬臂梁、应变片和弹簧等组成。将两个弹性元件、弹簧和悬臂梁串联，在矩形截面悬臂梁根部正、反面分别贴上 2 片应变片，组成应变电桥。结构位移时推动弹性变形，再用应变片来感受弹性元件的变形来实现位移的测量。

(七)钢弦应变计和光纤传感器

1. 钢弦应变计

1)工作原理

钢弦式传感器是以被张紧的钢弦作为敏感元件，利用其固有频率与张力的函数关系，根据固有频率的变化来反映外界作用力的大小。

如图 1-4-3 振弦固定在上、下两夹块之间，用固紧螺栓固紧，给弦加一定的初始张力 T，在弦的中间固定着软铁块、永久磁铁和线圈构成弦的激振器，同时又兼作弦的拾振器。夹块和膜片相连感受压力。

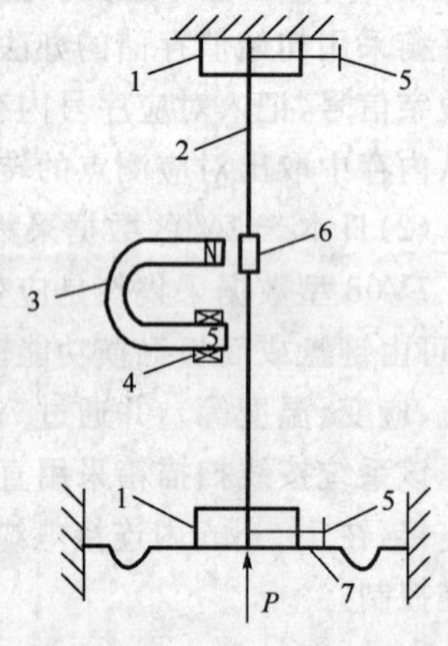

图 1-4-3　管弦式传感器结构原理

1. 夹块；2. 振弦；3. 永久磁铁；4. 线圈；5. 螺钉；6. 软铁块；7. 膜片

若使弦按固有频率振动，必须首先给弦以激励力，振弦是依靠线圈中的电流脉冲所产生的电磁吸力来产生激励作用。当电流脉冲到来时，磁铁的磁性大大增强，钢弦被磁铁吸住。当电流脉冲过去后，磁铁的磁性又大大减弱，钢弦立即脱离磁铁而产生自由振动。并使永久磁铁和弦上的软铁块间的磁路间隙发生变化，从而造成了变磁阻的条件，在兼作拾振器用的线圈中将产生与弦的振动同频率的交变电势输出。这样通过量测感应电势的频率即可检测振弦张力的大小。

工程上常用的有：钢弦式应变传感器、钢弦式压力传感器、钢弦式荷载传感器和钢弦式位移传感器。桥梁检测中常用的是钢弦式应变传感器。

2)钢弦式应变传感器

钢弦式应变传感器又分为：钢弦式表面应变传感器、钢弦式钢筋应力传感器和钢弦式内部应变传感器。

(1)钢弦式表面应变传感器

钢弦式表面应变传感器主要用于结构物表面应变的测量。当传感器工作之前，钢弦具有的固有频率为 f_0，结构受力之后，传感器的两支架间发生相对位移，钢弦的长度改变了 ΔL，钢弦拉紧的程度发生了变化。因为钢弦的固有频率 f_0，已变成了 f_1，则相应钢弦的应变也变成了 ε_1。根据标定的 $f \sim \varepsilon$ 关系曲线，即可确定结构受力后产生的表面应变值。有了结构表面应变值也可以得到结构的实际受力状态。

钢弦式表面应变传感器的安装是应将应变计固定在配套的底座上，底座与结构物之间可用胶黏结、螺栓连接或焊接。安装时首先在结构物表面预定位置固定应变计的两块底板。为确保两底座之间的距离与应变计的标距一致，并在同一轴线上，须用与底座配套的定位标准杆定位。应变计安装完成后，应使其初始频率与出厂标定的初始频率一致。具体方法是先将应变计的一端紧固在底板上，调整另一端的微调螺母，使应变计的初频与出厂标定的初频一致，然后扭紧固定螺钉。

(2)钢弦式钢筋应力传感器

钢弦式钢筋应力传感器主要由应变管、钢弦夹紧部件、电磁激励线圈等组成。常用于测量钢筋混凝土结构中的钢筋应力。

钢弦式钢筋应力传感器埋设时,应将两端的拉杆焊接在被测钢筋上,焊接面积不小于钢筋的有效面积;亦可采用两根短头钢筋夹在焊点两侧并焊牢。焊接时必须对钢筋应力计进行水冷却,以免由于焊接时的高温传到应力计上损坏应力计内部的电器元件。焊接前后应分别对钢弦式钢筋应力传感器的初始频率进行测试,测试结果应和标定表的零点频率相同。

(3)钢弦式内部应变传感器

钢弦式内部应变传感器多埋于混凝土、钢筋混凝土等结构中,主要用于结构物内部应变的长期观测。应变传感器中的钢弦在受力应变管中展开,一同被固定在混凝土结构物中,通过两端的端板与混凝土紧密加固,而中间受力的应变管用布缠绕,与混凝土隔开,则由传感器的凸缘带动应变管变形,使钢弦内应力发生变化,用频率测定出钢弦受力变形后的频率值,通过标准曲线的比较,得到混凝土的真正变形。

钢弦式内部应变传感器为薄壁圆筒结构,可根据混凝土的不同强度等级选用不同规格的应变计。

2.光纤传感器的原理和使用方法

国内外近年的科学研究和工程实践表明光纤布拉格光栅传感技术是继电测技术之后传感技术发展的新阶段,它满足了现代桥梁结构监测的高精度、远距离、分布式和长期性的技术要求。可广泛应用于对桥梁结构的应力、应变、温度等参数以及内部裂缝、变形等结构参数的实时在线、分布式检测,能够测量工程结构的外部荷载以及本身对荷载的响应。因而被作为当今工程结构检测中首选的传感方式,以实现对工程结构多处目标信息的监控和提取。

1)光纤传感器的优点

(1)光纤传感器体积小重量轻,结构简单,安装方便,埋入土木工程结构内部几乎不受温湿度和绝缘不良的影响;

(2)光纤传感器的应用场合,其电器回路不受电器设备和雷电等电磁场干扰的影响;

(3)光缆容量大,可以实现多通道多用途测量,可以省去大量导线的配置和接线的麻烦,省力、省事;

(4)灵敏度高,精度高;

(5)光纤技术的数字化信号,具有高速远距离传送信息的突出优点,可以实现对超高层建筑物和超大跨度桥梁的远距离量测量和健康监测。

根据可以调制的光波参数,光纤传感器可分为强度型、相位型、频率型和波长型等目前已得到广泛应用的光纤传感器主要是频率型即振弦式光纤传感器。

2)布拉格光栅的制作及基本构造

紫外写入技术是光纤光栅制作技术上的巨大进步,其基本原理是利用含锗光纤在波长240nm 附近有一因锗相关缺陷而形成的吸收峰,当光纤受这一波长附近的紫外光照射后,会引起光纤折射率的永久性变化。目前常用的紫外写入技术采用的是相位掩膜板法,即用紫外激光照射相位掩膜板或振幅掩膜板,在板后的光敏光纤中形成光栅。制作光栅的光纤为通信用普通单模光纤。布拉格光栅的基本构造如图 3-4-4

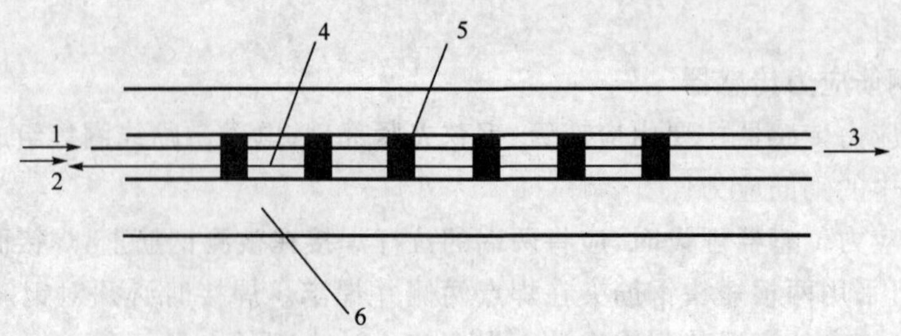

图 1-4-4 光栅基本构造示意图

1.输入信号;2.反射信号;3.传输信号;4.光纤光芯;5.紫外写入光栅;6.光纤布拉格光栅周期

3)光纤布拉格光栅的传感原理

光纤布拉格光栅传感技术是通过对光纤内部写入的光栅反射或透射布拉格波长的检测,实现对被测结构的应变和温度量值的绝对测量,布拉格波长的变化反映了外界参量的变化。

而光纤光栅的反射或透射波长光谱主要取决于光栅周期 A 和反向耦合模的有效折射率 n,任何使这两个参量发生改变的物理过程都将引起光栅布拉格波长的漂移。

在所有引起光栅布拉格波长漂移的外界因素中,最为直接的是应变参量。因为无论是对光栅进行拉伸还是压缩,都势必导致光栅周期 A 的变化,并且光纤本身所具有的弹光效应使得有效折射率 n 也随外界应力状态的变化而变化,这为采用光纤布拉格光栅制成光纤应变传感器提供了最基本的物理特性。同样,温度变化也会引起光栅布拉格波长的漂移。在轴向应力和温度变化单独作用下,可以分别得到轴向应力和温度变化引起的波长漂移公式。

布拉格光栅传感系统由光源、传感头和波长探删装置三个基本部分组成,光源将光入射到传输光纤中一段包括布拉格波长的狭窄光谱被光栅反射回波长探测装置,在没有被反射的透射光谱中就缺少了这段光谱,应变和温度引起的布拉格波长漂移就可以通过反射光和透射光的光谱获得。

六、荷载效率系数和检验系数

1.荷载效率系数

荷载试验应尽量采用与控制荷载相同的荷载,而组成控制荷载(标准设计荷载)的车辆是由运营车辆统计而得的概率模型。当客观条件所限,采用的试验荷载与控制荷载有差别时,为保证试验效果,在选择试验荷载的大小和加载位置时采用静载试验效率 η_q、动载试验效率 S_d 进行控制。

(1)静载试验效率 η_q

$$\eta_q = \frac{S_s}{S(1+\mu)} \tag{1-4-12}$$

式中:S_s——静载试验荷载作用下控制截面内力计算值;

S——控制荷载作用下控制截面最不利内力计算值;

μ——按规范采用的冲击系数,平板挂车、履带车、重型车辆,取“$\mu=0$”。

η_q 值可采用 0.8~1.05,当桥梁的调查、检算工作比较完善而又受加载设备能力所限,η_q 值可采用低限;当桥梁的调查、检算工作不充分,尤其是缺乏桥梁计算资料时,η_q 值应采用高限。一般情况下 η_q 值不宜小于 0.95。

(2)动载试验效率

$$\eta_d = \frac{S_d}{S(1+\mu)} \tag{1-4-13}$$

式中：S_d——动载试验荷载作用下控制截面最大计算内力值；

S——标准汽车荷载作用下控制截面最大计算内力值(不计入汽车荷载冲击系数)。

η_d 值一般取用 1。动载试验的效率不仅取决于试验车型及车重，而且取决于实际跑车时的车间距。因此在动载试验跑车时应注意保持试验车辆之间的间距，并采用实际测定跑车时的车间距作为修正动载试验效率 η_d 的计算依据。

2. 荷载检验系数

为了评定结构整体受力性能，需对桥梁荷载试验结果与理论分析值比较；以检验新建桥是否达到设计要求的荷载标准，或判断旧桥的承载能力。为了量化以及描述试验值与理论分析值比较的结果，此处引入结构校验系数：

$$\eta = \frac{S_e}{S_s} \tag{1-4-14}$$

式中：S_e——试验荷载作用下量测的弹性变位(或应变)值；

S_s——试验荷载作用下的理论计算变位(或应变)值。

S_e 与 S_s 的比较可用实测的横截面平均值与计算值比较，也可考虑荷载横向不均匀分布而选用实测最大值与考虑横向增大系数的计算值进行比较。

比较时可以将结构位移、应变等试验值与理论计算值列表进行比较，对结构在最不利荷载工况作用下主要控制测点的位移、应力的实测值与理论分析值，要分别绘出荷载位移($P\sim\Delta$)曲线；荷载应力($P\sim\alpha$ 曲线)并绘出最不利荷载工况作用下位移沿结构(纵、横向)分布曲线和控截面应变(沿高度)分布图，绘制结构裂缝分布图(对裂缝编号注明长度、宽度、初裂荷载以及裂缝发展情况)等进行分析。

七、试验过程中的观测内容和终止加载的条件

1. 试验过程中的观测内容

(1)温度稳定观测

仪表安装完毕后，一般在加载试验之前应对各测点进行一段时间的温度稳定观测；中间可每隔 1min 读数一次。观测时间应尽量选择在加载试验时外界气候条件对观测造成误差的影响范围，用于测点的温度影响修正。

(2)仪表的测读与记录

仪表的测读应准确、迅速，并记录在专门的表格上，以便于资料的整理和计算。记录者应对所有测点量测值变化情况进行检查，看其变化是否符合规律。

当采用仪器自动采集数据记录时，应对控制点的应变和位移进行监控，测试结果规律异常时，应查明原因采取补救措施。

(3)加载稳定时间控制

选择一个控制观测点(如简支梁的跨中挠度或应变测点)，在每级加载(或卸载)后立即测读一次，计算其与加载前(或卸载前)测读值之差值 S_g，然后每隔 2min 测读一次，计算 2min 前后读数的差值 ΔS，并按式(1-4-15)计算相对读数差值 m：

$$m = \frac{\Delta S}{S_g} \tag{1-4-15}$$

当 m 值小于 1%或小于量测仪器的最小分辨值时即认为结构基本稳定，可进行各观测点读数。

(4)裂缝观测

加载试验中裂缝观测的重点是结构承受拉力较大部位及旧桥原有裂缝较长、较宽的部位。在这些部位应测量裂缝长度、宽度，并在混凝土表面沿裂缝走向进行描绘。加载过程中观测裂缝长度及宽度的变化情况，可直接在混凝土表面进行描绘记录，也可采用专门表格记录。必要时可将裂缝发展情况绘制在裂缝展开图上。

(5)加载过程的观察

加载试验过程应对结构控制点位移(或应变)、结构整体行为和薄弱部位破损实行监控，并将结果随时汇报给指挥人员作为控制加载的依据。

随时将控制点位移与计算结果比较，如实测值超过计算值较多，及时向试验指挥人员报告，待查明原因再决定是否继续加载。

加载过程中应指定人员随时观察结构各部位可能产生的新裂缝，注意观察构件薄弱部位是否有开裂、破损，组合构件的结合面是否有开裂错位，支座附近混凝土是否开裂，横隔板的接头是否拉裂，结构是否产生不正常的声响，加载时墩台是否发生摇晃现象等。如发生上述这些情况应报告试验指挥人员，以便采取相应的措施。

2. 终止加载控制条件

发生下列情况应中途终止加载：

(1)控制测点应力值已达到或超过用弹性理论按规范安全条件反算的控制应力值时。

(2)控制测点变位(或挠度)超过规范允许值时。

(3)由于加载，使结构裂缝的长度、缝宽急剧增加，新裂缝大量出现，缝宽超过允许值的裂缝大量增多，对结构使用寿命造成较大的影响时。

(4)拱桥加载时沿跨长方向的实测挠度曲线分布规律与计算值相差过大或实测挠度超过计算值过多时。

(5)发生其他损坏，影响桥梁承载能力或正常使用时。

八、实测数据的修正方法

1. 测值修正

根据各类仪表的标定结果进行测试数据的修正，如考虑机械式仪表较正系数、电测仪表率定系数、灵敏系数、电阻应变观测的导线电阻影响等。当这类因素对测值的影响小于 1%时可不予修正。

2. 温度影响修正

一般可采用综合分析的方法来进行温度影响修正，即利用加载试验前进行的温度稳定观测数据，建立温度变化(测点处构件表面温度或空气温度)和测点测值(应变和挠度)变化的线性关系，然后按式(1-4-16)进行温度修正计算：

$$S = S' - \Delta t \cdot K_t \tag{1-4-16}$$

式中：S——温度修正后的测点加载测值变化；

S'——温度修正前的测点加载测值变化；

Δt——相应于 y 观测时间段内的温度变化(℃)；

K_t——空载时温度上升 1℃时测点测值变化量。

$$K_t = \frac{\Delta S}{\Delta t_1} \tag{1-4-17}$$

式中：ΔS——空载时某一时间区段内测点测值变化量；

Δt_1——相应于 ΔS 同一时间区段内温度变化量。

温度变化量的观测对应变宜采用构件表面温度，对挠度宜采用气温。

3. 支点沉降影响的修正

当支点沉降量较大时，应修正其对挠度值的影响，修正量 C 可按式(1-4-18)计算：

$$C = \frac{l-x}{l}a + \frac{x}{l}b \tag{1-4-18}$$

式中：C——测点的支点沉降影响修正量；

l——A 支点到 B 支点的距离；

x——挠度测点到 A 支点的距离；

a——A 支点沉降量；

b——B 支点沉降量。

九、桥梁承载能力的评定

经过荷载试验的桥梁，应根据整理的试验资料分析结构的工作状况，进一步评定桥梁承载能力，为新建桥验收做出鉴定结论，或作为旧桥承载力鉴定检算的依据，并纳入桥梁承载能力鉴定报告和桥梁载能力鉴定表。

1. 结构工作状况

(1)校验系数 η

校验系数 η 是评定结构工作状况、确定桥梁承载能力的一个重要指标。不同结构形式的桥梁其 η 值常不相同。一般要求 η 值不大于 1。η 值越小结构的安全储备越大。

(2)实测值与理论值的关系曲线

由于理论的变位(或应变)一般系按线性关系计算，所以如测点实测弹性变位(或应变)与理论计算值成正比，其关系曲线接近于直线，说明结构处于良好的弹性工作状况。

(3)相对残余变位(或应变)

测点在控制荷载工况作用下的相对残余变位(或应变)S_P/S_t 越小说明结构越接近弹性工作状况。一般要求 S_P/S_t 值不大于 20%，当 S_P/S_t 大于 20%时，应查明原因。如确系桥梁强度不足，应在评定时，酌情降低桥梁的承载能力。

(4)动载性能

当动载试验效率 η_D 接近 1 时，不同车速下实测的冲击系数最大值可用于结构的强度及稳定性检算。

结构随自振频率、活载强迫振动频率及阻尼系数等对桥梁承载能力的影响可参考其他有关资料进行分析。

2. 结构的强度及稳定性

采用荷载试验主要挠度测点的校验系数 η 来评定结构的强度和稳定性。检算时用荷载试验后的梁桥检算系数 Z_2 代替《公路旧桥承载能力鉴定方法》中旧桥检算系数 Z_1，对桥梁结构抗力效应予以提高或折减。

砖石和混凝土桥：

$$S_d(\gamma_{s0}\psi\sum\gamma_{s1}Q)\leqslant R_d\left(\frac{R^j}{\gamma_m},\alpha_K\right)\times Z_2(1-\zeta_e) \tag{1-4-19}$$

钢筋混凝土及预应力混凝土桥：

$$S_d(\gamma_g G,\gamma_q\sum Q)\leqslant\gamma_b R_d\left(\frac{\zeta_c R_c}{\gamma_c},\frac{\zeta_s R_s}{\gamma_s}\right)\times Z_2(1-\zeta_e) \tag{1-4-20}$$

根据 η 值可在表中查取 Z_2 的取值范围，再根据下列条件确定 Z_2 值。符合下列条件时，Z_2 值可取高限，否则应酌减，直至取低限。

(1)加载内力与总内力(加载内力＋恒载内力)的比值较大，荷载试验效果较好。

(2)实测值与理论值线性关系较好；相对残余变位(或应变)较小。

(3)桥梁结构各部分无损伤，风化、锈蚀、裂缝等较轻微。

3. 地基与基础

当试验荷载作用下墩台沉降、水平位移及倾角较小，符合上部结构检算要求，卸载后变位基本回复时，认为地基与基础在检算荷载作用下能正常工作。

4. 结构的刚度

试验荷载作用下，主要测点挠度校验系数 η 应不大于 1。各点的挠度不超过“桥规”规定的如下允许值。

圬工拱桥：一个桥范围内正负挠度的最大绝对值之和不小于 $L/1\,000$，履带车和挂车验算时需提高 20％。

钢筋混凝土桥：梁桥主梁跨中　　$L/600$；

梁桥主要悬臂端　　$L/300$；

桁架、拱桥　　$L/300$。

5. 裂缝

对于新建桥试验荷载作用下预应力结构不应出现裂缝、钢筋混凝土结构裂缝不超“桥规”容许值：

$$\delta_{max}\leqslant[\delta] \tag{1-4-21}$$

通过对桥梁结构工作状况、强度稳定性、刚度和抗裂性各项指标进行综合评定，并结合结构下部评定和动力性能评定结论，综合给出桥梁承载能力评定结论，并写入桥梁承载能力鉴定报告。

第三节　桥梁动载试验

一、结构动力测试的基本概念

桥梁结构承受车辆、人群、风力和地震等动力荷载作用下产生振动。桥梁振动的动力特性(频率、振型和阻尼比)是评定桥梁承载能力状态的重要参数。桥梁结构振动问题涉及振源(输入)、结构(系统)和响应(输出)。它们的关系为：振源(输入)→结构(系统)→响应(输出)。

在结构振动问题中输入、系统和输出中知其中两者，可以求第三者，所以桥梁的动载试验可以划分为三类基本问题：

(1)测定桥梁荷载的动力特性(数值、方向、频率)。

(2)测定桥梁结构的动力特性(自振频率、阻尼、振型)。

(3)测定桥梁在动荷载作用下的响应(动位移、动应力)。

二、桥梁动载试验的测试仪器

1.测振传感器

通常所指的测值传感器为惯性传感器:它是由惯性质量、阻尼和弹簧组成一个动力系统,这个动力系统固定在振动体上(即传感器的外壳固定在振动体上),与振动体一起振动。通过测量惯性质量相对于传感器外壳的运动,就可以得到振动体的振动。由于这是一个非直接测量的方法,所以,这个传感器动力系统的动力特性对测量结构具有很重要的影响。

2.磁电式速度传感器

磁电式速度传感器是根据电磁感应的原理制成的。它由磁钢和壳体相固连,并通过壳体安装在振动体上,与振动体一起振动;芯轴和线圈组成传感器的系统质量,通过弹簧片(系统弹簧)与壳体连动。振动体振动时,系统质量与传感器壳体之间发生相对位移,因此,线圈与磁钢之间也发生相对运动。根据电磁感应定律,感应电势($E=Blnv$)的大小与相对运动的速度成正比。确定运动速度的大小。

3.磁带记录仪

磁带记录仪是利用磁记录技术在磁带上记录(储存)被测信号的一种记录仪器。主要由磁带、磁头、记录放大器和重放放大器三部分组成。

4.信号处理机

一般信号处理机先将输入信号通过低通抗混淆滤波器和前置放大器,然后经过模数转换器,将模拟电量信号转换成数字信号输入给计算机,在数据处理硬件和软件的支持下进行各种数据处理,最后将分析结果显示在屏幕上或通过打印机打印出来。

5.桥梁动态测试系统

基于计算机控制的一体化动态数据测试系统是动载试验的主要仪器。一般该系统主要由激振装置、传感器、信号采集系统和信号分析系统四大部分组成。

三、桥梁动载试验的激振方法

1.自振法(瞬态激振法)

自振法的特点是使桥梁产生有阻尼的自由衰减振动,记录到的振动图形是桥梁的衰减振动曲线。为使桥梁产生自由振动,一般常用突加载荷和突卸荷载两种方法。

2.突加荷载法(冲击法)

对于中、小型桥梁结构,可用落锤激振器(或枕木)垂直地冲击桥梁,激起桥梁竖直方向的自由振动。如果水平方向冲击桥面缘石,则可激起横向振动。

工程界常利用试验车辆在桥面上驶越三角垫木,利用车轮的突然下落对桥梁产生冲击作用,激起桥梁的竖向振动。为了获得简支梁桥的第一振型,则冲击荷载作用于跨中部位,测第二振型时冲击荷载应加于跨度的四分之一处。

冲击法引起的自由振动,一般可记录到第一固有频率的振动图形。如用磁带记录仪录取结构某处之响应,通过频谱分析,则可获得多阶固有频率的参数。

3.突然卸载法(位移激振法)

采用突然卸载法时,在结构上预先施加一个荷载作用,使结构产生一个初位移,然后突然卸去荷载,利用结构的弹性性质使其产生自由振动。

4. 共振法(强迫振动法)

激振设备有机械式激振器、电磁式激振器和电气液压式振动台。

共振法是利用激振器,对结构施加激振力,使结构产生强迫振动,从而改变激振力的频率使结构产生共振现象,并借助共振现象来确定结构的动力特性。

在桥梁的动载试验中,常用载重车队由低到高的不同速度驶过桥梁,使结构产生不同程度的强迫振动。在若干次运行车辆荷载试验中,当某一行驶速度产生的激振力的频率的频率与结构的固有频率相接近时,结构便产生共振现象,此时结构各部位的振动响应达最大值。在车辆驶离桥跨以后,结构作自由衰减振动,这时可由记录到的波形曲线分析得出结构的动力特性。

5. 脉动法

对于大跨度悬吊结构,如悬索桥、斜拉索桥跨结构、塔墩以及具有分离式拱肋的大跨度下承式或中承式拱桥,可利用结构由于外界各种因素所引起的微小而不规则的振动来确定结构的动力特性。这种微振动通常称为"脉动",它是由附近的车辆、机器等振动或附近地壳的微小破裂和远处的地震传来的脉动所产生。结构的脉动有一重要特性,就是它能明显地反映出结构的固有频率。

在进行桥梁的动载试验中,首先应考虑采用车辆荷载作为试验荷载,以便确定桥梁在使用荷载作用下动力特性及响应。

四、桥梁动载试验数据分析

1. 结构固有频率的测定

按照前面叙述的激振方法,使桥梁产生自由振动,通过测试系统实测记录结构的衰减振动波形。在记录的振动波形曲线上,可根据时标符号直接计算出结构的固有频率 f_0:

$$f_0 = \frac{Ln}{t_1 S} \tag{1-4-22}$$

式中:L——两个时标符号间的距离(mm);

n——波数;

S——n 个波长的距离(mm);

t_1——时标的间隔(常用 1s、0.1s、0.01s 三种标定值)。

在计算频率时,为消除冲击荷载的影响,开始的一、二个波形应舍弃,从第三个波形开始计算分析。

2. 结构阻尼的测定

桥梁结构的阻尼特性,一般用对数衰减率或阻尼比 D 来表示。由振动理论得知,对数衰减率为:

$$\delta = \ln \frac{A_i}{A_{i+1}} \tag{1-4-23}$$

式中:A_i、A_{i+1}——相邻两个波的振幅值,可直接从衰减曲线上量取。

实践中,常在衰减曲线上量取 m 个波形,求得平均的衰减率:

$$\delta_a = \frac{1}{m} \ln \frac{A_i}{A_{i+m}} \tag{1-4-24}$$

由振动理论得知,对数衰减率 δ 与阻尼比 D 的关系为:

$$\delta = \frac{2\pi D}{\sqrt{1-D^2}} \tag{1-4-25}$$

对于一般材料的阻尼比都很小，因此：

$$D \approx \frac{\delta}{2\pi} \tag{1-4-26}$$

按照前述的方法，可求出结构的动力特性。

应当指出，上述分析中，包含有载重汽车这一附加质量的影响。

3. 振型的测定

采用共振法测定振型时，将若干传感器安装在结构各有关部位，当激振装置激发结构共振时，同时记录结构各部位的振幅和相位，比较各测点的振幅及相位便可绘出振型曲线。

振型的测定一般采用两种方法。一是在结构上同时安装许多传感器，另一种方法只用一个传感器，测试时要不断改变它的位置，以便测出各点的振幅。这种方法需要对传感器多次拆卸和安装，并且还需要有一个作用参考点不能移动的传感器，各次测定值均应同参考点对应比较。

五、结构动力响应的测定

动力荷载作用在结构上产生的动挠度，一般较同样的静荷载所产生的相应静挠度要大。动挠度与静挠度的比值称为活荷载的冲击系数。活载冲击系数综合反映了荷载对桥梁的动力作用。它与结构的形式、车辆运行速度和桥面的平整度等有关。

冲击系数的测定以使车辆荷载以不同的速度驶过桥梁，并逐次记录跨中的时历曲线，按冲击系数定义计算即可：

$$1 + \mu = \frac{Y_{\mathrm{d\,max}}}{Y_{\mathrm{s\,max}}} \tag{1-4-27}$$

六、桥梁结构动力性能评价

桥梁结构动力性能的各参数，如固有频率、阻尼比、振型、动力冲击系数等，及动力响应的大小，是宏观评价桥梁结构整体刚度、运营性能的重要指标；也是一些规范评价桥梁安全运营性能的主要尺度。在实测中，通常通过以下几个方面来评价桥梁结构的动力性能。

(1)比较桥梁结构频率的理论值与实测值，如果实测值大于理论值，说明桥梁结构的实际刚度较大，反之则说明桥梁结构的刚度偏小，可能存在开裂或其他不正常的现象。

(2)根据动力冲击系数的实测值来评价桥梁结构的行车性能，实测冲击系数较大则说明桥梁结构的行车性能差，桥面平整度不良，反之亦然。

(3)实测阻尼比的大小反映了桥梁结构耗散外部能量输入的能力，阻尼比大，说明桥梁耗散外部能量输入的能力大，振动衰减的快；阻尼比小，说明桥梁耗散外部能量输入的能力差，振动衰减慢。但是过大的阻尼比可能是由于桥梁结构存在开裂或支座工作不正常等现象引起的。

第四节　桥梁运营状况监控

一、桥梁养护检查的内容

桥梁养护检查分为经常检查、定期检查和特殊检查。

1. 桥梁检查的作用

1)经常检查:主要指对桥面设施、上部结构、下部结构及附属构造物的技术状况进行的检查。

2)定期检查:为评定桥梁使用功能,制定管理养护计划提供基本数据,对桥梁主体结构及其附属构造物的技术状况进行的全面检查,它为桥梁养护管理系统搜集结构技术状态的动态数据。

3)特殊检查:特殊检查是查清桥梁的病害原因、破损程度、承载能力、抗灾能力,确定桥梁技术状况的工作。

2. 桥梁检查的内容

1)经常检查的内容:

(1)外观是否整洁,有无杂物堆积,杂草蔓生。构件表面的涂装层是否完好,有无损坏、老化变色、开裂、起皮、剥落、锈迹。

(2)桥面铺装是否平整,有无裂缝、局部坑槽、积水、沉陷、波浪、碎边;混凝上桥面是否有剥离、渗漏,钢筋是否露筋、锈蚀,缝料是否老化、损坏,桥头有无跳车。

(3)排水设施是否良好,桥面泄水管是否堵塞和破损。

(4)伸缩缝是否堵塞卡死.连接部件有无松动、脱落、局部破损。

(5)人行道、缘石、栏杆、扶手、防撞护栏和引道护栏(柱)有无撞坏、断裂、松动、错位、缺件、剥落、锈蚀等。

(6)观察桥梁结构有无异常,变形,异常的竖向振动、横向摆动等情况,然后检查各部件的技术状况,查找异常原因。

(7)支座是否有明显缺陷。活动支座是否灵活,位移量是否正常。支座的经常检查一般可以每季度一次。

(8)桥位区段河床冲淤变化情况。

(9)基础是否受到冲刷损坏、外露、悬空、下沉,墩台及基础是否受到生物腐蚀。

(10)墩台是否受到船只或漂浮物撞击而受损。

(11)翼墙(侧墙、耳端)有无开裂、倾斜、滑移、沉降、风化剥落和异常变形.

(12)锥坡、护坡、调治构造物有无塌陷、铺砌面有无缺损、勾缝脱落、灌木杂草丛生。

(13)交通信号、标志、标线、照明设施以及桥梁其他附属设施是否完好。

(14)其他显而易见的损坏或病害。

2)定期检查

定期检查以目测观察结合仪器观测进行,必须接近各部件仔细检查其缺损情况。定期检查的主要内容有:

(1)桥面系构造的检查:

a. 桥面铺装层纵、横坡是否顺适,有无严重的裂缝(龟裂、纵横裂缝)、坑槽、波浪、桥头跳车、防水层漏水。

b. 伸缩缝是否有异常变形、破损、脱落、漏水,是否造成明显的跳车。

c. 人行道构件、栏杆、护栏有无撞坏、断裂、错位、缺件、剥落、锈蚀等。

d. 桥面排水是否顺畅,泄水管是否完好、畅通,桥头排水沟功能是否完好,锥坡有无冲蚀、塌陷。

e. 桥上交通信号标志、标线、照明设施是否损坏、老化失效,是否需要更换。

f. 桥上避雷装置是否完善。避雷系统性能是否良好。

g. 桥上航空灯、航道灯是否完好、能否保证正常照明结构物内供养护检修的照明系统是否完好。

h. 桥上的路用通信、供电线路及设备足否完好。

(2)钢筋混凝土和预应力混凝土梁桥的检查：

a. 梁端头、底面是否损坏，箱形梁内是否有积水，通风是否良好。

b. 混凝土有无裂缝、渗水、表面风化、剥落、露筋和钢筋锈蚀，有无碱集料反应引起的整体龟裂现象。混凝土表面有无严重碳化。

c. 预应力钢束锚固区段混凝土有无开裂，沿预应力筋的混凝土表面有无纵向裂缝。

d. 梁(板)式结构的跨中、支点及变截面处，悬臂端牛腿或中间铰部位，刚构的固结处和桁架节点部位，混凝土是否开裂、缺损和出现钢筋锈蚀。

e. 装配式梁桥应注意检查联结部位的缺损状况。

组合梁的桥面板与梁的结合部位及预制桥面板之间的接头处混凝土有无开裂、渗水。

横向联结构件是否开裂，连接钢板的焊缝有无锈蚀、断裂，边梁有无横移或向外倾斜。

(3)拱桥的检查：

a. 主拱圈的拱板或拱肋是否开裂。钢筋混凝土拱有无露筋、钢筋锈蚀。圬工拱桥砌块有无压碎、局部掉块，砌缝有无脱离或脱落、渗水，表面有无苔藓、草木滋生，拱铰工作是否正常：空腹拱的小拱有无较大的变形、开裂、错位，立墙或立柱有无倾斜、开裂。

b. 拱上立柱(或立墙)上下端、盖梁和横系梁的混凝土有无开裂、剥落、露筋和锈蚀。中、下承式拱桥的吊杆上下锚固区的混凝土有无开裂、渗水，吊杆锚头附近有无锈蚀现象，外罩是否有裂纹，锚头夹片、楔块是否发生滑移，吊杆钢索有无断丝。采用型钢或钢管混凝土芯的劲性骨架拱桥，混凝土是否沿骨架出现纵向或横向裂缝。

c. 拱的侧墙与主拱圈间有无脱落，侧墙有无鼓突变形、开裂，实腹拱拱上填料有无沉陷。肋拱桥的肋间横向联结是否开裂、表面剥落、钢筋外露、锈蚀等。

d. 双曲拱桥拱肋间横向联结拉杆是否松动或断裂，拱波与拱肋结合处是否开裂、脱开，拱波之间砂浆有无松散脱落，拱波顶是否开裂、渗水等。

e. 薄壳拱桥壳体纵、横向及斜向是否出现裂缝及系杆是否开裂。

f. 系杆拱的系杆是否开裂，无混凝土包裹的系杆是否有锈蚀。

g. 钢管混凝土拱桥裸露部分的钢管及构件检查参见钢桥检查有关内容，同还应检查管内混凝土是否填充密实。

(4)钢桥的检查：

a. 构件(特别是受压构件)是否扭曲变形、局部损伤。

b. 铆钉和螺栓有无松动、脱落或断裂，节点是否滑动、错裂。

c. 焊缝边缘(热影响区)有无裂纹或脱开。

d. 油漆层有无裂纹、起皮、脱落，构件有无锈蚀。

e. 钢箱梁封闭环境中的湿度是否符合要求，除湿设施是否工作正常。

(5)通道、跨线桥与高架桥的检查：

通道、跨线桥与高架桥的结构检查同其他般公路桥梁。通道还应检查通道内有无积水，机械排水的泵站是否完好，排水系统是否畅通。跨线桥、高架桥还应检查防抛网、隔音墙是否完好通道、跨线桥与高架桥下的道面是否完好，有无非法占用情况等。

(6)悬索桥和斜拉桥的检查：

a. 检查索塔高程、塔柱倾斜度、桥面高程及梁体纵向位移，注意是否有异常变位。

b. 检测索体振动频率、索力有无异常变化，索体振动频率观测应在多种典型气候下进行。每观测周期不超过6年。

c. 主梁或加劲梁的检查，按预应力混凝土及钢结构的相应要求进行。

d. 悬索桥的锚碇及锚杆有无异常的拨动，锚头、散索鞍有无锈蚀破损，锚室（锚洞）有无开裂、变形、积水，温湿度是否符合要求。

e. 主缆、吊杆及斜拉索的表面封闭、防护是否完好，有无破损、老化。

f. 悬索桥的索鞍是否有异常的错位、卡死、辊轴歪斜，构件是否有锈蚀、破损，主缆索跨过索鞍部分是否有挤扁现象。

g. 悬索桥吊杆上端与主缆索的索夹足否有松动、移位和破损，下端与梁连接的螺栓有无松动。

h. 逐束检测索体是否开裂、鼓胀及变形，必要时可剥开护套检查索内干湿情况和钢索的锈蚀情况。检查后应做好保护套剥开处的防护处理。

i. 逐个检查锚具及周围混凝土的情况，锚具是否渗水、锈蚀，是否有锈水流出的痕迹，周围混凝土是否开裂必要时可打开锚具后盖抽查锚杯内是否积水、潮湿，防锈油是否结块、乳化失效，锚杯是否锈蚀。

j. 逐个检查索端出索处钢护筒、钢管与索套管连接处的外观情况。检查钢护筒是否松动脱落、锈蚀、渗水，抽查连接处钢护筒内防水垫圈是否老化失效，筒内是否潮湿积水。

k. 索塔的爬梯、检查门、工作电梯是否可靠安全，塔内的照明系统是否完好。

(7)支座的检查

a. 支座组件是否完好、清洁，有无断裂、错位、脱空。

b. 活动支座是否灵活，实际位移量是否正常，固定支座的锚销是否完好。

c. 支承垫石是否有裂缝。

d. 简易支座的油毡是否老化、破裂或失效。

e. 橡胶支座是否老化、开裂，有无过大的剪切变形或压缩变形，各夹层钢板之间的橡胶层外凸是否均匀。

f. 四氟滑板支座是否脏污、老化. 四氟乙烯板是否完好，橡胶块是否滑出钢板。

g. 盆式橡胶支座的固定螺栓是否剪断，螺母是否松动，钢盆外露部分是否锈蚀，防尘罩是否完好。

h. 组合式钢支座是否干涩、锈蚀，固定支座的锚栓是否紧固，销板或销钉是否完好。

i. 摆柱支座各组件相对位置足否准确，受力是否均匀。

j. 辊轴支座的辊轴是否出现不允许的爬动、歪斜。

k. 摇轴支座是否倾斜。

l. 钢筋混凝土摆柱支座的柱体有无混凝土脱皮、开裂、露筋，钢筋及钢板有无锈蚀。

(8)墩台与基础的检查

a. 墩台及基础有无滑动、倾斜、下沉或冻拔。

b. 台背填土有无沉降或挤压隆起。

c. 混凝土墩台及帽梁有无冻胀、风化、开裂、剥落、露筋等。

d. 石砌墩台有无砌块断裂，通缝脱开、变形，砌体泄水孔是否堵塞，防水层是否损坏。

e. 墩台顶面是否清洁，伸缩缝处是否漏水。

f.基础下是否发生不许可的冲刷或淘空现象，扩大基础的地基有无侵蚀。桩基顶段在水位涨落、干湿交替变化处有无冲刷磨损、颈缩、露筋，有无环状冻裂，是否受到污水、咸水或生物的腐蚀必要时对大桥、特大桥的深水基础应派潜水员潜水检查。

3)特殊检查

特殊检查应委托有相应资质和能力的单位承担。在下列情况下应作特殊检查：

(1)定期检查中难以判明损坏原因及程度的桥梁。

(2)桥梁技术状况为四、五类者。

(3)拟通过加固手段提高荷载等级的桥梁。

(4)条件许可时，特殊重要的桥梁在正常使用期间可周期性进行荷载试验。

桥梁遭受洪水、流冰、滑坡、地震、风灾、漂流物或船舶撞击，因超重车辆通过或其他异常情况影响造成损害时应进行应急检查。

特殊检查应根据桥梁的破损状况和性质，采用仪器设备进行现场测试、荷载试验及其他辅助试验，针对桥梁现状进行检算分析，形成鉴定结论。

二、桥梁养护管理系统的要求

(1)桥梁养护管理系统首先要有各种自动监测设备和信号的采集、传输、储存和显示系统，能储存和显示各种类型数据(数字、文档、图形及视频、音频信息等)，如包含桥梁外观照片的静态图像信息和桥梁示意图、各桥孔结构配置资料、桥梁外观及环境动态影像资料、桥梁或孔的损坏照片、桥梁评估报告文档资料等。

(2)系统能综合运用各种信息系统和现代数据库技术，把桥梁的各项要素与地理要素的空间属性联系起来，把有关属性信息存入数据库中，既可以从地图上的路段、桥梁、涵洞等地理要素查询得到相应对象的数字、文档、图形、图像及视频、音频等信息，也可以由路段编号、桥梁编号等标识信息查询得到其他空间方面的信息。

(3)现代的桥梁养护管理系统要求提供桥梁评估的功能，帮助桥梁养护管理部门了解桥梁建成的技术状况，以制定相应的养护、维修措施，为编制桥梁养护计划提供重要依据。

三、桥梁养护管理系统的功能

一般桥梁养护管理系统包括以下几个功能。

(1)数据管理：包括数据录入、删除、更新、修改、校验、备份、恢复等。

(2)统计查询：包括基本视图、统计报表、统计图表、高级查询等。

(3)评价决策：包括理论模型的建立、评价计算分析、评价输出等。

(4)费用模型：包括处治对策分析确定、确定方案及工程数量、确定费率和计算费用、费用查询和修改、费用分析报表等。

(5)维修计划：包括维修排序、检查计划、养护报告等。

(6)地理信息。

四、桥梁运营状态监测的目的、意义

由于桥梁在运营期间受到气候、氧化、腐蚀或老化等因素，以及长期在各种作用下遭受损害，其刚度和强度会随时间的增加而降低，这不仅影响了安全行车，更会缩短桥梁的使用寿命。因此有必要在桥梁结构分析、计算机通信及网络、现代传感器检测、监测技术、桥梁的评估与养护管理为一体的，基于监测、状态评估和桥梁养护管理等方面的健康监测评估系统，用以监测和评估桥梁营运状态，为养护管理提供科学依据。

大型桥梁工程的健康监测与评估管理系统是一种基于内在的环境振动响应和数据分析、损失识别技术和外部的桥梁调查检测相结合的先进的计算机监测和管理系统，它突破了传统的仅靠目测和外管检测的结构养护管理模式，能有效提高大型桥梁工程结构的运营养护管理水平和效率，有助于保障结构及行车的安全。其最大的亮点是采用集成技术，将现代的计算机、传感、信号处理技术、软件开发、桥梁结构分析与检测技术等相融合，在各种平台上，用功能全面、强大、操作简便的桥梁健康监测与评估管理系统软件，将桥梁信息、桥梁管理、日常养护、桥梁检测、荷载试验及结构状态评估等功能相综合，为大跨桥梁的健康监测和状态评估管理提供科学的手段和方法。

五、桥梁运营状态监测的内容和方法

1.桥梁运营状态监测的内容

桥梁运营状态监测的主要内容包括以下几个方面。

(1)荷载：包括风、地震、温度、交通荷载等。

(2)几何监测：监测桥梁各部位的静态位置、动态位置、沉降、倾斜、线形变化、位移等。

(3)结构的静动力反应：监测桥梁的位移、转角、应变应力、索力、裂缝、动力反应(加速度、频率、频谱和模态)等物理参数。

(4)非结构部件及辅助设施：支座、振动控制设施等。

2.监测方式

(1)人工监测：配备简单的仪器，用人工做地毯式监测，用模糊分级描述桥梁状况，一般可作为定期监测，突发性事件后的特别监测。这种方法费时、费力，可靠性差。但是，它能够为管理层提供辖区内大批桥梁的宏观印象，以制定桥梁管理的技术和经济对策，是一种不可忽视的管理手段。目前各国的桥梁管理系统绝大多数都是基于这种模式。

(2)自动监测：①用固定在桥梁上的专用设备，适时地监测桥梁的工作参数；②由专用设备和软件对工作参数进行识别加工，得到能反映桥梁工作状态的状态信息；③再用特定的方法分析这些状态信息并与桥梁的健康档案相比较，给出桥梁的健康状况或损伤状况。一般适用于特大的或重要的桥梁在线监测。这种方法自动化程度高，是当前研究热点和发展方向。

(3)联合监测：考虑到前两种方法的实际情况，用各种小型的自动化程度较高的仪器，配合人工监测，是一个比较可行的方案。

六、桥梁运营状态监测系统

1.监测系统的基本构成

桥梁运营状态监测系统的主体功能是：各类控制点的数据采集和采集数据的处理计算，实时采集、前期检测、设计、竣工验收等数据的分类管理、检索、安全维护和共享；根据实时采集及前期检测数据对桥梁进行结构分析计算和反复演算；根据结构分析计算数据对桥梁结构状况进行模糊聚类分析和动态模拟，拟合出桥梁变化趋势和安全结构极限预警。本系统的体系结构非常庞大且复杂。各功能模块间既相互紧密地联系且又有其各自的独立性，所以系统必须清晰地进行各功能模块划分，使其既能独立完成各自工作又能相互依赖实时完成整体工作。各功能模块之间的关系可参见图 1-4-5。

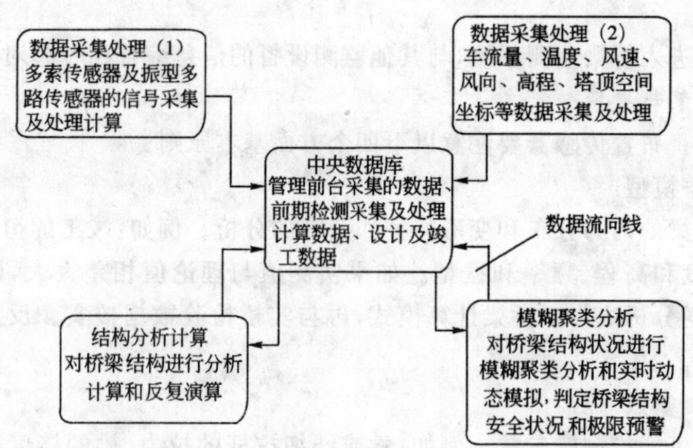

图 1-4-5　功能模块之间的关系图

系统的硬件设备主要有各类数控应变测试仪、数据采集系统：光纤传感器及解调仪、高精度的水准仪和全站仪、智能电测位移传感器和采集系统、动力测试和数据采集、传输分析系统、各类加速度传感器、索力测试分析仪、计算机服务器、便携式计算机、埋入式荷重传感器、交通车辆控制系统，混凝土超声波检测分析仪等。

2.运营状态监测所需观测的参数及常规监测传感器和手段

(1)位移。包括绝对位移和相对位移，静位移和动位移。常规监测仪器有：位移(量程)计、倾斜仪、(高程、方位、距离)测量设备、GPS、数字成像机等。

(2)变形。例如静、动挠度；静、动应变等。常规监测仪器有：上述位移传感器、电阻应变仪、压电式应变仪、振弦应变仪、分布式光纤应变计等。

(3)力。例如索的张拉力。常规监测仪器有：压力环、磁弹性张力计、油压计、剪力销等。

(4)动力参数。例如速度、加速度，可转换成频率、振型，再转换成张力、位移。常规监测仪器有：速度计、伺服(或压电)加速度计等。

(5)外观和完整率。例如气蚀、磨损、裂缝、剥落。常规监测仪器有：刻度放大镜、数字成像机、超声探测仪、地面雷达等。

(6)物理化学现象。例如混凝土碱-集料反应，混凝土中性化(碳化、酸雨、氯蚀)、钢材锈蚀。常规监测仪器有：用化学试剂检验、由外观特征判断、钢筋锈蚀仪等。

(7)环境。例如风速(向)空气(或桥体)温度、地震、交通量(和荷载)。常规监测仪器有：风向(速)计、空气(或埋入式)温度计、当地的地震观测仪、交通量观测仪、埋入(或移动)式称重仪、摄像机等。

3.信号传输的基本方式

(1)总控制站与各桥接驳站之间用单模光纤；定位测站与接驳站之间用多模光纤。

(2)每个 GPS 仪需要三条非同步串列传输管道操作，分别用作：①资料收集；②差分信息传送；③遥控。各自传送速度为 19 200Baud。

(3)信息传输到桥梁总控室内首先进入运作工作站(GPS-OWS)，再进入分析工作站(GPS-AWS)最后进入桥梁监测系统。

运作工作站：用来进行信息和图像处理，以时程数显和动画显示三轴位移和扭转振幅当系统故障或位移超限时发出报警。

分析工作站：对运作工作站初步处理和分析的信息，进行分析评估，并用作进阶图像处理和执行图输入输出。

以上信息最后进入桥梁监测系统，与其他监测设备的信息综合在一起对桥梁进行评估。

4.传感器的安装与更换

采用适时监测。布置传感器要注意以下四个方面基本原则。

(1)正确的力争模型

首先需要对桥梁的内力分布和变形特征作全面的分析。例如：竣工的恒载内力，梁拱的线形高程，塔墩的斜度和高程、频率和振型。如果实测值与理论值相差太大，则需要查明原因。判别无误后，采用逆分析法修正桥梁计算模式，再与实桥检验数据核实。反复修正的结果，才能作为监测的模型。

(2)合适的监测参数

确定需要而且可能检测的参数。例如：索或纤细拉杆的拉力、梁的挠度变化、高耸塔墩的水平位移、悬挂桥梁的纵横摆动、匀质材料的点应变、混凝材料的区间应变、外界环境影响、全局和构件的振动频率、一阶振型等。

(3)恰当的监测位置

确定必要和最佳的检测位置。例如：正负挠度峰值点、振型曲线区间峰值点、应力峰值点、索或纤细拉杆等。

(4)可靠的传感通信系统

选样操作方便，耐候性好而且精度合适的传感器和通信处理系统是保证监测结果可信度的基础。

5.索结构力参数的测量

斜拉桥的理想受力状态是主塔受压、斜索受拉的形式；主塔受压是由对称分布的斜索将静动荷载作合理传递而形成的。因此斜索张拉力的大小和变化情况直接决定着主塔以及整体结构的受力变形状态。斜索张拉力常用的测量方法分为直接法和间接法两类。例如压力表测定法、电测法等属直接法。通常用以施工过程中的监控测量；振动频率法是一种间接测量法，多用于成桥后的检测工作。

(1)索力的测定

①压力表测定法

施工过程中，索的张拉均使用油压千斤顶。根据千斤顶油缸中液压和索力的关系，只需测定油缸中的油压即可求得索力。通常在使用之前，必须将千斤顶相配套的油压表进行严格地标定；在千斤顶的满荷载范围内，划分若干加载级别，建立张力吨位与油压表读数间的相关曲线，以并施工时参考。

②电测法

电测法是运用电阻应变片测量的原理，将粘有电阻应变片的张拉连杆或筒式压力传感器接在千斤顶上，把索力的变化转成电信号，由电阻应变仪或电子秤反映出来。

③钢索测力仪法

钢索测力仪是20世纪80年代发展起来的一种测力仪器，其原理是根据张紧的完全柔性弦作横向振动时，张力与自振频率之间的关系，通过测取弦的自振频率来计算弦的张拉力。

④振动频率法

利用斜索随环境变化时发生随机振动的特征，来测求斜索频率的振动法。将高精度拾振器采集的信号进行频谱分析，由功率谱图上的峰值判断斜索的各阶频率，然后在根据频率与索力之间的关系求出索力。

(2)振动频率的测定

计算索力要使用索的自振频率，因此索频测试的结果精确度将直接影响索力检测的准确性。目前用于索力检测的各种仪器，配有频谱分析系统的振动信号采集装置即可胜任频率的测试。其基本原理是用加速度传感器拾取振动系统的加速度信号，经过电荷放大器放大处理后进入仪器进行分析，作两次积分运算后，建立时间—位移曲线；再进行傅里叶变换得出频率与振幅的关系；由此判断测试体系的各阶自振频率。

6.运营状态监测数据的处理方法及资料的整理

当监控量测结果发生异常时，根据监控量测的各种数据来分析诊断结构可能发生的损伤、损伤部位和损伤程度。目前损伤识别方法主要有无模型的识别方法和有模型的识别方法两种。

(1)无模型的识别方法

它们不使用结构模型，属于这类方法的有：基于 FRF 的损伤识别指标方法，包括 Waveform Chain Code（WCC）、Adapttive Template Methods（ATMA）和 Singnature Assurance Critera (SAC)；此外还有人工神经元网络、ABMA 模型、模型识别等。

(2)有模型的识别方法

即使用结构的有限元模型进行识别，这类方法可分为两种。

①基于模态参数的识别方法

第一步，动测后进行模态参数识别；第二步，构造损伤指标，识别损伤，或用模态参数直接确定结构刚阵变化 $d[K]$。

②直接的系统识别方法

直接由结构的响应，确定结构刚阵 $[K]$。由模态参数确定刚度矩阵的变化或刚度矩阵都是参数估值(或称逆)问题，只能定义误差函数最小进行求解。

(3)动态有模式法

动态有模式法主要的有以下几种。

①修正矩阵范数极小化法

该方法第一步用动态不平衡结点力识别损伤位置，第二步是用误差矩阵范数极小化方法迭代得到损伤程度。

②子结构修正法

该方法是基于模态修正理论，用结构模态数据修正结构刚度的子结构算法，主要有修正矩阵、最小二乘法和凝聚法的应用。

③加权灵敏度法

该方法第一步用残余力向量判断损伤位置；第二步用加权灵敏度法判断损伤程度。

④定带宽特征值反问题

一维及拟一维结构的刚阵中远离主对角元的元素，其绝对值较小。可以认为这些元素对损伤影响很小，因此可以将刚阵分离成两部分，一个是靠拢主对角元的狭带宽矩阵，剩余元素称为其余阵。经分析计算得到损伤后结构刚阵。

⑤应变响应法

通常应变模态对损伤的灵敏度较高，可以用应变差作为评价损伤的指标。但是对于非致密的粗粒混凝土材料测定应变误差较大，须选择可靠的传感器。在致密材料，例如金属结构上，可以优先考虑采用这种方法。但是应该贴有足够的应变片，因为应变片不能像拾振器那样方便地移动。

(4)神经网络法

神经网络是一种非线形动力学系统，其特色在于信息的分布式存储和并行协同处理。神经网络由许多单元组成，这些单元类似于生物神经系统的单元，称之为神经元。单个神经元的结构很简单，而且功能很有限，但是大量的神经元构成的神经网络功能很强大。

神经网络损伤识别法实际就是用一些已知损伤的响应（输入向量，目标向量）去训练或设计一个神经网络，然后再用实测的损伤响应去仿真，得到损伤位置及程度。使用时可用来预测比已知损伤更为复杂的损伤情况。

从不同的角度对生物神经系统作不同组织和抽象层次的模拟。神经网络模型按网络结构可分为前馈型网络和反馈型网络；按层次可分为神经元层次模型、组合式模型、网络层次模型、神经系统层次模型、智能型模型。具有代表性的网络模型有感知器型前馈网络、BP型前馈网络、径向基函数(RBF)网络、双向联想记忆(BMA)模型、Hopfied型反馈网络等。

复习思考题

一、单项选择题

1. 桥梁按单孔跨径分类序列属于中桥的是（　）。

A. 20m　　B. 40m　　C. 100m　　D. 150m

2. 计算跨径是指（　）。

A. 墩中线至桥台背前缘之间的距离

B. 桥墩中线之间的距离

C. 相邻两个墩台支座之间距离

D. 相邻两个桥墩（或桥台）之间的净距

3. 对于旧桥荷载试验的目的是（　）。

A. 检验桥梁设计　　B. 判断桥梁结构的实际承载力

C. 验证桥梁结构设计理论　　D. 检验桥梁施工质量

4. 检测简支梁桥的最大压应力，其应变片应（　）。

A. 贴在跨中截面上缘　　B. 贴在跨中截面侧面中间

C. 贴在1/4截面上缘　　D. 贴在支点截面上

5. 对于混凝土结构一般采用120Ω纸基金属丝应变片，标距为（　）。

A. 5～200mm　　B. 40～150mm　　C. 20～40mm　　D. 5～20mm

6. 静载试验效率 η_q 一般采用（　）。

A. 0.8～1.0　　B. 0.85～1.05　　C. 0.9～1.1　　D. 0.8～1.05

7. 电阻应变仪的输出单位为微应变，一个应变等于（　）。

A. $1\times10^{3}\mu\varepsilon$　　B. $1\times10^{-3}\mu\varepsilon$

C. $1\times10^{-6}\mu\varepsilon$　　D. $1\times10^{6}\mu\varepsilon$

8. 试验荷载作用下，主要测点挠度校验系数 η 应不大于1。各点的挠度不超过“桥规”规定的允许值。对于钢筋混凝土桥不能超过（　）。

A. $L/1000$　　B. $L/600$　　C. $L/300$　　D. $L/500$

9. 在测定简支梁的一阶振型时，激振力应作用在（　）。

A. 四分之一截面　　B. 跨中截面

C. 四分之一截面和跨中截面　　D. 四分之三截面

10. 已测出简支梁两支点的竖向位移分别为 1.2mm 和 1.6mm，跨中的竖向位移为 9.4mm，则跨中挠度为（ ）。

A. 6.1mm　　B. 8.0mm　　C. 9.4mm　　D. 8.2mm

二、多项选择题

1. 桥梁高度是指（ ）。

A. 桥面与低水位之间的高差

B. 为桥面与桥下线路路面之间的距离

C. 桥上行车道路面高程至河床间的距离

D. 桥跨结构最下缘与低水位之间的高差

E. 桥面与设计水位之间的高差

2. 多孔跨径总长是指（ ）。

A. 多孔桥梁中各孔净跨径的总和

B. 多孔桥梁中各孔计算跨径的总和

C. 多孔桥梁中各标准净跨径的总和

D. 桥梁两端两个桥台的侧墙或八字墙后端点之间的距离

E. 对于无桥台的桥梁为桥面系行车道的全长

3. 荷载试验的目的是（ ）。

A. 检验桥梁设计质量　　B. 判断桥梁结构的实际承载力

C. 验证桥梁结构设计理论　　D. 验证桥梁结构设计方法

E. 检验桥梁施工质量

4. 桥梁荷载试验对多孔桥梁中跨径相同的桥孔（或墩）可选 1～3 孔具有代表性的桥孔（或墩）进行加载试验。选择时应综合考虑以下因素（ ）。

A. 该孔（或墩）计算受力最不利　　B. 该孔施工质量较差

C. 该孔施工质量较好　　D. 缺陷较多或病害较严重

E. 便于设置测点或便于实施加载

5. 荷载工况选择应反映桥梁设计的最不利受力状态，对于简支梁桥应选择以下工况（ ）。

A. 跨中最大正弯矩工况　　B. $L/4$ 最大正弯矩工况

C. 支点最大剪力工况　　D. 桥墩最大竖向反力工况

E. 支点负弯矩工况

6. 简支梁桥测点的布设（ ）。

A. 跨中挠度　　B. 支点沉降

C. 跨中截面应变　　D. 墩台的沉降

E. 应变沿截面高度分布

7. 连续梁桥试验荷载工况应选取（ ）。

A. 主跨跨中最大正弯矩　　B. 主跨跨中最大负弯矩

C. 主跨支点最大正弯矩　　D. 主跨支点最大负弯矩

8. 荷载试验时发生下列情况应中途终止加载（ ）。

A. 控制测点变位超过计算值时

B. 控制测点应力值已达到或超过控制应力值

C. 挠度超过规范允许值时

D. 由于加载，使结构裂缝的长度、缝宽急剧增加

E. 拱桥加载时沿跨长方向的实测挠度曲线分布规律与计算值相差过大。

9. 桥梁结构静载性能分析，主要包括(　)。

A. 结构的强度及稳定性分析　　B. 结构的刚度分析

C. 结构的抗裂度分析　　D. 结构的裂缝宽度分析

10. 实测冲击系数较大则说明桥梁结构(　)。

A. 桥面平整度不良　　B. 可能是由于桥梁结构存在开裂

C. 支座工作不正常　　D. 承载能力差

E. 行车性能差

三、判断题

1. 桥梁设计洪水位是指在洪峰季节河流中的最高水位。(　)

2. 桥梁荷载试验时，工况选择应反映桥梁的最不利受力状态。(　)

3. 动载试验效率 η_d 值一般可采用 0.8～1.05，当桥梁的调查、检算工作比较完善而又受加载设备能力所限，η_d 值可采用低限；当桥梁的调查、检算工作不充分，尤其是缺乏桥梁计算资料时，η_d 值应采用高限。(　)

4. 静载试验效率系数与实际加载车辆重力无关。(　)

5. 桥梁荷载试验时，为保证结构安全，其荷载工况不能置于可能产生最大挠度位置。(　)

6. 桥梁荷载试验一般选择在晚上加载，因为晚上车辆比较少。(　)

7. 桥梁静载检测的温度修正，对应变宜采用构件表面的温度。(　)

8. 静载试验效率是评定结构工作状况的主要依据。(　)

9. 桥梁结构阻尼比小，说明桥梁结构的刚度偏小，可能存在开裂或其他不正常的现象。(　)

10. 桥梁荷载试验在描述试验值与理论值分析比较时，引入结构检验系数 η，其等于试验荷载作用下量测的应力状态值与试验荷载作用下理论计算应力值之比，η 越大，表明结构刚度较大，材料强度较高。(　)

四、问答题

1. 简述桥梁荷载试验的准备工作。

2. 简述终止加载控制条件。

3. 什么是电阻应变测量的温度效应？简述消除温度影响的方法。

4. 以钢筋混凝土简支 T 梁为例，简述静力加载试验过程的裂缝观测内谷，一般步骤及注意事项。

5. 简述位移计安装的一般步骤及注意事项。

6. 简述贴电阻应变片的主要步骤及注意事项。

7. 以单箱单室三跨三向预应力混凝土连续箱梁桥(大跨径桥)为例，简述中跨跨中截面。应力测点的布置原则，并画出此断面的应力测点布置图。

8. 画出振动测试仪器的配置挂图(不要求具体型号)。

9. 简述桥梁承载力的评定方法。

10.简述桥梁动载试验时频率、阻尼和冲击系数的测量、分析方法与评定。

11.简述桥梁运营状态监测系统的基本构成。

12.简述一般桥梁养护管理系统包括哪些功能。

13.桥梁运营状态监测的主要内容有哪些?

14.简述桥梁运营状态监测的方式。

15.简述运营状态监测信号传输的基本方式。

16.简述运营状态监测所需观测的参数。

17.简述布置传感器基本原则。

18.简述索力的测定方法。

19.简述运营状态监测数据的处理方法。

第二篇　隧　　道

第一章 基本知识

【主要内容】

本章主要介绍公路隧道类型、结构和特点，常见的质量问题及质量检测内容和评定标准。

【要求】

了解：公路隧道的类型、工程组成和特点（工程师）；**隧道围岩分级与工程特性**（工程师）。

熟悉：公路隧道常见的质量问题；**相关的隧道设计规范、施工规范、通风照明技术规范**（员了解）。

掌握：公路隧道工程质量检测的内容（员熟悉）；公路隧道质量检验评定标准及验收规范。

第一节 公路隧道的类型、组成和特点

一、公路隧道的类型

1.隧道按其所处的位置不同分可为山岭隧道、水下隧道（河底和海底）以及城市隧道等。

2.按其横断面形状分为圆形、椭圆形、马蹄形、眼镜形（孪生形）等。

3.按其用途可分为交通隧道（包括公路隧道、铁路隧道、城市地铁、人行隧道等）和运输隧道（包括输水隧道、输气隧道、输液隧道等）。

4.公路隧道按其长度的不同又分为四类，如表2-1-1所示。

公路隧道按长度分类表 表2-1-1

隧道分类	特长隧道	长隧道	中隧道	短隧道
隧道长度(m)	$L>3\,000$	$3\,000\geqslant L>1\,000$	$1\,000\geqslant L>500$	$L\leqslant 500$

二、公路隧道的工程组成

隧道按其构造分为主体建筑和附属建筑物两大部分。

1.隧道主体建筑物

隧道主体建筑物包括洞口和洞身。

1)洞口

洞口工程是隧道出入口部分的建筑物，包括洞门、洞口通风及排水设施、边、仰坡支挡构造物和引道等。

洞口应修建洞门，并应尽量与隧道轴线正交。隧道洞门有翼墙式、端墙式、柱式、环框式、遮光或遮阳式等不同形式。公路隧道一般采用翼墙式。

2)洞身

洞身是隧道工程的主要组成部分，按其所处地形、地质条件及施工方法的不同，分为隧道

洞身、明洞洞身和棚洞洞身。

(1)隧道洞身

根据路线设计高程与地形地质情况,当有足够厚的覆盖层时,设计成由暗挖的岩土空间经衬砌而成隧道洞身。

根据地质条件的不同,隧道衬砌按功能分为承载衬砌、构造衬砌和装饰衬砌;按组成可分为整体式衬砌和复合式衬砌;就使用材料而言,有喷射混凝土、锚杆、钢筋网或铁丝网、模注混凝土、石料及混凝土预制块衬砌等。

(2)明洞洞身

明洞是指采用明挖的方法施工的隧道。在修建洞口工程时,往往需要修筑一定长度的明洞,即路基或隧道洞口受不良地质、边坡塌方、岩堆、落石、泥石流等危害又不宜避开清理的地段,以及为了保证洞口的自然环境而延伸隧道洞口时,需设置明洞。

(3)棚洞洞身

棚洞是指明挖路堑后,构筑简支的顶棚架并回填而成的洞身。采用棚洞的条件与明洞大致相似,其结构整体性比明洞差,但由于顶棚与内外墙简支,故对地基的要求相对较低。

2.隧道附属建筑物

(1)防水排水系统

隧道的防水排水要求:拱部、边墙、路面、设备箱洞处不渗水,冻害地区隧道衬砌背后不积水、排水沟不冻结。为达到上述要求,应采取防、截、排、堵综合治理,形成防水排水系统。该系统包括洞顶防水排水、洞门排水、洞内排水和洞内防水四个方面。

(2)通风、照明与供电系统

①隧道通风

隧道的通风方式有机械通风和自然通风两种。符合下列条件宜设置机械通风:

双向交通隧道:$L\times N=6\times10^5$;单向交通隧道:$L\times N=6\times10^6$(L:隧道长度,N:设计交通量,辆/h)。

隧道机械通风方式可分为:纵向式、半横向式、全横向式以及在这三种基本方式基础上的组合通风方式。

②隧道照明

长度大于100m的隧道应设置照明装置。

③隧道供电系统

隧道内供电分动力供电和照明供电。一般采用三相四线供电,供电系统宜采用380/220V交流电和中性接地变压器。

(3)隧道运营管理设施

隧道的运营管理设施包括动力网路使用的电缆与电缆槽,通信、信号及标志,消防及救援设施,以及装饰、消音、收费设施等。救援设施包括避人洞及行人横洞和行车横洞。

(4)辅助坑道

在隧道建设中,为了增加工作面、提高施工进度、缩短工期以及改善施工条件,可适当增设辅助坑道。辅助坑道有横洞、竖井、斜井和平行导坑几种形式。

(5)洞内线路构筑物

公路隧道的洞内线路构筑物为路基和路面。

三、公路隧道的特点

(1)断面大。因此公路隧道围岩受扰动范围较大,其轮廓对围岩块体的不利切割增多,围岩内的拉伸区与塑性区加大,导致施工难度增大。

(2)形状扁平。公路隧道的断面常为形状扁平的马蹄形。断面扁平容易在拱顶围岩内出现拉伸区,而岩土之类天然材料,其抗拉强度较低,施工中隧道顶部容易崩落,威胁人身安全。

(3)需要运营通风。

(4)需要运营照明。

(5)防水要求高。

四、隧道围岩分级与工程特性

隧道岩石根据岩石的坚硬程度和岩体的完整性进行分级,分为五级,具体划分标准如表2-1-2。

公路隧道围岩分级表 表 2-1-2

围岩级别	围岩或土体主要定性特征	围岩基本质量指标 BQ 或修正的基本质量指标[BQ]
I	坚硬岩,岩体完整,巨整体状或巨厚层状结构	>550
II	坚硬岩,岩体较完整,块状或厚层状结构; 较坚硬岩,岩体完整,块状整体结构	550~451
III	坚硬岩,岩体破碎,巨块(石)破碎(石)镶嵌结构; 较坚硬岩石或较软硬岩层,岩体较完整,块状或中厚层结构	450~351
IV	坚硬岩,岩体破碎,碎裂结构; 较坚硬岩,岩体较破碎~破碎,镶嵌碎裂结构; 较软岩石或软硬岩互层,且以软岩为主,岩体较完整~较破碎,中薄层状结构	350~251
	土体:①压密或成岩作用的黏性土及砂性土; ②黄土(Q_1、Q_2) ③一般钙质、铁质胶结的碎石土、卵石土、大块石土	
V	较软岩,岩体破碎; 软岩,岩体较破碎~破碎; 极破碎各类岩体,碎、裂状,松散结构	≤250
	一般第四系的半干硬至硬塑的黏性土及稍湿至潮湿的碎石土、卵石土、圆砾石、角砾土及黄土(Q_3、Q_4)。 非黏性土呈松散结构,黏性土及黄土呈松软结构	
VI	软塑状黏性土及潮湿、饱和粉细砂层、软土等	

第二节　公路隧道常见的质量问题

一、隧道渗漏

公路隧道在施工期间和建成后受地下水的影响较大，防水工程质量欠佳时，地下水便会通过一定的通道渗入或流入隧道内部，对行车安全以至衬砌结构的稳定构成威胁。

二、衬砌开裂

作用在隧道衬砌结构上的压力，与隧道围岩的性质、地应力的大小以及施工方法等因素有关。由于受技术和资金条件的限制，一些不利因素在设计前是难以准确确定的。所以在隧道衬砌结构设计中常带有一定的盲目性，导致结构强度不够或与围岩压力不协调，造成衬砌结构开裂、破坏。工程上出现的衬砌开裂更多的则是由于施工管理不当造成的，或是因为衬砌厚度不足，或是因为混凝土强度不够。

三、界限受侵

施工方法不当或支护形式欠妥、支护不及时，则容易导致塌方。为了保证施工安全和避免塌方，容易形成仓促衬砌，忽视断面界限，使建筑限界受侵。另一种施工中的常见现象是衬砌混凝土在浇筑过程中，模板强度、刚度不足，出现走模，也会导致限界受侵。

四、通风、照明不良

造成隧道通风与照明不良的原因有以下三个方面：设计欠妥、器材质量存在问题和运营管理不当。

第三节　公路隧道的要求

一、隧道位置选择与线形要求

隧道位置应选择在稳定的地层中，尽量避免穿越工程地质和水文地质极为复杂以及严重不良地质地段；当必须通过时，应有切实可靠的工程措施。

隧道应根据地质、地形、路线走向、通风等因素确定平曲线线形。当设为曲线时，不宜采用设超高的平曲线，并不应采用设加宽的平曲线。当由于特殊条件限制隧道平面线形设计为需设超高的曲线时，其超高不宜大于4.0%，技术指标应符合《公路路线设计规范》的有关规定。隧道洞口内外各3s设计速度行程长度范围的平面线形应一致。

隧道内纵面线形应考虑行车安全、营运通风规模、施工作业效率和排水要求，隧道纵坡不应小于0.3%，一般情况下不应大于3%；受地形等条件限制时，高速公路、一级公路的中、短隧道可适当加大，但不宜大于4%，；短于100m的隧道纵坡可与该公路隧道外路线的指标相同。

隧道洞口内外各 3s 设计速度行程长度范围的纵面线形应一致,有条件时宜取 5s 设计速度行程。

二、横断面

公路隧道的横断面,主要是指隧道的净空断面,即衬砌内轮廓线所包围的空间,也称为内轮廓限界。它包括隧道建筑限界,以及照明、通风等所需的空间断面积。公路隧道的横断面设计除应符合建筑限界的规定外,还应考虑洞内排水、通风、照明、监控、营运、施工等要求。建筑限界高度,高速公路、一级公路、二级公路取 5.0m;三、四级公路取 4.5m。

三、路面

公路隧道洞内行车道路面可采用水泥混凝土路面,有条件时可采用沥青混合料上面层与水泥混凝土下面层组成的复合式路面。

四、防水与排水

防水与排水设施,应结合隧道衬砌采用可靠的防水和排水措施,使洞内外形成一个完整的畅通的防排水系统。基本要求要做到隧道内不滴水或不渗,以保证在营运期内行车安全、设备的正常使用,使之具有良好的耐久性。

首要是做好堵水和截水。在围岩破碎和涌水易坍地段直接向围岩体内压水泥浆或化学浆液,堵塞裂隙水和渗涌水孔。至于截水,则主要是防止地表水的下渗,其措施有铺砌、勾补、抹面,以及坑穴、钻孔等的填平、封闭等。

公路隧道衬砌的防水方法很多,应首先采取引排措施,如设置盲沟、排水管等,将水引至水沟内排出,然后敷设聚氯乙烯塑料板或合成树脂防水卷材,以及防水混凝土等内、外贴 衬砌防水层。当采用复合式衬砌时,则宜设置夹层防水层。

隧道衬砌中的施工缝、变形缝等处,应采用专门的止水条(带)嵌塞措施,以防止渗漏。

公路隧道的排水设施,包括洞内和洞外两个部分。

洞外排水应根据地形、地质、气象,以及建设工程的实际情况,结合农田水利建设的需要,全面规划,综合治理,因地制宜地设置疏水、截水、引水设施。

洞口和明洞顶应设置截水沟、排水沟等排水设施,洞口边坡、仰坡应采取防护措施 ,如铺砌、抹面等,以防止地表水的下渗和冲刷。洞内一般要设置纵向排水沟、横向排水坡或横向排水暗沟、盲沟等排水设施。

五、照明与通风、供电

1.照明

隧道照明系统包括:中间段照明、入口段照明、过渡段照明、出口段照明、接近段减光设施、应急照明和洞外引道照明等。

隧道照明设计所采用的计算行车速度不宜大于 100km/h,如大于 100km/h,应作特殊设计。

1)中间段照明

中间段亮度应符合表 2-1-3 的要求。

中间段亮度 L_{in}　　表 2-1-3

计算行车速度(km/h)	L_{in}(cd/m²)	
	双车道单向交通 $N>$2 400 辆/h 双车道双向交通 $N\leqslant$1 300 辆/h	双车道单向交通 $N>$700 辆/h 双车道双向交通 $N\leqslant$360 辆/h
100	9.0	4
80	4.5	2
60	2.5	1.5
40	1.5	1.5

2)入口段照明

(1)入口段亮度可按式(2-1-1)计算：

$$L_{th}=k\times L_{20}(S) \tag{2-1-1}$$

式中：L_{th}——入口段亮度(cd/m²)；

k——入口段折减系数，可按表 2-1-4 取值；

$L_{20}(S)$——洞外亮度(cd/m²)。

入口段折减系数表　　表 2-1-4

设计交通量 N(辆/h)		k			
		计算行车速度 v_t(km/h)			
双车道单向交通	双车道双向交通	100	80	60	40
≥2 400	≥1 300	0.045	0.035	0.022	0.012
≤700	≤360	0.035	0.025	0.015	0.01

注：当交通量在其中间值时，按内插取值。

(2)入口段长度

入口段长度可按式(2-1-2)计算：

$$D_{th}=1.154D_s-\frac{h-1.5}{\tan 10^\circ} \tag{2-1-2}$$

式中：D_{th}——入口段长度(m)；

D_s——照明停车视距(m)，可按表 2-1-5 取值；

h——洞口内净空高度(m)。

照明停车视距 D_s 表　　表 2-1-5

v_t(km/h) \ 纵坡(%)	−4	−3	−2	−1	0	1	2	3	4
100	179	173	168	163	158	154	149	145	142
80	112	110	106	103	100	98	95	93	90
60	62	60	58	57	56	55	54	53	52
40	29	28	27	27	26	26	25	25	25

3)过渡段照明

(1)过渡段的亮度

过渡段由 TR_1、TR_2、TR_3 三个照明段组成，与之对应的亮度可按表 2-1-6 取用。

过渡段的亮度表 表 2-1-6

照　明　段	TR_1	TR_2	TR_3
亮度	$L_{tr1}=0.3L_{th}$	$L_{tr2}=0.1L_{th}$	$L_{tr3}=0.035L_{th}$

(2)过渡段的长度

过渡段各照明段长度可按表 2-1-7 取值。

过渡段长度 D_{tr} 表 表 2-1-7

计算行车速度 v_t (km/h)	D_{tr1} (m)	D_{tr2} (m)	D_{tr3} (m)	计算行车速度 v_t (km/h)	D_{tr1} (m)	D_{tr2} (m)	D_{tr3} (m)
100	106	111	167	60	44	67	100
80	72	89	133	40	26	44	67

4)出口段照明

在单向交通隧道中,应设置出口段照明;出口段照明长度宜取 60m,亮度宜取中间段的 5 倍。在双向交通隧道中可不设出口段照明。

2. 通风

1)隧道通风要求

单向交通的隧道设计风速不宜大于 10m/s,特殊情况可取 12m/s;双向交通的隧道设计风速不应大于 8m/s;人车混合通行的隧道设计风速不应大于 7m/s。

2)污染空气的稀释标准

对隧道进行通风的目的,主要是使隧道内的一氧化碳和烟尘不超过国家规定的允许浓度。

根据《公路隧道设计规范》(JTG D70—2004)的规定,隧道内空气中影响行车安全的有害物浓度,应低于下列规定的允许标准值。

(1)隧道内一氧化碳(CO)设计浓度

①采用全横向通风方式与半横向通风方式时,CO 设计浓度可按表 2-1-8 取值;采用纵向通风方式时,CO 设计浓度按表 2-1-8 所列各值提高 50ppm 取值。

CO 设计浓度 δ 表 2-1-8

隧道长度(m)	≤1 000	≥3 000
δ(ppm)	250	200

注:隧道长度为 1 000～3 000m 时,可按插入法取值。

②交通阻滞(隧道内平均车速为 10km/h)时,阻滞段的平均 CO 设计浓度可取 300ppm,经历时间不超过 20min。阻滞段长度不宜大于 1km。

③人车混合通行的隧道,长度不宜超过 2 000m,其 CO 设计浓度按表 2-1-9 取值:

CO 设计浓度 δ 表 2-1-9

隧道长度(m)	≤1 000	≥2 000
δ(ppm)	150	100

注:隧道长度为 1 000～2 000m 时,可按插入法取值。

(2)烟雾设计浓度

①采用钠灯光源时,烟雾设计浓度按表 2-1-10 取值;采用荧光灯光源时,烟雾设计浓度提高一级。

烟雾设计浓度 K 表 2-1-10

计算行车速度(km/h)	100	80	60	40
$K(m^{-1})$	0.006 5	0.007 0	0.007 5	0.009 0

②当烟雾浓度达到 $0.012m^{-1}$，应采取交通管制的措施。

③隧道内进行养护维修时，现场实际烟雾浓度不大于 $0.003\,5m^{-1}$。

六、供电

公路隧道的照明与通风所需的原动力，主要是电力，凡设照明、通风的高速公路、一级公路的隧道，应设置独立的备用电源，以防意外的断电事故，并确保交通运输的安全，避免造成不应有的损失。

七、救援及消防设施

为了便于消防及紧急救援，凡设计为眼镜形的双孔隧道，其两隧道之间，宜按规定设置供巡查、维修、救援及车辆转换方向用的行人横洞和行车横洞。

第四节 公路隧道工程质量检测的内容

一、公路隧道检测技术的内容

公路隧道按修建过程分其主要检测内容如下：

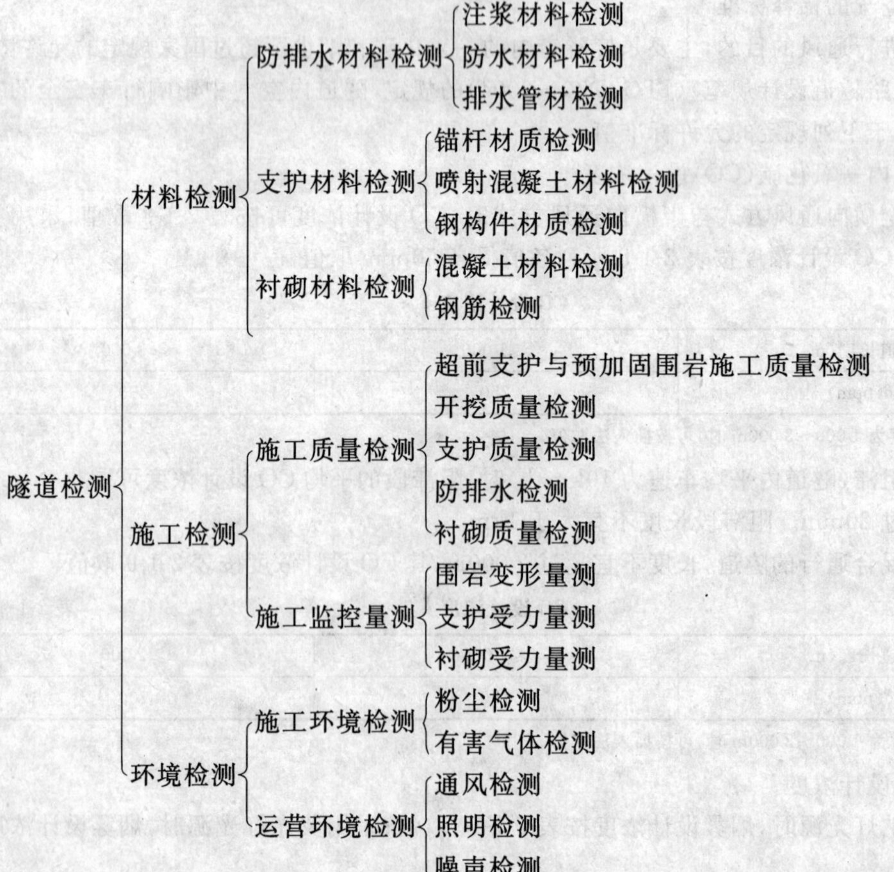

二、公路隧道质量检验评定标准

1.公路隧道建设项目的工程划分

根据《公路工程质量检验评定标准》(JTG F80/1—2004)的工程划分：公路隧道长隧道每座为一个单位工程，多个中、短隧道可合并为一个单位工程，每座隧道分别评定后，按中隧道权值为2，短隧道权值为1，计算加权平均值作为该单位工程的得分，其中有7个分部工程，22个以上分项工程，具体划分如表2-1-11：

隧道工程划分表　　表2-1-11

单位工程	分部工程	分项工程
隧道工程	总体	隧道总体*等
	明洞	明洞浇筑，明洞防水层，明洞回填*等
	洞口工程	洞口开挖，洞口边仰坡防护，洞门和翼墙的浇(砌)筑，截水沟、洞口排水沟等
	洞身开挖	洞身开挖*，(分段)等
	洞身衬砌	(钢纤维)喷射混凝土支护，锚杆支护，钢筋网支护，仰拱，混凝土衬砌*，钢支撑，衬砌钢筋等
	防排水	防水层，止水带、排水沟等
	隧道路面	基层*，面层*等

注：表内标注*号者为主要工程，评分时给以2的权值；不带*号者为一般工程，权值为1。

2.工程质量评分

1)分项工程质量评分

分项工程质量检验内容包括基本要求、实测项目、外观鉴定和质量保证资料四个部分。只有在其使用的原材料、半成品、成品及施工工艺符合基本要求的规定，且无严重外观缺陷和质量保证资料真实并基本齐全时，才能对分项工程质量进行检验评定。

涉及结构安全和使用功能的重要实测项目为关键项目(在文中以“△”标识)，其合格率不得低于90%(属于工厂加工制造的交通工程安全设施及桥梁金属构件不低于95%，机电工程为100%)，且检测值不得超过规定极值，否则必须进行返工处理。

实测项目的规定极值是指任一单个检测值都不能突破的极限值，不符合要求时该实测项目为不合格。关键项目，不符合要求时则该分项工程评为不合格。

分项工程的评分值满分为100分，按实测项目采用加权平均法计算。存在外观缺陷或资料不全时，须予减分。

$$\text{分项工程得分} = \frac{\sum[\text{检查项目得分} \times \text{权值}]}{\sum \text{检查项目权值}} \tag{2-1-3}$$

分项工程评分值＝分项工程得分－外观缺陷减分－资料不全减分

(1)基本要求检查

分项工程所列基本要求，对施工质量优劣具有关键作用，应按基本要求对工程进行认真检查。经检查不符合基本要求规定时，不得进行工程质量的检验和评定。

(2)实测项目计分

对规定检查项目采用现场抽样方法，按照规定频率和下列计分方法对分项工程的施工质量直接进行检测计分。

检查项目除按数理统计方法评定的项目以外，均应按单点(组)测定值是否符合标准要求进行评定，并按合格率计分。

$$检查项目合格率(\%)=\frac{检查合格的点(组)数}{该检查项目的全部检查点(组)数} \tag{2-1-4}$$

$$检查项目得分=检查项目合格率\times 100$$

(3) 外观缺陷减分

对工程外表状况应逐项进行全面检查,如发现外观缺陷,应进行减分。对于较严重的外观缺陷,施工单位须采取措施进行整修处理。

4) 资料不全减分

分项工程的施工资料和图表残缺,缺乏最基本的数据,或有伪造涂改者,不予检验和评定。资料不全者应予减分,减分幅度可按下列所列各款逐款检查,视资料不全情况,每款减1~3分。

施工单位应有完整的施工原始记录、试验数据、分项工程自查数据等质量保证资料,并进行整理分析,负责提交齐全、真实和系统的施工资料和图表。工程监理单位负责提交齐全、真实和系统的监理资料。质量保证资料应包括以下六个方面:

a 所用原材料、半成品和成品质量检验结果;

b 材料配比、拌和加工控制检验和试验数据;

c 地基处理、隐蔽工程施工记录和大桥、隧道施工监控资料;

d 各项质量控制指标的试验记录和质量检验汇总图表;

e 施工过程中遇到的非正常情况记录及其对工程质量影响分析;

f 施工过程中如发生质量事故,经处理补救后,达到设计要求的认可证明文件等。

2)分部工程和单位工程质量评分

按表2-1-11所列分项工程和分部工程区分为一般工程和主要(主体)工程,分别给以1和2的权值。进行分部工程和单位工程评分时,采用加权平均值计算法确定相应的评分值。

$$分部(单位)工程评分值=\frac{\sum[分项(分部)工程评分值\times 相应权值]}{\sum 分项(分部)工程权值} \tag{2-1-5}$$

3. 工程质量等级评定

1)分项工程质量等级评定

分项工程评分值不小于75分者为合格;小于75分者为不合格;机电工程、属于工厂加工制造的桥梁金属构件不小于90分者为合格,小于90分者为不合格。

评定为不合格的分项工程,经加固、补强或返工、调测,满足设计要求后,可以重新评定其质量等级,但计算分部工程评分值时按其复评分值的90%计算。

2)分部工程质量等级评定

所属各分项工程全部合格,则该分部工程评为合格;所属任一分项工程不合格,则该分部工程为不合格。

3)单位工程质量等级评定

所属各分部工程全部合格,则该单位工程评为合格;所属任一分部工程不合格,则该单位工程为不合格。

4. 隧道工程质量检验评定的一般规定

1)《公路工程质量检验评定标准》(JTG F80/1—2004)隧道部分适用于采用钻爆法施工的山岭隧道的检验评定。采用其他方法如盾构、掘进机、沉埋法施工的隧道的检验评定可参照本标准另行制定。

2)隧道采用钻爆法施工、设计为复合式衬砌的隧道,承包人必须按照设计和施工规范要求的频率和量测项目进行监控量测,用量测信息指导施工并提交系统、完整、真实的量测数据和图表。

3)隧道通风、照明、供配电、监控设施等的检验评定,应根据《公路工程质量检验评定标准》

的相关章节进行质量评定。

4)隧道洞口的开挖,应按照《公路工程质量检验评定标准》第4章路基土石方工程的标准进行检验评定;洞门和翼墙的浇(砌)筑和洞口边坡、仰坡防护按《公路工程质量检验评定标准》第6章挡土墙、防护及其他砌石工程的相应项目评定。

5)隧道路面的基层、面层应按照路基、路面的标准进行检验评定。

6)长隧道每座为一个单位工程,多个中、短隧道可合并为一个单位工程,每座隧道分别评定后,按中隧道权值为2,短隧道权值为1,计算加权平均值作为该单位工程的得分。一般按围岩类别和衬砌类型每100m作为一个分项工程,紧急停车带单独作为一个分项工程。混凝土衬砌采用模板台车,宜按台车长度的倍数划分分项工程。按以上方法划分分项工程时,分段长度可结合工程特点和实际情况进行调整,分段长度不足规定值时,不足部分单独作为一个分项工程。特长隧道的单位工程、分部工程和分项工程可根据具体情况另行划分。

7)隧道防排水工程施工质量应符合下列要求

(1)高速公路、一级公路隧道和设有机电工程的一般公路隧道

①隧道拱部、墙部、设备洞、车行横通道、人行横通道不渗水。

②路面干燥无水。

③洞内排水系统不淤积、不堵塞,确保排水通畅。

④严寒地区隧道衬砌背后不积水,排水沟不冻结。

(2)其他公路隧道

①拱部、边墙不滴水。

②路面不冒水、不积水,设备箱洞处不渗水。

③洞内排水系统不淤积、不堵塞,确保排水通畅。

④严寒地区隧道衬砌背后不积水,路面干燥无水,排水沟不冻结。

8)隧道装饰应按《建筑装饰工程质量验收规范》制定相应的质量检验评定标准。

复习思考题

一、单项选择题

1. 隧道岩石根据岩石的坚硬程度和岩体的完整性进行分级分为( )。

A. 四级　　B. 七级　　C. 六级　　D. 五级

2. 公路隧道洞门一般采用( )。

A. 遮光或遮阳式　　B. 环框式　　C. 柱式　　D. 翼墙式

3. 隧道内的纵坡一般大于( )。

A. 0.1%　　B. 0.3%　　C. 0.03%　　D. 3.0%

4. 洞口工程是隧道出入口部分的建筑物,下列不属于洞口工程的是( )。

A. 洞门　　B. 排水设施　　C. 照明　　D. 仰坡

5. 下列环境检测的内容中不属于运营环境检测的是( )。

A. 粉尘检测　　B. 照明检测

C. 噪声检测　　D. 通风检测

6. 在隧道局部不良地质地段为避免坍方常用的支护方式是( )。

A. 钢支撑　　B. 锚杆支护　　C. 喷射混凝土　　D. 锚喷支护

7. 当隧道外有路灯照明时,隧道内的路面亮度不应低于洞外路段亮度的( )。

A. 1倍　　B. 0.5倍　　C. 2倍　　D. 1.5倍

8. 运营隧道现场照明检测的基本内容之一是(　)。

A. 路面照度　B. 灯具光强　C. 灯具光效　D. 墙面亮度

9. 隧道内烟尘允许浓度高速公路、一、二级公路隧道为(　)。

A. $0.0075m^{-1}$　B. $0.009m^{-1}$　C. $0.00075m^{-1}$　D. $0.0009m^{-1}$

10. 隧道内一氧化碳(CO)允许浓度,正常营运时为(　)。

A. 24ppm　B. 100ppm　C. 150ppm　D. 250ppm

二、多项选择题

1. 公路隧道按其长度的不同又分为四类,下列属于中隧道的有(　)。

A. L=500m　B. L=1 000m　C. L=800m　D. L=250m　E. L=1 500m

2. 按其横断面形状分为(　)。

A. 圆形　B. 方形　C. 马蹄形　D. 眼镜形　E. 椭圆形

3. 隧道的防水排水要求下列哪些位置不渗水(　)。

A. 拱部　B. 边墙　C. 路面　D. 设备箱洞　E. 人行横洞

4. 公路隧道检测技术通常可以分为(　)。

A. 材料检测　B. 施工检测

C. 环境检测　D. 开挖质量检测

E. 噪声检测

5. 下列属于隧道运营管理设施的是(　)。

A. 电缆与电缆槽　B. 行车横洞

C. 通风设备　D. 收费设施

E. 消防

6. 公路隧道的横断面设计除应符合建筑限界规定外,还应考虑(　)。

A. 洞内排水　B. 通风　C. 照明　D. 监控　E. 施工要求

7. 明洞是指采用明挖的方法施工的隧道,一般明洞设置在(　)。

A. 洞口不良地质　B. 边坡塌方

C. 岩堆　D. 落石

E. 泥石流

8. 隧道附属建筑物包括(　)。

A. 防水排水系统　B. 通风、照明与供电系统

C. 隧道运营管理设施　D. 辅助坑道

E. 洞内线路路面

9. 下列属于支护材料的是(　)。

A. 钢支撑　B. 锚杆　C. 喷射混凝土　D. 排水管　E. 注浆材料

10. 下列属于施工检测的项目是(　)。

A. 超欠挖检测　B. 收敛量测

C. 支护受力量测　D. 地表下沉量测

E. 锚杆材料检测

三、判断题

1. 采用光面爆破是提高隧道开挖质量的一项有效措施。(　)

2. 防水排水系统包括洞顶防水排水、洞门排水、洞内排水和洞内防水四个方面。(　)

3. 承载衬砌的作用是承受围岩垂直与水平方向的压力。(　)

4. 公路隧道洞内行车道路面采用水泥混凝土路面能提高照明亮度。 ( )

5. 二、三、四级公路上的特长及长隧道的位置应服从路线走向。 ( )

6 公路隧道的洞内线路构筑物为路基和路面以及通风和照明设施。 ( )

7. 隧道界限受侵对行车安全以至衬砌结构的稳定构成威胁。 ( )

8. 对隧道进行通风的目的，主要是使隧道内的一氧化碳和烟尘不超过规定的允许浓度。 ( )

9. 人行横洞和车行横洞都属于隧道运营管理设施。 ( )

10. 施工监控量测是施工质量检测的内容之一。 ( )

四、问答题

1. 公路隧道常见的质量问题有哪些？试分析其产生原因。
2. 公路隧道有哪些特点？
3. 公路隧道照明划分为哪几个区段？
4. 简述隧道位置选择的一般要求。
5. 简述公路隧道的基本组成。
6. 简述公路隧道衬砌的防水方法。
7. 简述隧道检测中材料检测内容。
8. 简述隧道检测中施工检测内容。
9. 简述隧道检测中环境检测内容。
10. 公路隧道有哪些运营管理设施？

第二章　超前支护与预加固围岩

【主要内容】

本章主要介绍公路隧道超前支护常用辅助施工方法和质量检测以及注浆材料性能检测方法。

【要求】

了解：常用的辅助施工方法。

熟悉：辅助施工方法施工质量检测的内容。

掌握：注浆材料性能试验、注浆效果检查方法。

第一节　常用的辅助施工方法和施工质量检测

一、常用的辅助施工方法

隧道在浅埋地段、自稳性差的软弱破碎地层，严重偏压、岩溶流泥地段，砂土层、砂卵（砾）石层、断层破碎带以及大面积淋水或涌水地段施工时，由于开挖后围岩的自稳时间小于完成支护所需的时间，易发生开挖面围岩失稳、坍塌、冒顶等，使围岩条件更加恶化，给施工带来极大的困难。为了避免上述情况的发生，应在隧道开挖前或开挖中，采用辅助施工方法以增强隧道围岩稳定。

常用的辅助施工方法一般可分为对地层预支护（超前支护）和预加固两类，主要有：

(1)地表砂浆锚杆或地表注浆加固：适应于浅埋、洞口、偏压地段。

(2)超前锚杆或超前小导管支护：适应于浅埋、松散破碎地层。

(3)管棚钢架超前预支护：适应于极破碎地层、塌方、岩堆。

(4)超前小导管预注浆：适应于砂、沙砾、断层破碎带等。

(5)超前围岩深孔预注浆：适应于断面较大、沉陷要求小的地下工程等。

二、辅助施工方法施工质量检测的内容

1.超前锚杆

(1)基本要求

①锚杆材质、规格等应符合设计和规范要求。

②超前锚杆与隧道轴线外插角宜为5°～10°，长度大于循环进尺，宜为3～5m。

③超前锚杆与钢架支撑配合使用时，锚杆应从钢架腹部穿过，尾端与钢架焊接。

④锚杆插入孔内的长度不得短于设计长度的95％。

⑤锚杆搭接长度不小于1m。

(2)实测项目(表2-2-1)

超前锚杆实测项目 表 2-2-1

项　次	检 查 项 目	规定值或允许偏差	检查方法和频率
1	长度(m)	不小于设计	尺量:检查锚杆数的 10%
2	孔位(mm)	±50	尺量:检查锚杆数的 10%
3	钻孔深度(mm)	±50	尺量:检查锚杆数的 10%
4	孔径(mm)	符合设计要求	尺量:检查锚杆数的 10%

(3)外观鉴定

锚杆沿开挖轮廓线周边均匀布置,尾端与钢架焊接牢固,锚杆入孔长度符合要求。

2.超前钢管

(1)基本要求

①钢管的型号、规格、质量等应符合设计和规范的要求。

②超前钢管与钢架支撑配合使用时,应从钢架腹部穿过,尾端与钢架焊接。

(2)实测项目(表 2-2-2)

超前钢管实测项目 表 2-2-2

项　次	检 查 项 目	规定值或允许偏差	检查方法和频率
1	长度(m)	不小于设计	尺量:检查 10%
2	孔位(mm)	±50	尺量:检查 10%
3	钻孔深度(mm)	±50	尺量:检查 10%
4	孔径(mm)	符合设计要求	尺量:检查 10%

(3)外观鉴定

钢管沿开挖轮廓线周边均匀布置,尾端与钢架焊接牢固,入孔长度符合要求。

第二节　注浆材料性能试验、注浆效果检查方法。

一、注浆材料的性能试验

1.黏度

黏度是用来表示液体流动时,因分子之间互相作用,产生的阻碍运动的内摩擦力。其单位为帕斯卡秒(Pa·s),工程上常用厘泊(cP)来计量,1cP$=10^{-3}$Pa·s(帕斯卡秒)。

2.渗透能力

渗透能力,即渗透性,浆液注入的难易程度。对于悬浊液,渗透能力取决于颗粒大小;对于溶液,则取决于黏度。

根据试验,砂性土孔隙直径(D)必须大于浆液颗粒直径(d)的 3 倍以上才能注入。

即:注入条件为:$k=D/d>3$,k 也称为注入系数。

3.凝胶时间

凝胶时间指参加反应的全部成分从混合至凝胶发生,浆液不再流动为止的一段时间。

其测定方法,凝胶时间长的用维卡仪;一般浆液,通常采用手持玻璃棒搅拌浆液,以手感觉不再流动或拉不出丝为止,来测定凝胶时间。

4. 渗透系数

渗透系数表示浆液固化后结石体渗水性的高低，或表示结石体抗渗性的强弱。

5. 抗压强度

注浆材料自身抗压强度的大小决定了材料的使用范围，大者可用于加固地层，小者则仅能堵水。

表 2-2-3 是几种注浆材料的主要性能指标。

注浆材料主要性能指标　　表 2-2-3

性能 / 浆液名称	黏度 (Pa·s)	可能注入的最小粒径(mm)—渗透能力	凝胶时间	渗透系数 (cm/s)	结石体抗压强度 (MPa)
纯水泥浆	15～140s	1.1	12～24h	10^{-1}～10^{-3}	5.0～25.0
水泥加添加剂			6～15h		
水泥—水玻璃			十几秒～十几分钟	10^{-2}～10^{-3}	5.0～20.0
水玻璃类	(3～4)×10^{-3}	0.1	瞬间～几十分钟	10^{-2}	<3.0
铬木素类	(3～4)×10^{-3}	0.03	几秒～几十分钟	10^{-3}～10^{-5}	0.4～2.0
脲醛树脂类	(5～6)×10^{-3}	0.06	十几秒～十几分钟	10^{-3}	2.0～8.0
丙烯酰胶类	1.2×10^{-3}	0.01	十几秒～十几分钟	10^{-5}～10^{-6}	0.4～0.6
聚氨酯类	几十～几百厘泊	0.03	十几秒～十几分钟	10^{-4}～10^{-6}	6.0～10.0

二、化学浆液粘度测定

1. 本试验方法的工作原理、试样制备、结果表示等部分参照《合成胶乳黏度测定法》(GB 2956) 的规定

2. 仪器

1)NDJ—7 型旋转式黏度计，选择转速为 750r/min，第二单元 2 号转子(因子为 10)。

2)恒温水：温控精度 25℃±1℃。

3. 测定步骤

将试样注入测试器，直到它的高度达到锥形面下部边缘，将转筒浸入液体直到完全浸没为止，将测试器放在仪器支柱架上，并将转筒挂于仪器转轴钩上。

启动电动机，转筒从开始晃动直到完全对准中心为止。将测试器在托架上前后左右移动，以加快对准中心，指针稳定后方可读数。

三、水泥细度检验

1. 方法原理

采用 45μm 方孔筛和 80μm 方孔筛对水泥试样进行筛析试验，用筛上筛余物的质量百分数来表示水泥样品的细度。

2. 仪器

试验筛、负压筛析仪

3. 操作程序

1)试验准备

试验前所用试验筛应保持清洁，负压筛和手工筛应保持干燥。试验时 80μm 筛析试验称取试样 25g，45μm 筛析试验称取试样 10g。

2)负压筛法

(1)先把负压筛放在筛座上,盖上筛盖,接通电源,检查控制系统,调接负压至4000～6000Pa范围内;

(2)称取试样25g,置于洁静的负压筛中,盖上筛盖,放在筛座上,开动筛析仪连续筛析2min。在此期间,如有试样附作在筛盖上,可轻轻敲击,使试样落下。筛毕,用天平称取筛余物;

(3)当工作负压小于4 000Pa时,应清理吸尘器内水泥,使负压恢复正常。

3)水筛法

(1)筛析试验前先检查水中无泥沙,调整好水压及水筛架的位置,使其正常运转。喷头底面和筛网之间距离为35～75mm。

(2)称取试样50g,置于洁净的水筛中,立即用淡水冲洗至大部分细粉通过后,放在水筛架上,用水压为0.05±0.02MPa的喷头连续冲洗3min。筛毕,用少量水把筛余物冲到蒸发皿中,等水泥颗粒全部沉淀后,小心倒出清水,烘干并用天平称量筛余物。

4)试验结果计算

筛余百分率按下试计算:

$$F=\frac{R}{W}\times 100\% \qquad (4\text{-}2\text{-}1)$$

式中:F——水泥试样的筛余百分数(%);

R——水泥筛余物的质量(g);

W——水泥试样的质量(g)。

四、注浆效果检查

1.分析法

分析注浆记录,查看每个孔的注浆压力、注浆量是否达到设计要求;注浆过程中漏浆、跑浆是否严重,从而以浆液注入量估算浆液扩散半径,分析是否与设计相符。

2.检查孔法

用地质钻机按设计孔位和角度钻检查孔,提取岩芯进行鉴定。同时测定检查孔的吸水量(漏水量),单孔时应小于1L/min·m,全段小于20L/min·m。

3.声波监测法

用声波探测仪测量注浆前后岩体声速、振幅及衰减系数等来判断注浆效果。

复习思考题

一、单项选择题

1.超前锚杆与隧道轴线外插角宜为( )。

A.1°～10°　B.5°～10°　C.10°～20°　D.15°～30°

2.超前锚杆搭接长度不小于( )。

A.0.5m　B.1m　C.2m　D.3m

3.超前钢管的孔径应大于钢管直径( )。

A.30mm　B.20mm　C.15mm　D.50mm

4.化学浆液黏度测定温度应控制在( )。

A.20℃±1℃　B.23℃±2℃　C.25℃±2℃　D.25℃±1℃

二、多项选择题

1. 地表砂浆锚杆或地表注浆加固适应( )。

A. 极破碎地层　B. 塌方　C. 浅埋　D. 洞口　E. 偏压地段

2. 超前小导管预注浆适应( )。

A. 岩堆　B. 砂　C. 沙砾　D. 断层破碎带　E. 塌方

3. 管棚钢架超前预支护适应( )。

A. 偏压地段　B. 极破碎地层　C. 塌方　D. 岩堆　E. 砂

4. 注浆材料的性能包括( )。

A. 黏度　B. 渗透能力
C. 凝胶时间　D. 渗透系数
E. 抗压强度

三、问答题

1. 在什么情况下应采用辅助施工方法?
2. 常用的辅助施工方法有哪些? 分析其适应条件。
3. 简述超前锚杆施工质量检测的内容及标准。
4. 简述超前钢管施工质量检测的内容及标准。
5. 注浆材料有哪些性能?
6. 注浆效果检查有哪些方法?
7. 简述水泥细度检验方法。
8. 简述化学浆液黏度测定方法。

第三章　开　　挖

【要求】

了解：开挖的方法与工序（工程师）。

熟悉：超欠挖测定的各种方法；**激光断面仪法的操作方法、步骤**（员掌握）。

掌握：开挖质量评定内容及标准（员了解）；超欠挖测定原理；**激光断面仪法的原理**（工程师）。

第一节　隧道开挖的方法与工序

一、隧道施工方法及特点

1. 隧道施工方法

隧道施工方法的选择主要依据地质、地形、环境条件及埋置深度，并结合隧道断面尺寸、长度、衬砌类型、隧道的使用功能和施工技术水平等因素综合考虑确定。根据隧道穿越地层的不同情况和目前隧道施工技术的发展，隧道施工方法可按以下方式分类：

山岭隧道的施工方法有：矿山法、新奥法、掘进机法。

浅埋及软土隧道的施工方法有：明挖法、地下连续墙法、浅埋暗挖法、盾构法。

水底隧道的施工方法有：沉埋法、盾构法。

2. 隧道施工的特点

隧道施工有以下特点：

(1)受工程地质和水文地质条件的影响较大。

(2)工作条件差，工作面小而狭窄，工作环境差。

(3)暗挖法施工对地面影响较小，但埋置较浅时，可能导致地面沉陷。

(4)有大量废渣，需妥善处理。

二、隧道开挖的方法与工序

隧道开挖的方法与工序见表 2-3-1。

隧道开挖的方法与工序　　表 2-3-1

开挖方法名称	图　　例	开挖顺序说明
全断面法	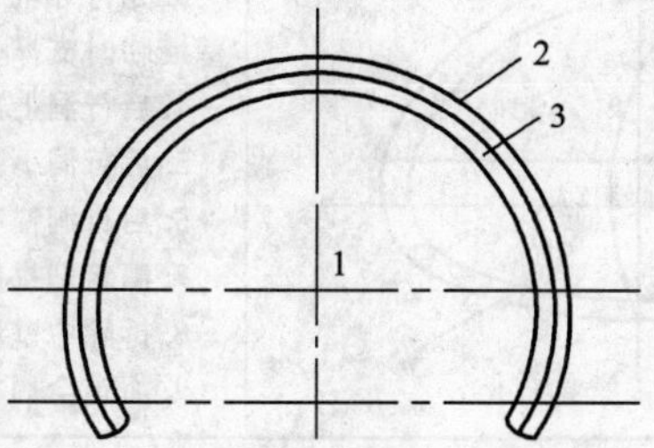 2 3 1	1. 全断面开挖 2. 锚喷支护 3. 灌筑衬砌

续上表

开挖方法名称	图　　例	开挖顺序说明
台阶法	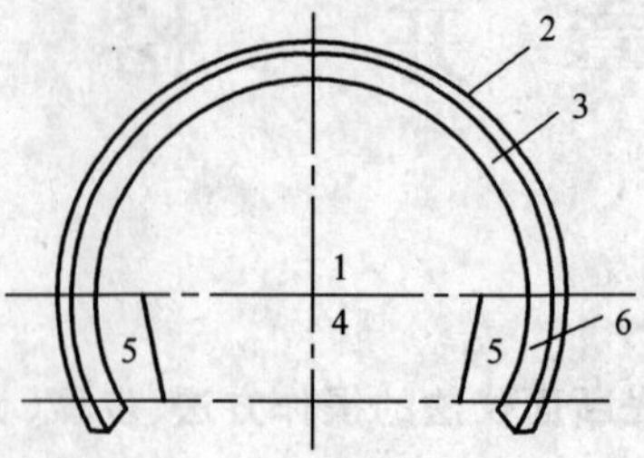	1.上半部开挖 2.拱部锚喷支护 3.拱部衬砌 4.下半部中央部开挖 5.边墙部开挖 6.边墙锚喷支护及衬砌
台阶分部法	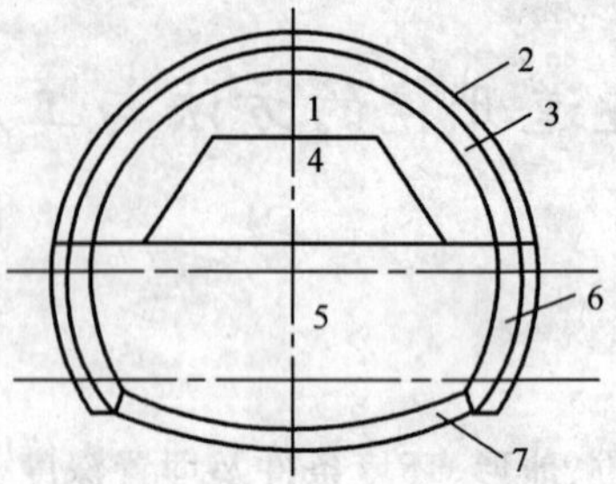	1.上弧形导坑开挖 2.拱部锚喷支护 3.拱部衬砌 4.中核开挖 5.下部开挖 6.边墙锚喷支护及衬砌 7.灌筑仰拱
上下导坑法	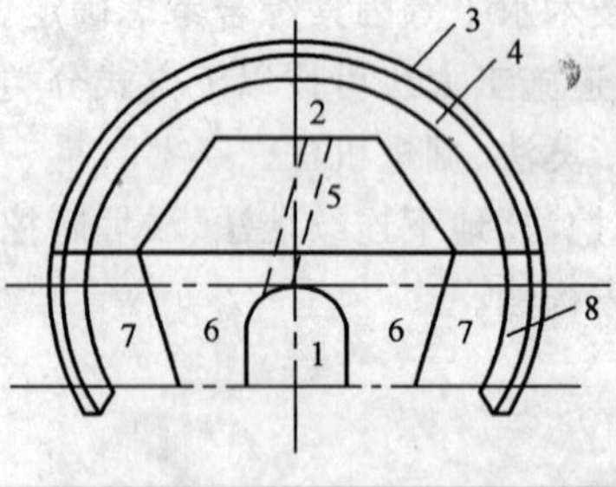	1.下导坑开挖 2.上弧形导坑开挖 3.拱部锚喷支护 4.拱部衬砌 5.设漏斗,随着推进开挖中核 6.下半部中部开挖 7.边墙部开挖 8.边墙锚喷支护衬砌
上导坑法	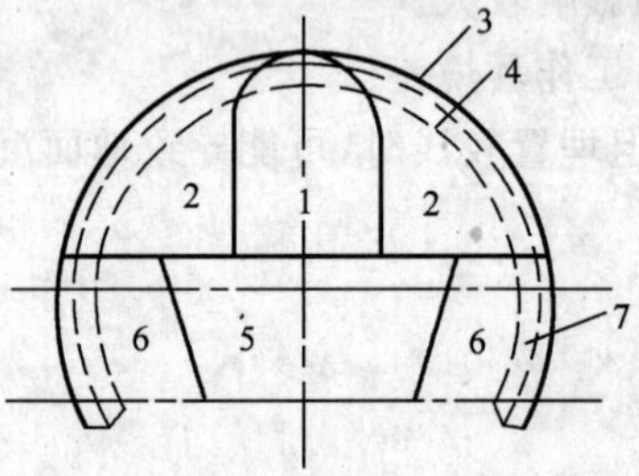	1.上导坑开挖 2.上半部其他部位开挖 3.拱部锚喷支护 4.拱部衬砌 5.下半部中部开挖 6.边墙部开挖 7.边墙锚喷支护及衬砌
单侧壁导坑法 (中壁墙法)	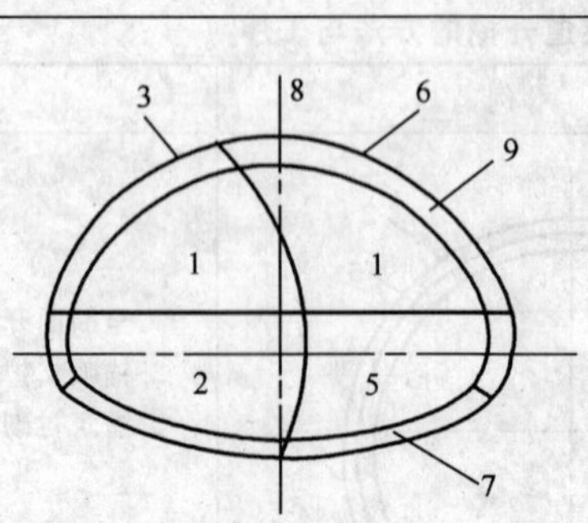	1.先行导坑上部开挖 2.先行导坑下部开挖 3.先行导坑锚喷支护钢架支撑等,设置中壁墙临时支撑(含锚喷钢架) 4.后行洞上部开挖 5.后行洞下部开挖 6.后行洞锚喷支护、钢架支撑 7.灌筑仰拱混凝土 8.拆除中壁墙 9.灌筑全周衬砌

续上表

开挖方法名称	图　例	开挖顺序说明
双侧壁导坑法	8 3 6 7 13 1 9 4 2 10 5 11	1. 先行导坑上部开挖 2. 先行导坑下部开挖 3. 先行导坑锚喷支护、钢架支撑等. 设置临时壁墙支撑 4. 后行导坑上部开挖 5. 后行导坑下部开挖 6. 后行导坑锚喷支护、钢架支撑等,设置临时壁墙支撑 7. 中央部拱顶开挖 8. 中央部拱顶锚喷支护、钢架支撑等 9、10. 中央部其余部开挖 11. 灌筑仰拱混凝土 12. 拆除临时壁墙 13. 灌筑全周衬砌

三、新奥法的施工顺序和开挖方法

1. 新奥法的施工顺序

根据新奥法的施工技术要求和施工顺序可划分为:开挖、喷锚(初期支护)、模注混凝土(二次衬砌)和装饰四个过程。

2. 新奥法开挖的方法与工序

开挖或称掘进,是先导工作,专业分工比较细,通常设有量测画线组、钻孔组、爆破组和清渣等班组。施工机械配有空压机、风动凿岩机、大吨位自卸汽车、轮式装载机,以及通风和照明等设备。每一个工作循环的进尺在 2m 左右。

开挖有两种不同的方法,全断面法和台阶法,其台阶的长度 4～8m 为宜,以利上半部的石渣自行抛落到路床上,采用装载机等机械进行清渣。另外一般双车道隧道,其开挖高度约近 8m,当采用这种台阶法施工时,不仅增加了工作面,还可以减少开挖和初次支护工作所需配置的脚手架的安拆工作。台阶法虽然将隧道分为上下两个半部,但在开挖掘进时,仍应同时进行钻孔爆破,一次完成。采用全断面法施工时,则宜采用凿岩台车或其他先进的凿岩设备。

四、矿山法的施工顺序和开挖方法

1. 矿山法施工的基本原则

矿山法施工的基本原则归纳为“少扰动、早支撑、慎撤换、快衬砌”。

少扰动:是指在进行隧道开挖时,尽量减少对围岩的扰动次数、扰动强度、扰动范围和扰动持续时间,这与新奥法施工的要求是一致的。

早支撑:是指开挖后及时施作临时构件支撑,使围岩不致因变形松弛过度而产生坍塌失稳,并承受围岩松弛变形产生的压力——即早期松弛荷载。

慎撤换:是指拆除临时支撑而代之以永久性模注混凝土衬砌时要慎重,即要防止撤换过程使围岩坍塌失稳。每次撤换的范围、顺序和时间要视围岩稳定性及支撑的受力状况而定。

快衬砌:是指拆除临时支撑后要及时修筑永久性混凝土衬砌,并使之尽早承载参与工作。

2. *矿山法开挖的方法与工序*

公路隧道常用上下导洞开挖法和下导洞扩大开挖法两种。

(1)上下导洞开挖法。将设计开挖断面划分为六个部位进行开挖，它适用于各类围岩的隧道，现按顺序说明如下。

①首先开挖下导洞，并从工作面铺设轻便轨道至弃渣处，配以斗车，以人力推运出渣，或用手推车运输出渣。轻便轨道则随洞身的延伸陆续向前接长。

②当下导洞开挖到一定的深度之后，即开始进行上导洞开挖工作。在上导洞开挖到适当的深度之后，则在上下导洞之间挖一个 80cm×80cm 的方形漏渣孔，以便出渣，将上导洞开挖出来的石渣通过漏渣孔落入下导洞内所敷设的轻便轨道上的斗车内，运弃于洞外。

③当上下导洞都开挖到适当的深度之后，就开始将拱部扩大部分挖除，其开挖长度宜控制在 20～30m 之内，经检查符合设计要求时，即可进行拱部衬砌.

④在拱部衬砌到一定长度之后，才能分段(2～4m)错开将中槽和马口两部分挖掉。随之将边墙衬砌好。常称为先拱后墙法。

(2)下导洞扩大开挖法。将设计横断面划分为三个部位，它适用于围岩条件较好的隧道。各个部位的开挖面积比上下导洞开挖法要大，因此开挖的效率要好，它的基本要求和施工程序，与上下导洞开挖法相似。

五、明挖法

明挖法是指挖开地面，由上向下开挖土石方至设计高程后，自基底由下向上顺序施工隧道主体结构，最后回填基坑或恢复地面的施工方法。常见的施工方法有先墙后拱法、先拱后墙法和拱墙交替法三种。

第二节　隧道开挖质量评定标准

一、开挖质量标准

(1)开挖断面尺寸要符合设计要求。

(2)要严格控制欠挖。当石质坚硬完整且岩石抗压强度大于 30MPa 时，允许岩石个别凸出部分(小于 $0.1m^2/m^2$)突入衬砌断面，锚喷支护时突入不大于 3cm，衬砌时不大于 5cm。拱脚、墙脚以上 1m 内严禁欠挖。

(3)要尽量减少超挖。允许超挖值规定见表 2-3-2(其中平均线性超挖值＝超挖面积/爆破设计开挖断面周长)。

隧道允许超挖值(mm)　　表 2-3-2

开挖部位 \ 围岩条件类别	硬岩，一般相当于 VI 类围岩	中硬岩，软岩相当于 V～III 类围岩	破碎松散岩石及土质，相当于 II～I 类围岩(一般不需爆破开挖)
拱部	平均 100 最大 200	平均 150 最大 250	平均 100 最大 150
边墙、仰拱、隧底	平均 100	平均 100	平均 100

二、爆破开挖质量要求

对于用钻爆法开挖隧道，其爆破效果应满足以下要求：

(1)开挖轮廓圆顺，开挖面平整。

(2)采用光面爆破开挖，爆破效果应符合：爆破进尺达到设计要求，爆出的石块块度满足装渣要求。

(3)采用支架式风钻打眼，炮眼深为 3m；两茬炮衔接时，出现的台阶形误差不得大于 15cm。

(4)采用光面爆破开挖，爆破效果应符合表 2-3-3 的要求。

光面爆破效果评定 表 2-3-3

序　号	项　目	硬　岩	中　硬　岩	软　岩
1	平均线性超挖量(cm)	16～18	18～20	20～25
2	最大线性超挖量(cm)	20	25	25
3	两茬炮衔接台阶最大尺寸(cm)	15	20	20
4	炮眼痕迹保存率(%)	≥80	≥70	≥50
5	局部欠挖(cm)	5	5	5
6	炮眼利用率(%)	90	90	95

第三节　超欠挖测定方法

一、超欠挖测定方法

施工中应根据现场条件采用切实可行的超欠挖量测方法，也可参照表 2-3-4 选取。

超欠挖测定方法 表 2-3-4

<table>
<tr><th colspan="3">测定方法及采用的测定仪</th><th>测定法概要</th></tr>
<tr><td rowspan="6">测量断面的方法</td><td rowspan="3">直接测量开挖断面面积的方法</td><td>1. 以内模为参照物直接测量法</td><td>以内模为参照物，用直尺直接测量超欠挖量</td></tr>
<tr><td>2. 使用激光束的方法</td><td>利用激光射线在开挖面上定出基点，并由该点实测开挖断面</td></tr>
<tr><td>3. 使用投影机的方法</td><td>利用投影机将基点或隧道基本形状投影在开挖面上，然后据此实测开挖断面面积</td></tr>
<tr><td rowspan="3">非接触观测法</td><td>4. 三维近景摄影法</td><td>在隧道内设置摄影站，采用三维近景摄影方法获取立体像对，在室内利用立体测图仪进行定向和测绘，得出实际开挖轮廓线</td></tr>
<tr><td>5. 直角坐标法</td><td>利用激光打点仪照准开挖壁面各变化点，用经纬仪测出各点的水平角和竖直角，利用立体几何的原理，计算出各测点距坐标原点的纵横坐标，按比例画出断面图形</td></tr>
<tr><td>6. 极坐标法(断面仪法)</td><td>以某物理方向(如水平方向)为起算方向，按一定间距(角度或距离)依次一一测定仪器旋转中心与实际开挖轮廓线的交点间的矢径(距离)及该矢径与水平方向的夹角，将这些矢径端点依次相连即可获得实际开挖的轮廓线</td></tr>
</table>

二、以内模为参照物测量开挖断面

1.测量方法

在二次衬砌立模后，以内模为参照物，从内模量至围岩壁的数据加上内净空即为开挖断面数据。自一侧模板底至拱顶平均分为9段，两侧共18段，19个点。隧道内每隔5m(10m)测量一个开挖断面。测量时，钢尺尽量与内模(梳形木、钢拱架)垂直。

2.开挖质量评价原理

隧道开挖质量不能以某一个开挖断面为标准进行评价；而应该以某一长度段内(50m、100m)所有的实测数据的综合计算分析来评价本段开挖质量，并与设计要求进行比较分析。

三、用直角坐标法测量开挖断面

1.测量原理

用经纬仪测量被测开挖断面各变化点的水平角及竖直角，并已知置镜点与被测断面的距离、置镜点仪器标高、被测断面开挖底板高程，以开挖底板高程点为坐标原点，垂直向上为 y 轴正方向，向右为 x 正方向，向左为 x 负方向，利用立体几何原理，计算出各测点距坐标原点的纵横坐标，画出断面图形，并与设计断面比较得到开挖断面的超欠挖情况。

2.测量方法

(1)仪器　经纬仪一台，水平仪一台，激光打点仪一台及钢尺、塔尺等。

(2)方法　将激光打点仪置于被测断面、照准隧道或线路中线方向，拨90°角固定水平盘，使各测点处于同一断面上，利用其发出的激光束照准被测开挖断面各变化点；同时在距被测断面一定距离置另一经纬仪，用以测量激光打点仪照准各点的水平角及竖直角(在照准隧道或线路中线方向时，可将水平度盘置为0或记下水平读数)。用水平仪测量经纬仪的高程，用钢尺丈量两置镜的距离。

(3)数据计算

$$x = L \times \tan(\alpha - \alpha_0) \tag{2-3-1}$$

$$y = L \times \tan\beta / \cos(\alpha - \alpha_0) + \text{经纬仪的高程} - \text{开挖断面底板高程} \tag{2-3-2}$$

式中：x——断面水平方向坐标；

y——断面竖直方向坐标；

L——两置镜的距离；

α——水平角读数；

α_0——水平角中线方向初始角读数；

β——竖直角读数。

四、三维近景摄影法测量开挖断面

用摄影经纬仪分别在隧道轴线上、摄影基线的左端、右端采用正直、等倾右偏、等倾左偏等摄影方法获取立体像对。将获取的隧道开挖的立体像对利用隧道内的施工控制导线，在室内用立体测图仪进行定向和测绘，即可获得实际开挖轮廓线与设计开挖轮廓线的比较。

第四节　激光断面仪法

一、原理

以某物理方向(如水平方向)为起算方向,按一定间距(角度或距离)依次测定仪器旋转中心与实际开挖轮廓线的交点之间的矢径(距离)及该矢径与水平方向的夹角,将这些矢径端点依次相连即可获得实际开挖的轮廓线。

二、操作方法

用断面仪进行测量,断面仪可以放置于隧道中任何适合于测量的位置(任意位置),扫描断面的过程(测量记录)可以自动完成。所测的每点均由断面仪发出的一束十分醒目的单色可见红色激光指示,而且可以人工随时加以干预。

三、测量方式

(1)手动检测方法:由操作者控制移动检测指示光斑随意进行量测和记录。

(2)定点监测法:可设置起止角度及测量点数,仪器将按照所定参数自动测量并记录。

(3)自动量测法:仪器依照内部设定的间距,自动检测并记录数据。

四、操作步骤

(1)选择测量断面,确定仪器架设位置。

(2)安放仪器。

(3)设定仪器参数及扫描间距。

(4)自动扫描测量断面。

(5)检查测量断面,进行修正和补测。

(6)数据分析。

复习思考题

一、单项选择题

1.新奥法施工方法适应于(　)。

A.山岭隧道　　B.浅埋隧道　　C.软土隧道　　D.水底隧道

2.隧道开挖要严格控制欠挖,欠挖突入衬砌,对于锚喷不大于(　)。

A.5cm　　B.3cm　　C.1cm　　D.10cm

3.对于中硬岩平均线性超挖量不得超过(　)。

A.16～18cm　　B.18～20cm　　C.20～25cm　　D.16～25cm

4.对于硬岩周边炮眼痕迹保存率应(　)。

A.≤80%　　B.≥80%　　C.≤70%　　D.≥50%

5.对于各种围岩的隧道矿山法施工一般采用(　)。

A.全断面法　　B.台阶法　　C.上导坑法　　D.上下导坑法

二、多项选择题

1. 公路山岭隧道的常用施工方法有(　)。

A. 盾构法　B. 沉埋法　C. 矿山法　D. 新奥法　E. 掘进机法

2. 根据新奥法的施工技术要求和施工过程可划分为(　)。

A. 开挖　B. 喷锚(初期支护)

C. 支撑　D. 模筑混凝土(二次衬砌)

E. 装饰

3. 矿山法施工的基本原则归纳为(　)。

A. 少扰动　B. 早支撑　C. 早支护　D. 快衬砌　E. 慎撤换

4. 测量开挖断面的方法,下列属于非接触观测法的是(　)。

A. 使用投影机的方法　B. 三维近景摄影法

C. 使用激光束的方法　D. 直角坐标法

E. 极坐标法

5. 隧道开挖质量以(　)为标准进行开挖质量评价。

A. 一个开挖断面　B. 50m　C. 100m　D. 1km　E. 1～3km

三、判断题

1. 采用预裂爆破是提高隧道开挖质量的一项有效措施。　(　)
2. 隧道开挖质量是以某一个开挖断面为标准进行评价的。　(　)
3. 暗挖法施工对地面影响较小,但埋置较深时,可能导致地面沉陷。　(　)
4. 极坐标法测量开挖断面的原理与断面仪法原理相同。　(　)
5. 用断面仪进行测量,扫描断面的过程(测量记录)可以自动完成,而且可以人工随时加以干预。　(　)

四、问答题

1. 简述隧道施工的特点。
2. 简述开挖质量评定内容及标准。
3. 简述超欠挖测定方法。
4. 简述用坐标法测量开挖断面测量原理和方法。
5. 简述激光断面仪法的原理、操作方法、步骤。
6. 简述台阶法施工的施工顺序。

第四章 初 期 支 护

【主要内容】

本章主要介绍公路隧道支护的方式、作用、施工工艺及锚杆和喷射混凝土的质量检测方法。

【要求】

了解：支护方式及其适用范围（工程师）。

熟悉：初期支护的作用及施工工艺；**影响喷射混凝土质量的因素**（员了解）；钢支撑施工质量检测；端锚式锚杆施工质量无损检测方法。

掌握：锚杆加工质量与安装尺寸检测的内容；锚杆拉拔力的测试方法；砂浆锚杆砂浆饱和度检测的**原理**（工程师）及方法；喷射混凝土质量检测内容、方法、**评定标准**（工程师）；地质雷达法检测初期支护缺陷的**原理**（工程师）、**方法**（员熟悉）。

第一节 支护方式及其适用范围

一、常用支护的方式：

锚杆支护、喷射混凝土支护、锚喷联合支护以及钢构件支撑。

二、适用范围

对不同类别的围岩，采用不同的支护方式：V 类围岩常用局部喷射混凝土支护或局部锚杆支护，为防止岩爆和局部落石，可局部加栓钢筋网；IV～III 类围岩可采用锚杆、锚杆挂网、喷射混凝土或锚喷联合支护，III 类围岩必要时也可加设钢支架；II～I 类围岩采用锚喷挂网联合锚杆支护形式，并可结合辅助施工方法进行支护；当地质条件差，围岩不稳定时，可采用钢构件支撑。

第二节 初期支护的作用及施工工艺

一、锚杆的作用

锚杆具有“悬吊作用”、“组合梁作用”和“加固拱作用”等而使围岩得到加固。

二、喷射混凝土的作用

喷层凝固后具有“支撑作用”、“填补作用”、“黏结作用”和“封闭作用”。

三、喷射混凝土施工工艺

喷射混凝土施工工艺有三种：干喷、潮喷、湿喷，其施工工艺如图 4-4-1 和图 4-4-2。

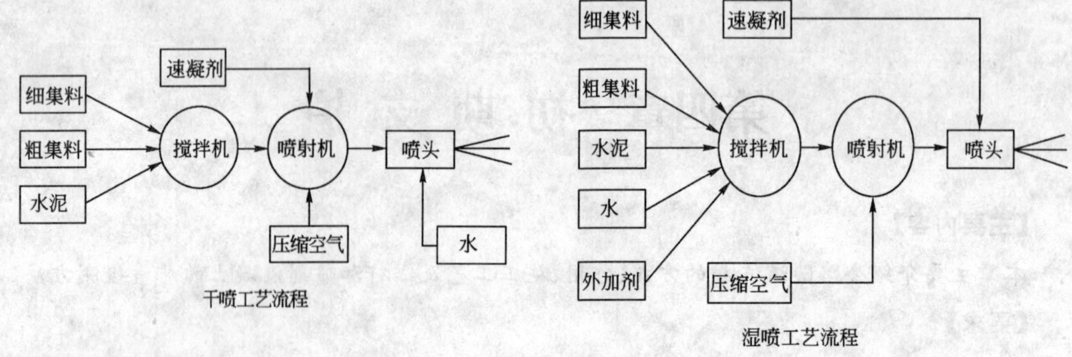

图 4-4-1　干喷工艺流程图　　　　图 4-4-2　湿喷工艺流程图

湿喷比干喷可降低粉尘50%以上，减少耗风量50%，提高抗压强度50%，回弹也成倍降低。但如速凝剂不能和水泥同时预先加入，水泥用量高，水灰比在0.5以上，渗透性大，设备复杂，成本高等，所谓潮喷工艺实质也是一种干喷工艺，无非是通过对设备进行改进，使喷射干料中的含水率提高一些。

第三节　锚杆加工与安装质量检测的内容

一、锚杆加工质量检查

1.锚杆材料检测

1)抗拉强度

锚杆材料检测方法是从原材料或成品锚杆上截取试样，做拉伸试验，测定材料的力学特性，确定其是否满足工程要求。

2)延展性弹性

有些隧道围岩变形量较大，要求锚杆材质具有一定的延展性，过脆可能导致锚杆中途断裂失效，所以必要时，应对材料的延展性进行试验。检查时，可采用现场弯折或锤击，观察其塑性变形情况。

2.杆体规格

锚杆杆体直径必须与设计相符，可用卡尺或直尺量，并应注意杆径是否均匀一致。

3.加工质量

检查时，首先应测量各部分的尺寸，其次检查焊接件的焊接质量；对于车丝部分，应检查丝纹质量，观察是否有偏心现象。

二、锚杆安装尺寸检查

1.锚杆位置

钻孔前应根据设计要求定出孔位，作出标记。施工时可根据围岩壁面的具体情况，允许孔位偏差±15mm。检查时应特别注意对锚杆间距与排距的测量。

2.锚杆方向

钻孔方向应尽量与围岩壁面和岩层主要结构面垂直。检查时应特别注意拱顶钻孔的垂直度，目测即可。

3. 钻孔深度

水泥砂浆锚杆深度，允许孔深偏差为±50mm；对于树脂锚杆和快硬水泥锚杆，钻孔深度应控制更严。深度不足造成托板悬空，锚杆难以发挥作用。钻孔深度可用带有长度刻度的塑料管或木棍等插孔量测。

4. 孔径与孔形

砂浆锚杆用尺量，钻孔直径大于杆体直径 15mm 时，可认为孔径符合要求。

第四节　锚杆拉拔力的测试方法

一、拉拔设备

锚杆拉拔试验的常用设备为中空千斤顶、手动油压泵、油压表、千分表。

二、测试方法

(1)根据试验目的，在隧道围岩指定部位钻锚杆孔。

(2)按照正常的安装工艺安装待测锚杆。

(3)根据锚杆的种类和试验目的确定拉拔时间。

(4)在锚杆尾部加上垫板，套上中空千斤顶，将锚杆外端与千斤顶内缸固定在一起，并装设位移量测设备与仪器。

(5)通过手动油压泵分级加压，从油压表读取油压，根据活塞面积换算锚杆承受的拉拔力；同时读取位移值。加载速率为 10kN/min。

三、注意事项

(1)安装拉拔设备时，应使千斤顶与锚杆同心，避免偏心受拉。

(2)加载应匀速，一般以每分钟 10kN 的速率增加。

(3)如无特殊需要，可不做破坏性试验，拉拔到设计拉力即停止加载。

(4)千斤顶应固定牢靠，并有必要的安全保护措施。

四、试验要求

(1)每安装 300 根锚杆至少随机抽样一组(3 根)，设计变更或材料变更时另作一组拉拔力测试。

(2)同组锚杆锚固力或拉拔力的平均值，应大于或等于设计值。

(3)同组单根锚杆的锚固力或拉拔力，不得低于设计值的 90%。

第五节　砂浆锚杆砂浆注满度检测方法

一、检测的原理

Thurner 方法的基本原理是：在锚杆杆体外端发射一个超声波脉冲，它沿杆体钢筋以管道波的形式传播，到达钢筋底端后反射，在杆体外端可接收此反射波。如钢筋外由密实、饱满的水泥砂浆握裹，在杆体外端测得的反射波振幅很小，甚至测不到；如果无砂浆握裹，仅是一根空杆，则超声波仅在钢筋中传播，能量损失不大，接收到的反射波振幅则较大：如果握裹砂浆不密实，中间有空洞或缺失，则得到的反射波振幅的大小界于前两者之间。

二、测量方法

在施工现场按设计参数，对不同类型的围岩，各设 3～4 组标准锚杆（水泥砂浆密实度分别为 90％、80％、70％等）；每组 1～2 根。在这些标准锚杆上测定反射波振幅值（若每组有一根以上锚杆则取平均值），这些值即作为检测其他锚杆的标准。这些标准值在进行其他锚杆的检测前储入仪器，在检测其他锚杆时可由测量仪器自动显示被测锚杆的长度与砂浆密实度的级别。

第六节　端锚式锚杆施工质量无损检测

一、检测原理

对于带有螺栓和托板的端锚式锚杆来说，托板和螺母安装后，可通过拧紧压在托板上的螺母使锚杆杆体受拉，拉力的大小与螺母拧紧的程度有关，拧紧程度又与加在螺母上的力矩有关，所以锚杆上的拉力取决于加在螺母上的力矩。利用锚杆拉力与所加力矩之间的关系，可通过与给待检测锚杆螺母施加力矩，来间接确定锚杆的锚固质量。由于作用在螺母上的力矩除取决于锚杆拉力外，还与螺母和托板之间的摩擦力有关，因此，为了利用螺母上的力矩来检测锚杆的拉力，必须事先在实验室进行试验，建立力矩—锚固力关系，然后根据此关系检测锚杆的锚固质量以及锚杆上的预应力。

二、检测工具

锚杆螺母扭力矩的量测工具为扭力扳手。扭力扳手是机械装配和机械修理中常用的工具，它由力臂、刻度盘、指示杆和套筒组成。力臂为具有一定刚度或弹性的圆杆，标有扭力矩的刻度盘固定在力臂上，在扳手的另一端，固定了一根指示杆。

三、检测方法

(1)将套筒套在待检测锚杆的螺母上，并将扭力扳手主体与套筒连接。

(2)左手轻按扭力扳手套筒端，右手扳动手柄，同时读取扭力矩的最大读数，并作记录。

(3)根据扭矩和锚杆拉力之间的对应关系，确定锚杆的拉力。

第七节　喷射混凝土质量检测及其影响的因素

一、喷射混凝土质量检测内容

喷射混凝土质量检测内容包括：强度（抗压强度、抗拉强度、抗剪强度、疲劳强度、粘结强度）、厚度、回弹率、断面尺寸以及外观无裂缝、脱落、露筋、渗漏水等情况。

二、抗压强度试验

1. 检查试块的制作方法

1)喷大板块切割法

在施工的同时，将混凝土喷射在 45cm×35cm×12cm（可制成 6 块）或 45cm×20cm×

12cm(可制成3块)的模型内,在混凝土达到一定强度后,加工成10cm×10cm×10cm的立方体试块,在标准条件下养护至28d进行试验(精确到0.1MPa)。

2)凿方切割法

在具有一定强度的支护上,用凿岩机打密排钻孔,取出长约35cm、宽约15cm的喷射混凝土块,加工成10cm×10cm×10cm的立方体试块,在标准条件下养护至28d,进行试验(精确到0.1MPa)。

2.检查试块的数量

隧道(两车道隧道)每10延米,至少在拱部和边墙各取1组试样,材料或配合比变更时另取一组,每组至少取3个试块进行抗压强度试验。

3.评定

满足以下条件者为合格,否则为不合格。

(1)同批(指同一配合比)试块的抗压强度平均值,不低于设计强度或C20。

(2)任意一组试块抗压强度平均值不得低于设计强度的80%。

(3)同批试块为3~5组时,低于设计强度的试块组数不得多于1组;试块为6~16组时,不得多于2组;17组以上,不得多于总组数的15%。

三、喷射混凝土厚度的检测

(1)喷层厚度可用凿孔或激光断面仪、光带摄影等方法检查。

(2)检查断面数量。每10延米至少检查一个断面,从拱顶中线起每隔2m凿孔检查一个点。

(3)合格条件。每个断面拱、墙分别统计,全部检查孔处喷层厚度应有60%以上不小于设计厚度;平均厚度不得小于设计厚度;最小厚度不应小于设计厚度的1/2。在软弱破碎围岩地段,喷层厚度不应小于设计规定的最小厚度,钢筋网喷射混凝土的厚度不应小于6cm。

四、喷射混凝土与围岩粘结强度试验

1.试验方法

1)成型试验法

在抗压强度试验的模型内放置面积为10cm×10cm×5cm(厚)且表面粗糙度近似于实际情况的岩块,用喷射混凝土掩埋。在混凝土达到一定强度后,加工成10cm×10cm×10cm的立方体试块,在标准条件下养护至28d,用劈裂法进行试验。

2)直接拉拔法

在围岩表面预先设置带有丝扣和加力板的拉杆,用喷射混凝土将加力板埋入,喷层厚度约10cm,试件面积约30cm×30cm(周围多余的部分应予清除)。经28d养护,进行拉拔试验。

2.强度标准

IV类及以上岩石大于0.8MPa;III类大于0.5MPa。

3.喷射混凝土粉尘、回弹检查

按《公路隧道施工技术规范》(JTJ 042—94)规定。

五、影响喷射混凝土质量的因素

1.影响喷射混凝土强度的因素

(1)原材料(水泥、砂、石子、速凝剂等)。

(2)施工作业(配合比的计量、拌和,喷射距离和压力)。

2.影响喷射混凝土厚度的因素

(1)爆破效果。

(2)回弹率。

(3)施工管理。

(4)喷射参数。

第八节　钢支撑施工质量检测

一、加工质量检测

(1)加工尺寸。钢架加工尺寸应符合设计要求。

(2)强度和刚度。钢支撑必须具备足够的强度和刚度。如果地质条件复杂,钢架用量较大,应对钢架的强度和刚度进行抽检,将一定数量的钢架样品放到试验台上进行加载试验,建立荷载与变形关系,分析计算钢架的强度和刚度。

(3)焊接。检测时,要注意是否有假焊,焊缝长度、深度是否符合要求。

二、安装质量检测

(1)安装尺寸。检测时应用钢卷尺测量,其误差不应超过设计尺寸 5cm;其次应注意量测钢架拱顶的高程,要求钢架不得侵入二次衬砌空间 5cm。

(2)倾斜度。钢架在平面上应垂直于隧道中线,检测可用直角尺量测;在纵断面上其倾斜度不得大于 2°,检测可用坡度规。

(3)连接与固定。钢架之间必须用纵向钢筋连接。施工过程中尤其要检查钢架与锚杆的连接,要保证焊接密度与焊接质量,最终使锚杆、钢架和衬砌形成整体承载结构。

第九节　地质雷达检测初期支护缺陷的方法

一、地质雷达法的原理

地质雷达利用一个天线发射高频宽频带电磁波,另一个天线接收来自地下介质界面的反射波。电磁波在介质中传播时,其路径、电磁场强度与波形将随所通过介质的电性质及几何形态而变化。根据接收到波的旅行时间(亦称双程走时)、幅度与波形资料,可推断介质的结构。其原理见图 2-4-3。

实测时将雷达的发射和接收天线密贴于喷层表面,雷达波通过天线进入混凝土衬砌中,遇到钢筋、钢拱架、材质有差别的混凝土、混凝土中间的不连续面、混凝土与空气分界面、混凝土与岩石分界面、岩石中的裂面等产生反射,接收天线接收到反射波,测出反射波的入射、反射双向走时,就可计算出反射波走过的路程长度,从而求出天线距反射面的距离 D,即有式(2-4-1):

$$D = \frac{1}{2}v\Delta t \tag{2-4-1}$$

式中:D——天线到反射面的距离(km);

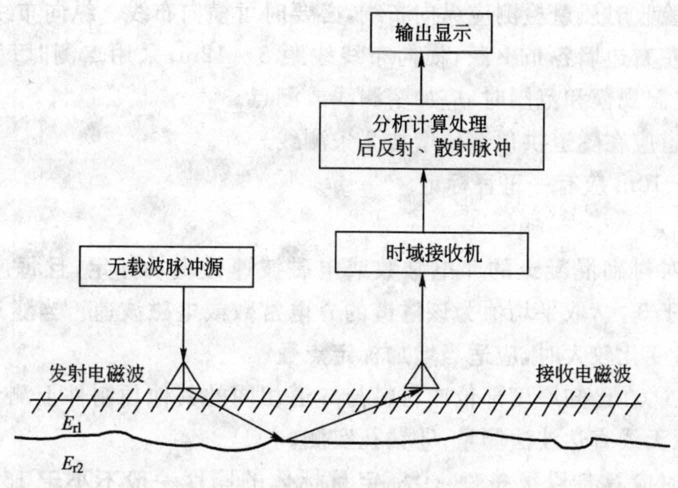

图 2-4-3 雷达探测原理示意图

Δt——雷达波从发射至接收到反射波的走时，用 ns(纳秒，1ns=10^{-9}s)计；

v——雷达波的行走速度(km/s)。

可以用几何光学的概念来看待直线传播雷达波的透射和反射，即有式(2-4-2)：

$$v = C_0/\varepsilon^{1/2} \tag{2-4-2}$$

式中：C_0——雷达波在空气中的传播速度(30cm/ns)；

ε——介电常数，由波所通过的物质决定。即物体中的雷达波速由其介电常数决定。如空气的 $\varepsilon=1$，水的 $\varepsilon=81$，混凝土的 $\varepsilon=4\sim10$。实际上，雷达波之所以会在物体界面产生反射，是因为界面两侧物质介电常数不同。

雷达天线可沿所测测线连续滑动，所测的每个测点的时间曲线可以汇成时间剖面图像。从一个测点的反射波时间曲线上去判别哪一个波反映什么是困难的，但多个测点资料汇成的时间剖面，各测点接收到的同一反射面的反射波汇面一定图像，就能直观地反映出各种不同的反射面。根据这些图像即可辨别不同的物体。

二、地质雷达探测系统组成

地质雷达探测系统由地质雷达主机、天线、便携式计算机、数据采集软件、数据分析处理软件等组成。

地质雷达主机技术指标应符合以下要求：系统增益不低于 150dB；信噪比不低于 60dB；模/数转换不低于 16 位；信号叠加次数可选择；采样间隔一般不大于 0.5ns；实时滤波功能可选择；具有点测与连续测量功能；具有手动或自动位置标记功能；具有现场数据处理功能。

地质雷达天线可采用不同频率的天线组合，技术指标应符合以下要求：具有屏蔽功能；最大探测深度大于 2m；垂直分辨率应高于 2cm。

三、现场检测

1. 测线布置

(1)隧道施工过程中质量检测以纵向布线为主，横向布线为辅。纵向布线的位置应在隧道拱顶、左右拱腰、左右边墙和隧道底部各布 1 条；横向布线一般情况线距 8～12m；采用点测时每断面不小于 6 个点。

(2)隧道竣工验收时质量检测应纵向布线,必要时可横向布线。纵向布线的位置应在隧道拱顶、左右拱腰和左右边墙各布 1 条;横向布线线距 8~12m;采用点测时每断面不少于 5 个点。需确定回填空洞规模和范围时,应加密测线或测点。

(3)三车道隧道应在隧道拱顶部位增加 2 条测线。

(4)测线每 5~10m 应有一里程标记。

2.介质参数标定

(1)检测前应对衬砌混凝土的介电常数或电磁波速做现场标定,且每座隧道应不少于 1 处,每处实测不少于 3 次,取平均值为该隧道的介电常数或电磁波速。当隧道长度大于 3km、衬砌材料或含水量变化较大时,应适当增加标定点数。

(2)标定方法:①在已知厚度部位或材料与隧道相同的其他预制件上测量;②在洞口或洞内避车洞处使用双天线直达波法测量;③钻孔实测。

(3)求取参数时应具备以下条件:①标定目标体的厚度一般不小于 15cm,且厚度已知;②标定记录中界面反射信号应清晰、准确。

(4)标定结果应按式(2-4-3)、(2-4-4)计算:

$$\varepsilon_r = \left(\frac{0.3t}{2d}\right)^2 \tag{2-4-3}$$

$$v = \frac{2d}{t} \times 10^9 \tag{2-4-4}$$

式中:ε_r——相对介电常数;

v——电磁波速(m/s);

t——双程旅行时间(ns);

d——标定目标体厚度或距离(m)。

3.测量时窗由式(2-4-5)确定

$$\Delta T = \frac{2d\sqrt{\varepsilon_r}}{0.3} \cdot a \tag{2-4-5}$$

式中:ΔT——时窗长度(ns);

a——时窗调整系数,一般取 1.5~2.0;

其他参数意义同前。

4.扫描样点数由式(2-4-6)确定

$$S = 2\Delta T f K \times 10^{-3} \tag{2-4-6}$$

式中:S——扫描样点数;

ΔT——时窗长度(ns);

f——天线中心频率(MHz);

K——系数,一般取 6~10。

5.纵向布线

纵向布线应采用连续测量方式,扫描速度不得小于 40 道(线)/s;特殊地段或条件不允许时可采用点测方式,测量点距不宜大于 20cm。

四、数据处理

(1)原始数据处理前应回放检验,数据记录应完整、信号清晰,里程标记准确。不合格的原始数据不得进行处理与解释。

(2)数据处理与解释软件应使用正式认证的软件或经鉴定合格的软件。

(3)数据处理与解释可采用图 2-4-4 流程。

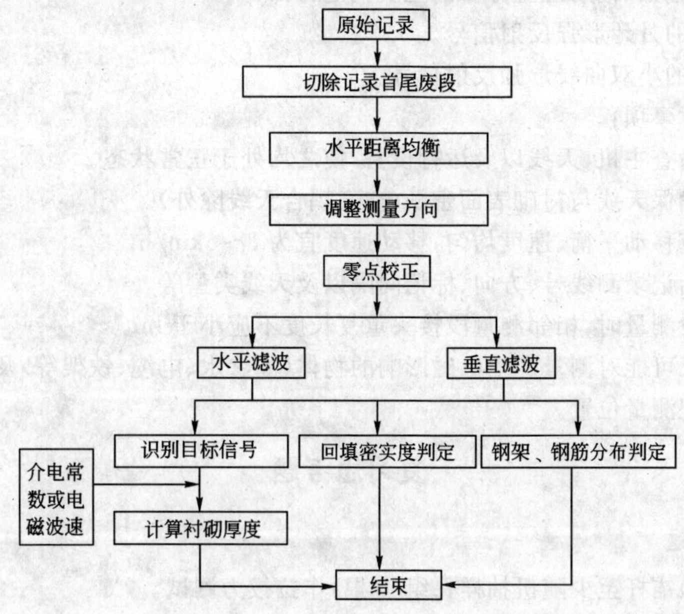

图 2-4-4　数据处理流程图

(4)数据处理应符合:确保位置标记准确、无误;确保信号不失真,有利于提高信噪比。

(5)解释工作应符合以下要求:

①解释应在掌握测区内物性参数和衬砌结构的基础上,按由已知到未知和定性指导定量的原则进行。

②根据现场记录,分析可能存在的干扰体位置与雷达记录中异常的关系,准确区分有效异常与干扰异常。

③应准确读取双程旅行时间的数据。

④解释结果和成果图件应符合衬砌质量检测要求。

(6)衬砌界面应根据反射信号的强弱、频率变化及延伸情况确定。

(7)衬砌厚度应由式(2-4-7)、(2-4-8)确定:

$$d=\frac{0.3t}{2\sqrt{\varepsilon_r}} \tag{2-4-7}$$

或

$$d=\frac{1}{2}vt10^{-9} \tag{2-4-8}$$

式中:d——衬砌厚度(m);

ε_r——相对介电常数;

t——双程旅行时间(ns);

v——电磁波速(m/s)。

(8)衬砌背后回填密实度的主要判定特征:

①密实:信号幅度较弱,甚至没有界面反射信号。

②不密实：衬砌界面的强反射信号同相轴呈绕射弧形，且不连续，较分散。

③空洞：衬砌界面反射信号强，三振相明显，在其下部仍有强反射界面信号，两组信号时程差较大。

(9)衬砌内部钢架、钢筋位置分布的主要判定特征：

①钢架：分散的月牙形强反射信号。

②钢筋：连续的小双曲线形强反射信号。

(10)检测注意事项：

①测量前应检查主机、天线以及运行设备，使之均处于正常状态。

②测量时应确保天线与衬砌表面密贴(空气耦合天线除外)。

③检测天线应移动平衡、速度均匀，移动速度宜为 3～5km/h。

④记录应包括记录测线号、方向、标记间隔以及天线类型等。

⑤当需要分段测量时，相邻测量段接头重复长度不应小于 lm。

⑥应随时记录可能对测量产生电磁影响的物体(如渗水、电缆、铁架等)及其位置。

⑦应准确标记测量位置。

复习思考题

一、单项选择题

1. 每安装( )锚杆至少随机抽样一组(3 根)作拉拔力测试。

A. 100m　　B. 100 根　　C. 1 000 根　　D. 300 根

2. 在检查锚杆安装尺寸时，孔径大于杆体直径( )时，可认为孔径符合要求。

A. 10mm　　B. 15mm　　C. 20mm　　D. 25mm

3. 锚杆拉拔力试验时同组单根锚杆的锚固力或拉拔力，不得低于( )。

A. 设计值　　B. 设计值的 80%

C. 设计值的 90%　　D. 设计值的 70%

4. 喷射混凝土的黏结强度对于Ⅳ类及以上岩石大于( )。

A. 1MPa　　B. 0.8MPa　　C. 0.1MPa　　D. 0.5MPa

5. 混凝土喷射试模尺寸为( )。

A. 15cm×15cm×15cm　　B. 10cm×10cm×10cm

C. 45cm×20cm×10cm　　D. 45cm×35cm×12cm

6. 在隧道局部不良地质地段为避免坍方常用的支护方式是( )。

A. 钢支撑　　B. 锚杆支护　　C. 喷射混凝土　　D. 锚喷支护

7. 锚杆位置允许孔位偏差为( )。

A. ±100mm　　B. ±20mm　　C. ±15mm　　D. ±50mm

8. 对于埋深较浅、固结程度低的地层，水平成层的场合( )更为重要。

A. 围岩周边位移量测　　B. 拱顶下沉量测

C. 地表下沉量测　　D. 围岩内部位移量测

9. 用 Thurner 法可检测砂浆锚杆的( )。

A. 抗拔力　　B. 注满度　　C. 轴力　　D. 预应力

10. 喷射混凝土时，为减少粉尘和回弹率可采取( )等措施。

A. 增大粗大集料的粒径　　B. 湿喷工艺，添加外加剂

C. 加大水量　　　　D. 加大风压

二、多项选择题

1. 隧道常用支护的方式(　)。

A. 锚杆　B. 喷射混凝土　C. 锚喷联合　D. 钢构件支撑　E. 模注混凝土

2. 喷射混凝土强度满足以下(　)条件者为合格,否则为不合格。

A. 同批试块强度平均值,不低于设计强度或 C20

B. 任意一组试块强度平均值不得低于设计强度的 80%

C. 任意一组试块强度平均值不得低于设计强度的 90%

D. 同批试块为 3～5 组时,低于设计强度的试块组数不得多于 1 组

E. 17 组以上,不得多于总组数的 15%

3. 要求喷射混凝土表面平整度必须满足(　)(L 为喷射混凝土相邻两凸面间的距离,D 为喷射混凝土相邻两凸面间下凹的深度)。

A. 边墙 $D/L\leqslant\frac{1}{5}$　　　　B. 边墙 $D/L\leqslant\frac{1}{6}$

C. 边墙 $D/L\leqslant\frac{1}{7}$　　　　D. 拱顶 $D/L\leqslant\frac{1}{7}$

E. 拱顶 $D/L\leqslant\frac{1}{8}$

4. 影响喷射混凝土强度的因素有(　)。

A. 爆破效果　B. 原材料　C. 回弹率　D. 施工工艺　E. 隧道长度

5. 锚杆的支护作用有(　)。

A. 悬吊作用　　　　B. 组合梁作用

C. 加固拱作用　　　　D. 支撑围岩

6. 隧道施工过程用地质雷达检测质量以纵向布线为主,横向布线为辅。纵向布线的位置应在(　)。

A. 隧道拱顶　　　　B. 左右拱腰

C. 左右边墙　　　　D. 隧道底部

E. 隧道拱顶左右

7. 喷射混凝土施工质量评判的指标有(　)。

A. 表面平整度　　　　B. 强度的均匀性

C. 回弹率　　　　D. 抗压强度

E. 抗渗强度等级

8. 喷射混凝土抗压强度常用试验方法有(　)。

A. 凿方切割法　　　　B. 拉拔法

C. 劈裂法　　　　D. 喷大板切割法

E. 称重法

9. 喷射混凝土干喷工艺初始在搅拌机中加入的材料有(　)。

A. 细集料　B. 速凝剂　C. 水　D. 水泥　E. 粗集料

10. 目前我国公路隧道施工中常用的钢支撑可分为(　)。

A. 钢格栅　　　　B. 角钢支撑

C. 工字形钢支撑　　　　　　　　　　D. 钢管支撑

E. H 形钢支撑

三、判断题

1. V 类围岩常用局部喷射混凝土支护或局部锚杆支护。（ ）

2. 锚喷是适用各种围岩条件的支护方式。（ ）

3. 锚杆轴力是检验锚杆使用效果的依据。（ ）

4. 隧道施工所用的钢支撑不要与锚杆相连接。（ ）

5. 钢支撑是依靠"被动支撑"来维持围岩稳定的，而锚喷支护则是依赖"主动加固"来保持围岩稳定的。（ ）

6. 喷射混凝土与岩石的黏结力，IV 类以上围岩不低于 0.8MPa，III 类围岩不低于 0.5MPa。（ ）

7. 用超声波能量损耗可判定砂浆锚杆的灌注质量。（ ）

8. 钢支撑安装质量检测时，钢架在纵断面其倾斜度不得大于 15°。（ ）

9. 锚杆在工作时主要承受压力。（ ）

10. 地质雷达检测时衬砌内部钢架位置主要判定特征为连续的小双曲线形强反射信号。（ ）

四、问答题

1. 简述常用支护的方式及适用范围。

2. 简述影响喷射混凝土质量的因素。

3. 简述砂浆锚杆砂浆注满度检测的原理和方法。

4. 喷射混凝土的施工工艺有哪几种？简述各自的特点。

5. 简述喷射混凝土厚度的检测和评定方法。

6. 钢支撑施工质量检查的内容有哪些？

7. 简述锚杆拉拔力的测试方法。

8. 简述端锚式锚杆无损检测的方法。

9. 怎样进行喷射混凝土抗压强度的评定？

10. 简述地质雷达探测衬砌探测背部空洞的原理。

第五章　防　排　水

【主要内容】

本章主要介绍公路隧道防排水材料的性能、排水系统的施工工艺和质量检查以及防水混凝土抗渗性能试验方法。

【要求】

了解：隧道防排水的目的、原则及质量要求（工程师）。

熟悉：常用防排水材料及其主要性能；**排水系统施工质量检查**（工程师）；**防水板的施工工艺**（员了解）；**止水带安装工艺**（员了解）；土工织物性能检测方法。

掌握：防水卷材和性能检测方法；防水混凝土抗渗性能试验；防水板施工质量检测内容、方法及**质量标准**（工程师）。

第一节　隧道防排水的目的、原则及质量要求

一、隧道防排水的目的

渗漏水是隧道的常见病害之一。隧道渗漏水的长期作用，将大大地降低隧道内各种设施的使用寿命和功能，恶化隧道的营运环境。因此，良好的隧道防水与排水，是保证隧道设备的正常使用、结构的耐久性和行车安全的重要条件。另外，通过隧道的防排水，保护地下水环境也是非常重要的。

二、隧道防排水的原则

遵循"防、排、截、堵结合，因地制宜，综合治理"的原则。防水与排水设施，应结合隧道衬砌采用可靠的防水和排水措施，使洞内外形成一个完整的畅通的防排水系统。

首要是做好堵水和截水。在围岩破碎和涌水易坍地段直接向围岩体内压水泥浆或化学浆液，堵塞裂隙水和渗涌水孔。至于截水，则主要是防止地表水的下渗，其措施有铺砌、勾补、抹面，以及坑穴、钻孔等的填平、封闭等。

公路隧道衬砌的防排水方法很多，应首先采取引排措施，如设置盲沟、排水管等，将水引至水沟内排出，然后敷设聚氯乙烯塑料板或合成树脂防水卷材，以及防水混凝土等内、外衬砌防水层。当采用复合式衬砌时，则宜设置夹层防水层。

三、隧道防排水的质量要求

基本要求要做到隧道内不滴水或不渗，以保证在营运期内行车安全、设备的正常使用，使之具有良好的耐久性。具体质量标准如下：

1. 高速公路、一级公路、二级公路隧道防排水要求

(1)拱部、边墙、路面、设备箱洞不渗水。

(2)有冻害地段的隧道衬砌背后不积水，排水沟不冻结。

(3)车行横道、人行横道等服务通道拱部不滴水，边墙不滴水。

2. 三级公路、四级公路隧道要求

(1)拱部、边墙不滴水，路面不积水，设备箱洞不渗水。

(2)有冻害地段的隧道衬砌背后不积水，排水沟不冻结。

第二节　常用防排水材料主要性能检测方法

一、高分子防水卷材性能检测

1. 高分子防水卷材的种类及性能要求

1)高分子防水卷材的种类

高分子防水卷材包括：三元乙丙橡胶防水卷材(EPDM)和氯丁橡胶薄膜、聚氯乙烯(PVC)和氯化聚乙烯(CPE)、聚乙烯(PE)、聚乙烯-醋酸乙烯(EVA)和聚乙烯-醋酸乙烯-沥青共聚物(ECB)防水卷材、高密度聚乙烯(HDPE)和低密度聚乙烯(LDPE)等。隧道防水采用的高分子防水卷材主要是ECB、EVA和LDPE等。

2)高分子防水卷材的性能要求

高分子防水卷材与传统的石油沥青油毡相比具有使用寿命长、技术性能好、冷施工、质量轻和污染性低等优点，在隧道防水工程中得到广泛应用。

常见隧道用高分子防水卷材性能要求如表2-5-1所示。

隧道用高分子防水卷材性能要求　　表2-5-1

项　目	技术性能						
	EVA	ECB	LDPE	PVC-II	PE	EPDM	SBS
拉伸强度(MPa)≥	15	10	16	12.0	10	7.5	2.0
断裂伸长率(%)≥	500	450	500	250	400	250	150
不透水性24h(MPa)≥	0.2	0.2	0.2	0.2	0.2	0.3	0.3
低温弯折性(℃)≤	−35	−35	−35	−25	−35	−40	−30
热处理尺寸变化率(%)≤	2.0	2.5	2.0	2.0	2.0	2.0	2.0

2. 取样方法

对于出厂合格的产品，同一生产厂家、同一品种、规格的产品5 000m为一批进行验收。从每批产品的1～3卷中取样，在距端部300mm处截取约3m，用于厚度允许偏差、最小单个值检验和截取各项物理力学性能试验所需的样片。

试样截取前，在温度23℃±2℃，相对湿度45%～55%的标准环境下进行状态调整，调整时间不少于16h。截取试件的部位、种类、数量及用作试验的项目，应符合图2-5-1和表2-5-2的要求。

物理力学性能试验所需的试样尺寸及数量　　表2-5-2

试验项目	符　号	尺寸(纵向×横向)(mm)	数　量
拉伸强度	A	200×200	3
热处理尺寸变化率	B	100×100	3

续上表

试验项目	符号	尺寸(纵向×横向)(mm)	数量
低温弯折性	C	(50×100)(100×50)	1/1
抗渗透性	D	ϕ100	3
抗穿孔性	E	150×150	3
剪切状态下的黏合性	F	300×400	2
热老化处理	G	300×200	3
人工候化处理	H	300×200	3
水溶液处理	I	300×200	9

3.试验方法

1)外观质量检查

外观质量检查包括:气泡、疤痕、裂纹、黏结和孔洞。

2)长度、宽度、厚度、平直度和平整度量测

(1)合成高分子防水卷材的长度和宽度用卷尺测量。

(2)厚度用压力为$(2\pm0.2)\times10^{-2}$MPa、压头直径为10mm的测厚仪(分度为0.01mm)量测。厚度测量点(至少10个点)均布在卷材的横向上。

(3)平直度和平整度的量测,在平整基面上展开10m,用分度值为1mm的直尺量测。

3)拉伸性能试验

(1)试验设备

①裁片机:由加载装置、裁刀及其装卸装置组成。裁刀所裁样品形状如图2-5-2所示。

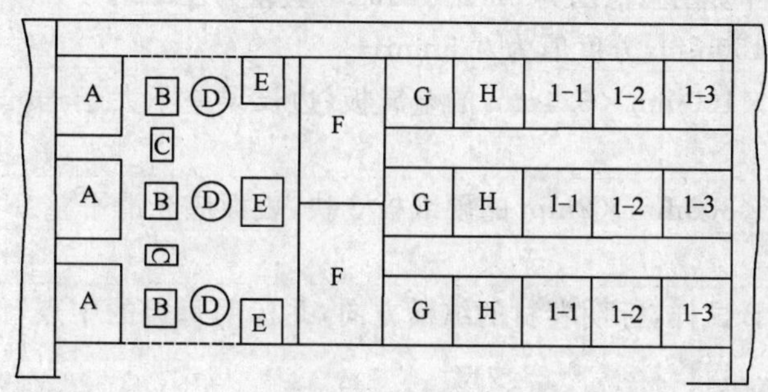

图2-5-1 试样截取布置图

②拉力试验机:量程范围0~1 000N,分度值2N,示值精度±1%;夹持器的移动速度应为80~500mm/min。

(2)试验程序

拉伸性能试验在标准环境下进行。在对裁取的三块A样片上,用裁片机对每块样片沿卷材纵向和横向分别裁取图2-5-2所示形状的试样各两块。在标距区内,用测厚仪测量标距中间和两端三点的厚度。取平均值作为试样厚度d,精确到0.1mm。测量两标距线间初始长度L_0。

将试验机的拉伸速度调到250±50mm/min,再将试样置于夹持器的中心,对准夹持线夹紧。开动机器拉伸试样,读取试样断裂时的荷载P,同时量取试样断裂瞬间的标距线间的长度

L_1。若试样断裂在标距外，则该试样作废，另取试样重做。

(3)试验结果计算

①拉伸强度

试样的拉伸强度按式(2-5-1)计算，精确到0.1MPa：

$$\sigma = \frac{P}{B \cdot d} \tag{2-5-1}$$

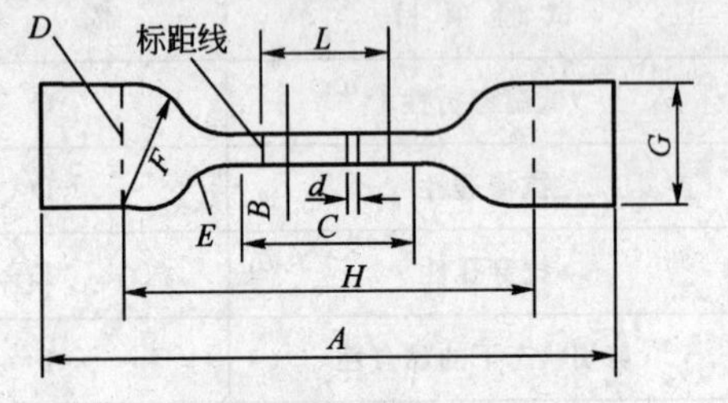

图 2-5-2 拉伸性能试验的试样

A-总长、最小值 115mm；B-标距段的宽度，6.0mm；C-标距段的长度，32±2mm；D-夹持线；E-小半径，14±1mm；F-大半径，25±1mm；G-端部宽度，25±1mm；H-夹具间的初始距离，80±5mm；L-标距线间的距离，25±1mm；d-标距段的厚度

式中：σ——试样的拉伸强度(MPa)；

P——试样断裂时的荷载(N)；

B——试样标距段的宽度(mm)；

d——试样标距段的厚度(mm)。

②断裂伸长率

断裂伸长率(%)：

$$\varepsilon = \frac{L_1 - L_0}{L_0} \times 100 \tag{2-5-2}$$

式中：ε——试样的断裂伸长率(%)；

L_0——试样标距线间初始有效长度(mm)；

L_1——试样断裂瞬间标距线间的长度(mm)。

分别计算并报告 5 块试样纵向和横向的算术平均值，精确到1%。

4.热处理尺寸变化率试验

1)试验器具

(1)鼓风恒温箱：自动控温范围为 50℃～240℃，误差为±2℃。

(2)直尺：量程为 150mm，分度值为 0.5mm。

(3)模板：100mm×100mm×0.4mm 的金属板，边长误差不大于±0.5mm，直角误差不大于±1°。

(4)垫板：300mm×300mm×2mm 的硬纸板 3 块，表面应光滑平整。

2)试验程序

用模板裁取 3 块 B 试样，标明卷材的纵横方向，并标明每边的中点，作为试样处理前后测量时的参考点。

在标准环境下，用直尺测量试样纵向或横向上两参考点间的初始长度 S_0。将试样平放在撒有少量滑石粉的垫板上，再将垫板水平地置于鼓风恒温箱中，3 块垫板不得叠放。在 80℃±2℃的温度下恒温 6h，取出垫板置于标准环境中调节 24h，再测量纵向或横向上两参考点间的长度 S_1。

3)结果计算

纵向和横向的尺寸变化率按式(2-5-3)分别计算：

$$L_h = \frac{|S_1 - S_0|}{S_0} \times 100 \tag{2-5-3}$$

式中：L_h——试样的热处理尺寸变化率(%)；

S_0——试样同方向上两参考点间的初始长度(mm)；

S_1——试样处理后同方向上两参考点间的长度(mm)。

分别计算 3 块试样纵向和横向的尺寸变化率的平均值，试验结果以其中较大的数值表示，精确到 0.1%。

5. 低温弯折性试验

1)试验器具

(1)低温箱：可在 0℃～40℃之间自动控温，误差为±2℃。

(2)弯折仪：主要由金属材料制成的上下平板、转轴和调距螺丝组成，间距可任意调节。

(3)放大镜：放大倍数为 6 倍。

2)试验程序

在标准环境下，用测厚仪测量 C 试样的厚度。然后将试样的耐候面朝外，弯曲 180°，使 50mm 宽的边缘重合、齐平，并确保不发生错位(可用定位夹或 10mm 宽的胶布将边缘固定)，将弯折仪的上下平板间距调到卷材厚度的 3 倍。试验两块试样。

将弯折仪上平板翻开，将两块试样平放在弯折仪下平板上，重合的一边朝向转轴，且距离转轴 20mm，将弯折仪连同试样放入低温箱内，在规定温度下保持 1h。然后，在 1s 之内将弯折仪的上平板压下，达到所调间距位置，保持 1s 后将试样取出。待回复到室温后观察试样弯折处是否断裂，或用放大镜观察试样弯折处受拉面是否有裂纹。

3)结果评定

两块试样均不断裂或无裂纹时评定为无裂纹。

6. 抗渗透性试验

1)试验仪器

采用 GB328 规定的不透水仪，但透水盘的压盖采用如图 2-5-3 所示的金属槽盘。

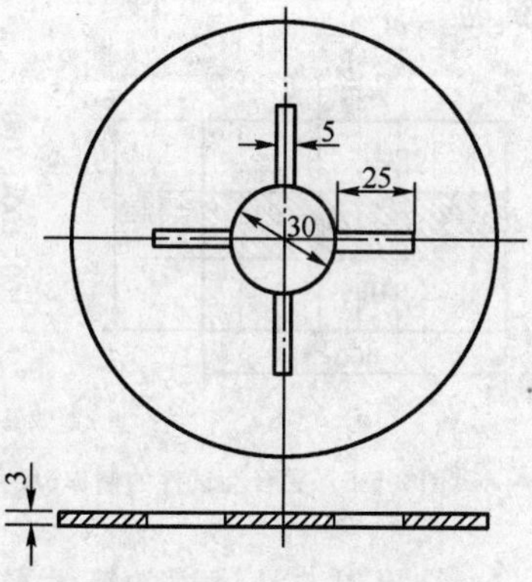

图 2-5-3　金属槽盘(尺寸单位：mm)

2)试验程序

试验在标准环境下进行。先按规定做好准备，将裁取的 3 块 D 试样分别置于 3 个透水盘中，盖紧槽盘，然后按有关规定操作不透水仪，以每小时提高 1/6 规定压力 2×10^5Pa 的速度升压，达到规定压力后保压 24h，观察试样表面是否有渗水现象。

3)结果评定

3 块试样均无渗水现象时评定为不透水。

7. 抗穿孔性试验

1)试验器具

(1)穿孔仪：由一个带刻度的金属导管、可在其中自由运动的活动重锤、锁紧螺栓和半球形钢珠冲头组成，其中导管刻度长为 0～500mm，分度值 10mm；重锤质量 500g，钢珠直径 12.7mm。

(2)铝板：厚度不小于 4mm。

(3)玻璃管：内径≥30mm，长 600mm。

2)试验程序

将裁取的 E 试样自由地铺在铝板上，并一起放在密度 25kg/m³、厚度 50mm 的泡沫聚苯乙烯垫块上。穿孔仪置于试样表面，将冲头下端的钢珠置于试样中心部位，把重锤调节到规定的落差高度 300mm 并定位。使重锤自由下落，撞击位于试样表面的冲头，然后将试样取出，检查试样是否穿孔，试验 3 块试样。

无明显穿孔时，对试样进行水密性试验（图 2-5-4）。将圆形玻璃管垂直放在试样穿孔试验点的中心，用密封膏密封玻璃管与试样间的缝隙。将试样置于滤纸（150mm×150mm）上。滤纸由玻璃板支承，把染色水溶液加入玻璃管中，静置 16h 后检查滤纸，如有渗透现象则表明试样已穿孔。

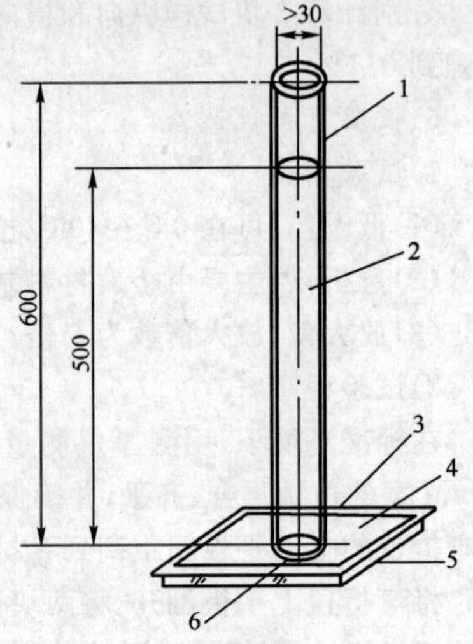

图 2-5-4　水密性试验装置（尺寸单位：mm）

1-玻璃体；2-染色水；3-滤瓶；4-试样；5-玻璃板；6-密封膏

3）结果评定

3 块试样均无穿孔时评定为不渗水。

8. 剪切状态下的黏合性试验

1）试验程序

将两块裁取的 F 试样平放于 60℃ 的按热处理尺寸变化率试验规定的恒温箱中 15min，在样片中间部位按胶黏剂的使用说明用橡皮刮刀涂抹宽度 100mm、厚度适当的胶黏剂，然后将该样片上部未涂抹胶黏剂的部分（I）以及另一块试样下部未涂抹胶黏剂的部分（II）裁去，在长度方向剪成宽度 b 为 50mm 的样条，得到 50mm×100mm 的胶黏表面（如图2-5-5）。每次将两片涂抹胶黏剂的样条相互搭接黏合成试样，两样条长边的边缘必须重合齐平（如图 2-5-5）。取 5 块试样在标准环境下放置 24h，再按拉伸试验方法进行拉伸剪切试验。

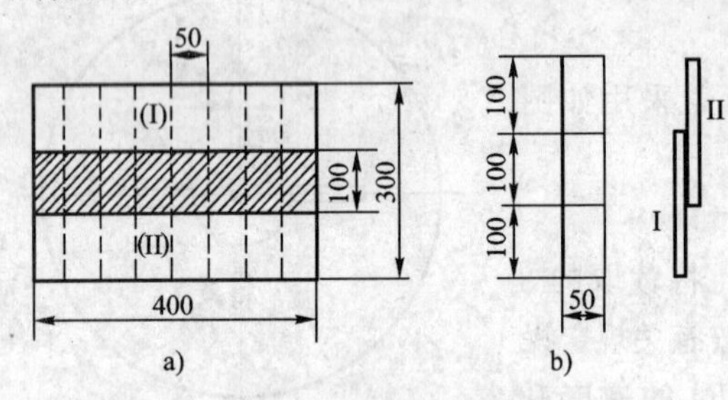

图 2-5-5　黏合性试件的制作（尺寸单位：mm）

2）结果计算

如果拉伸剪切时，试样在黏结面滑脱，则剪切状态下的黏合性以拉伸剪切强度表示，按式（2-5-4）进行计算：

$$\sigma = P/b \tag{2-5-4}$$

式中：σ——拉伸剪切强度（N/mm）；

P——最大拉伸剪切荷载（N）；

b——试样黏合面宽度（mm）。

结果以 5 块试样的算术平均值表示，精确到 0.1N/mm。

如果在拉伸剪切时，试样在接缝外断裂，则评定为接缝外断裂。

9. 热老化处理试验

1）试验仪器

热老化试验箱：自动控温范围 50℃～240℃，误差为±2C。

2）试验程序

将裁取的 3 块 G 试样放置在撒有滑石粉的按热处理尺寸变化率试验要求的垫板上，然后一起放入热老化试验箱中，在 80℃±2℃ 的温度下保持 7d。处理后的样片在标准环境下调节 24h，分别按外观、拉伸性能试验规定的方法进行检查和试验。

3）结果计算

（1）3 块 G 样片外观质量与低温弯折性的结果评定分别与相应试验条文相同。

（2）处理后试样拉伸强度相对变化率按式（2-5-5）计算，精确到 1%：

$$R_\sigma = \left(\frac{\sigma_t'}{\sigma_t} - 1\right) \times 100 \tag{2-5-5}$$

式中：R_σ——试样处理后拉伸强度相对变化率（%）；

σ_t'——处理后 5 块试样的平均拉伸强度（MPa）；

σ_t——未经处理时 5 块试样的平均拉伸强度（MPa）。

（3）处理后试样断裂伸长率相对变化率按式（2-5-6）计算，精确到 1%：

$$R_t = \left(\frac{\varepsilon_t'}{\varepsilon_t} - 1\right) \times 100 \tag{2-5-6}$$

式中：R_t——试样处理后断裂伸长率相对变化率（%）；

ε_t'——处理后 5 块试样的平均断裂伸长率（%）；

ε_t——未经处理时 5 块试样的平均断裂伸长率（%）。

10. 结果评判

对于防水卷材中的外观质量、面积允许偏差、卷材中的允许接头数、卷材平直度、平整度、厚度允许偏差和最小单个值等 6 项要求，其中有 2 项不合格即为不合格卷材。不合格卷不多于 2 卷，且卷材的各项物理力学性能均符合要求时，判定为批合格。

如不合格卷为 2 卷或有 1 项物理力学性能不符合要求，则判定为该批不合格。如不合格卷为 2 卷，但有 2 卷出现上述 6 项中的同 1 项不合格，则仍判该批不合格。

对于判为不合格的批，允许在批中按规定重新加倍抽样，对不合格项目进行重检。如果仍有一组试样不合格，则判定为批不合格。

二、土工布物理特性检测

土工织物也称土工布，是透水性的土工合成材料，按制造方法分为无纺或非织造土工织物和有纺或机织土工织物。

1. 试样制备及数据整理

隧道用土工布检测的试样制备必须满足以下要求。

1）试样的制备

（1）试样不应含有灰尘、折痕、损伤部分和可见疵点。

（2）每项试验的试样应从样品长度与宽度方向上随机取样，但距样品边缘至少 100mm。

（3）同一试验剪取两个以上的试样时，不应在同一纵向或横向位置上剪取，如不可避免时应在试验报告中说明。

（4）取试样应满足精度要求。

（5）剪取试样时，应先制定剪裁计划，对每项试验所用的全部试样，应予编号。

2）试样的调湿与饱和

（1）试样一般应置于温度为 20℃±2℃，相对湿度为 60%±2%和标准大气压的环境中调湿 24h。

（2）如果确认试样不受环境影响，则可不调湿，但应在记录中注明试验时的温度和湿度。

（3）土工织物试样在需要饱和时，宜采用真空抽气法饱和。

3）数据的整理方法

（1）算术平均值 $\bar{x}$ 按式（2-5-7）计算：

$$\overline{x}=\frac{\sum_{i=1}^{n}x_{\mathrm{i}}}{n} \tag{2-5-7}$$

式中：n——试样个数；

x_{i}——第 i 块试验的试样值；

$\overline{x}$——n 块试样值的算术平均值。

(2)标准差按式(2-5-8)计算：

$$\sigma=\sqrt{\sum_{i=1}^{n}(x_{\mathrm{i}}-\overline{x})^2/(n-1)} \tag{2-5-8}$$

(3)变异系数按式(2-5-9) 计算：

$$C_{\mathrm{v}}=\pm\frac{\sigma}{\overline{x}}\times 100\% \tag{2-5-9}$$

(4)在资料分析中，可疑数据的舍弃，按照 K 倍标准差作为舍弃标准，即舍弃在 $\overline{x}\pm K\sigma$ 范围以外的测定值，对不同的试件数量，K 值按表 2-5-3 选用。

统计量的临界值 表 2-5-3

试件数量	3	4	5	6	7	8	9	10	11	12	13	14
K	1.15	1.46	1.67	1.82	1.94	2.03	2.11	2.18	2.23	2.28	2.33	2.37

2. 单位面积质量试验

1)目的及适用范围

本试验方法适用于土工合成材料，测定其单位面积质量。

2)仪器和仪具

(1)剪刀。

(2)尺：最小分度值为 1mm。

(3)天平：感量 0.01g(现场测试可为 0.1g)。

3)试样制备

(1)试样数量不得少于 10 块，对试样进行编号。

(2)试样面积：对一般土工合成材料，试样面积为 10cm×10cm，裁剪和测量精度为 1mm；对网孔较大或均匀性较差的土工合成材料，可适当加大试样尺寸。

(3)取样方法：按前述方法取试样。

4)试验步骤

将裁剪好的试样按编号顺序逐一在天平上称量，并细心测读和记录。

5)结果整理

①按式(2-5-10)计算每块试样的单位面积质量 $M(\mathrm{g/m^2})$：

$$M=m/A \tag{2-5-10}$$

式中：m——试样质量(g)；

A——试样面积($\mathrm{m^2}$)。

②按前述方法计算单位面积质量的平均值、标准差及变异系数。

3. 厚度试验

1)用厚度试验仪测厚度

(1)目的和适用范围

本试验方法适用于测定土工合成材料在不同压力下的厚度。

(2)仪器和仪具

厚度试验仪由下列部件及用具组成,如图 2-5-6 所示。

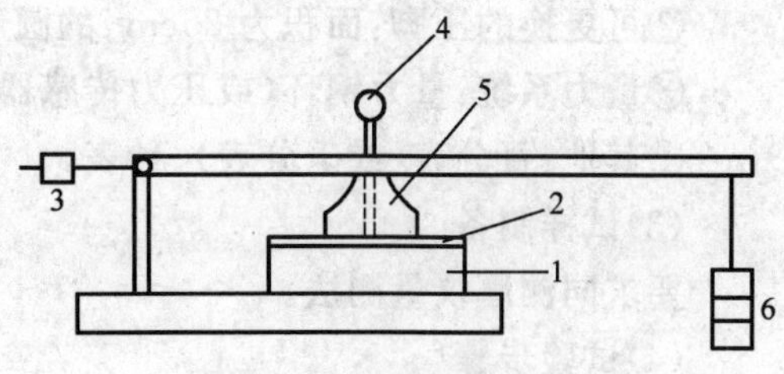

图 2-5-6　厚度试验仪

1-基准板;2-试样;3-平衡锤;4-指示表;5-压脚;6-砝码

①基准板:其面积要大于 2 倍的压脚面积。

②可更换的压脚:采用表面光滑、面积为 $25cm^2$ 的圆形压脚。压脚重 5N,放在试样上时,其自重对试样施加的压力为 2kPa±0.01kPa。

③采用砝码或杠杆方法对压脚加压,压力分别为:0kPa±0.1kPa、200kPa±1kPa。

④百分表(或千分表):用以量测基准板至压脚间的垂直距离。试样厚度大于 0.5mm 时,表的最小分度值为 0.01mm;厚度等于或小于 0.5mm 时,最小分度值为 0.001mm。

⑤秒表:最小分度值为 0.1s。

(3)试样制备

①试样数量不得少于 10 块,对试样进行编号。

②试样面积为 10cm×10cm。

③取样要求同前。

(4)试验步骤

①擦净基准板和压脚,检查压脚轴是否灵活,调整百分表至零读数。

②提起压脚,将试样在不受张力情况下放置在基准板与压脚之间。轻轻放下压脚,稳压 30s 后记录百分表读数。

③土工合成材料的厚度一般指在 2kPa 压力下的厚度测定值,在需测定厚度随压力的变化时,尚需进行④~⑤步骤。

④增加砝码对试样施加 20kPa±0.1kPa 的压力,稳压 30s 后读数。

⑤增加砝码对试样施加 200kPa±1kPa 的压力,稳压 30s 后读数。除去压力,取出试样。

⑥重复上述步骤,测试完 10 块试样。

(5)结果整理

①分别计算每种压力下 10 块试样厚度的算术平均值,以 mm 表示。当试样厚度大于 0.5mm,要求计算精确至0.01mm;当厚度小于或等于 0.5mm,要求精确至 0.001mm。

②计算每种压力下厚度的标准差及变异系数。

③在未明确规定压力时,采用 2kPa 压力下的试样厚度平均值作为土工合成材料试样的厚度。

④以压力的对数为横坐标、厚度的平均值为纵坐标;绘制厚度与压力的关系曲线图。

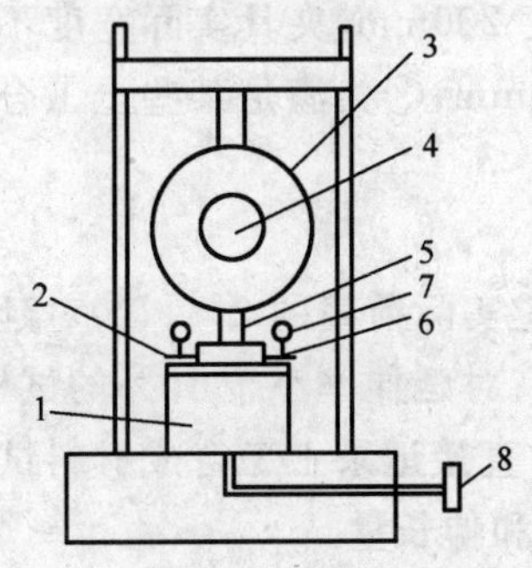

图 2-5-7　无侧限抗压强度仪示意图

1-基准板;2-试样;3-测力计;4-测力表;5-加压杆;6-压脚;7-指示表;8-手柄

2)用无侧限抗压强度试验仪测厚度

(1)目的和适用范围

本试验方法适用于测定土工合成材料在不同压力下的厚度。

(2)仪器和仪具

无侧限抗压强度试验仪包括以下部件及用具,见图 2-5-7。

①可升降的基准板:其面积要大于 2 倍的压脚面积。

②可更换的压脚：面积为 $25cm^2$ 的圆形压脚。

③量力系统：量力钢环(或压力传感器)、测力表，量力钢环应定期标定。

④其他：百分表(或千分表)、秒表。

(3)试样制备

要求同测厚仪量测法。

(4)试验步骤

①转动手柄，使基准板上升，待其与压脚接触，调整百分表至零读数。

②转动手柄，使基准板下降，将试样放在板上。

③再转动手柄，使基准板上升，试样受压。可根据 1～300kPa 的压力范围和量力环的钢环系数来确定加压时量力环中测力表的读数范围，一般在此读数范围内分三级加压，施加压力分别为 2kPa±0.01kPa、20kPa±0.01kPa、200kPa±0.01kPa，每次加压后需稳压 30s 再读数。

④土工合成材料的厚度一般指 2kPa 压力下的厚度测定值，在只需测定该压力下的厚度时，可只对试样施加 2kPa±0.1kPa 的压力。

⑤重复上述步骤，测试 10 块试样。

(5)结果整理

由量力环变形读数和钢环系数，计算各变形值时试样所受的压力。其他数据的整理方法同测厚仪方法。

三、土工织物力学特性测试

土工布的机械性能包括抗拉强度及延伸率、握持强度及延伸率、抗撕裂强度、顶破强度、刺破强度、抗压缩性能等。

隧道用土工布的力学性能测试一般有：条带拉伸试验、撕裂试验、顶破强度试验、刺破试验等。

1.条带拉伸试验

条带拉伸试验适用于土工合成材料的宽条拉伸试验和窄条拉伸试验。

1)仪器和仪具

(1)拉力机：具有等速拉伸功能，能测读拉伸过程中土工合成材料的拉力和伸长量或直接记录拉力—伸长量曲线，如图 2-5-8。

(2)夹具：一对夹持试样的夹具，其钳口面要有一定的约束作用，防止试样在钳口打滑，同时又要防止试样在钳口内被损坏。并满足：①宽条试样有效宽度 200mm，夹具实际宽度不小于 210mm；②窄条试样有效宽度 50mm，夹具实际宽度不小于 60mm；③为满足某些土工合成材料变形较大的要求，两夹之间的最大净距不小于 300mm。

(3)动力装置：采用调速电机油压或机械设施调节拉伸速率。

(4)测量和记录装置：①指示或记录荷载的误差不得大于相应实际荷载的 2%。②对延伸率超过 10%的试样，测量伸长量可用有刻度的钢尺，精度为 1mm；对延伸率小于 10%的试样，应采用精度不小于 0.1mm 的位移测量装置。③可通过传动机构直接记录土工合成材料试样的拉力—伸长量曲线，也可用拉力传感器和位移传感器测量拉力和伸长量。

2)试样制备

(1)试样数量：分别以土工合成材料纵向和横向作试样长边，剪取试样各 6 块。

(2)试样尺寸

①宽条试样:裁剪试样宽度 200mm,长度至少 200mm,实际长度视夹具而定,必须有足够的长度使试样伸出夹具,试样计量长度为 100mm。对于有纺土工织物,裁剪试样宽度 210mm,再在两边拆去大约相同数量的纤维,使试样宽度达到 200mm,如图 2-5-9b)。

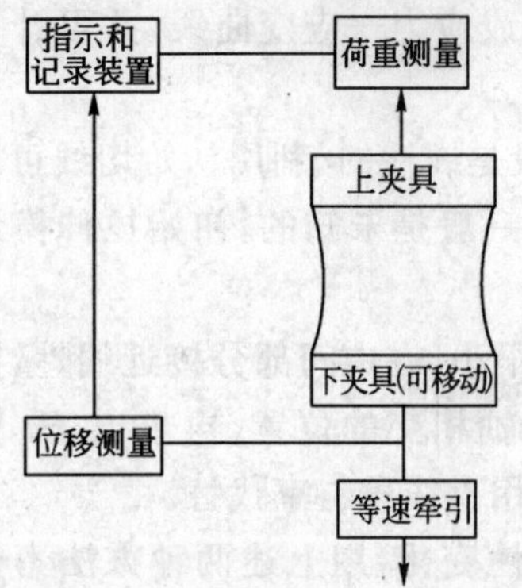

图 2-5-8　平面拉伸试验装置示意图

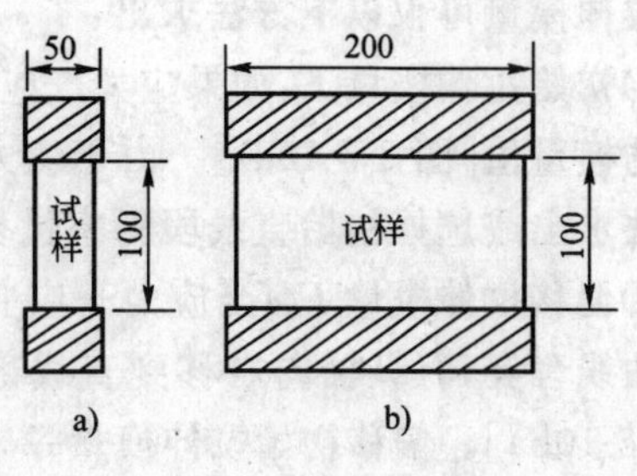

图 2-5-9　宽条和窄条试样(尺寸单位:mm)

a) 窄条 B/L-1/2;b) 宽条 B/L-2.0

②窄条试样:裁剪试样宽度 50mm,长度至少 200mm,必须有足够的长度使试样伸出夹具,试样计量长度为 100mm。对于有纺土工织物,裁剪试样宽度 60mm,再在两边拆去大约相同数量的纤维,使试样宽度达到 50mm,如图 2-5-9a)。

③除测干态强度外,要求测定湿态强度时,裁剪两倍的长度,然后截为等长度的两块。

④对湿态试样,要求从水中取出到上机拉伸的时间间隔不大于 10min。

⑤取样方法:取样原则与厚度测试相同。

3)试验步骤

(1)调整两夹具的初始间距为 100mm。两个夹具中一个的支点能自由旋转或为万向接头,保证两个夹具平行并在一个平面内。

(2)选择拉力机的满量程范围,使试样的最大断裂力在满量程的 10%~90%范围内,设定拉伸速率为 50mm/min。

(3)将试样对中放入夹具内,为方便对中,可在试样上画垂直于拉伸方向的两条相距 100mm 的平行线作为标志线。

(4)测读试样的初始长度 L_0。

(5)开动试验机,以拉伸速率 50mm/min 进行拉伸,同时启动记录装置,连续运转直到试样破坏时停机。对延伸率较大的试样,应拉伸至其拉力明显降低时方能停机。

(6)测量伸长量:在拉伸过程中,测定拉力的同时测定伸长量。

4)结果整理

(1)抗拉强度:土工织物或小孔径土工网的抗拉强度 T_s 可用式(2-5-11)计算:

$$T_s = P_f / B \tag{2-5-11}$$

式中:T_s——抗拉强度(N/m,kN/m);

P_f——测读的最大拉力(N,kN);

B——试样宽(m)。

(2)延伸率:延伸率按式(2-5-12)计算:

$$\varepsilon_p = (L_f - L_0) / L_0 \tag{2-5-12}$$

式中：ε_p——延伸率(%)；

L_0——初始长度(mm)；

L_f——对应最大拉力时的试样长度(mm)。

(3)拉伸模量：由拉伸过程中的拉力—伸长量可转化成应力—应变曲线，并可计算拉伸模量。拉伸模量可由以下方法求出：

①初始拉伸模量 E：如果应力—应变曲线在初始阶段是线性的，利用初始切线可取得比较准确的模量值[图 2-5-10a)]。由于应力—应变曲线方程一般是未知的，初始拉伸模量一般由作图法求出或选择初始直线段斜率代替。

②偏移拉伸模量 E_0：当应力—应变曲线开始段坡度很小，在中间部分接近线性，则把开始段的曲线舍弃，将纵轴向右移到直线部分的延长线与横轴相交的位置，再求出 E_0 和偏移量[图 2-5-10b)]。偏移初始拉伸模量一般由作图法求出或用直线段斜率代替。

③割线拉伸模量 E_s：当应力—应变曲线始终呈非线性变化，用上述两种方法不能取得合适的模量时，则可采用割线法。从原点到曲线上某一点(如应变为10%或20%)连一直线，该线斜率即为割线拉伸模量[图 2-5-10c)]。

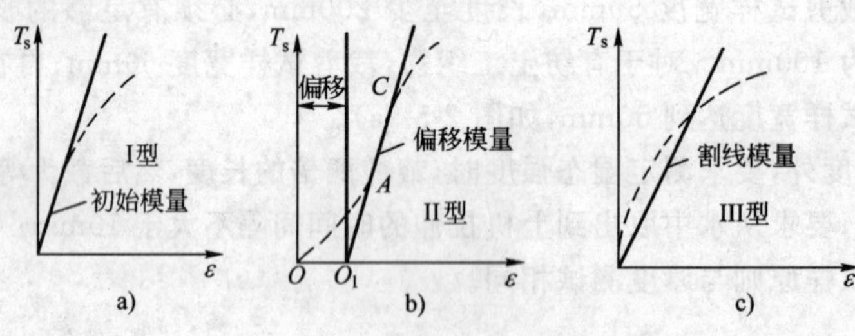

图 2-5-10　拉伸模量表示法

④计算抗拉强度、延伸率及各拉伸模量的平均值，并计算它们的标准差 σ 及变异系数 C_v。

2. 撕裂试验

土工织物抵抗扩大破损裂口的能力用撕裂强度表示，公路行业采用梯形法测定土工织物的撕裂强度。

1)仪器和仪具

(1)拉力机：同条带拉伸试验用的拉力机，其拉伸速率为 100mm/min。

(2)夹具：夹持面尺寸(长×宽)为 50mm×84mm，宽度要求不小于 84mm，宽度方向垂直于力的作用方向。要求夹具上下夹持面平行、光滑，夹紧时不损坏试样，同时要求试验中试样不发生打滑。

(3)梯形模板：用于剪样，标有尺寸，如图 2-5-11a)所示。

2)试样制备

(1)试样数量：经向和纬向各取 10 块试样。

(2)试样尺寸：试样为宽 75mm、长 150mm 的矩形试样，在矩形试样中部用梯形模板画一等腰梯形，尺寸如图 2-5-11b)所示。

(3)取样方法：应符合试样制备的一般原则。

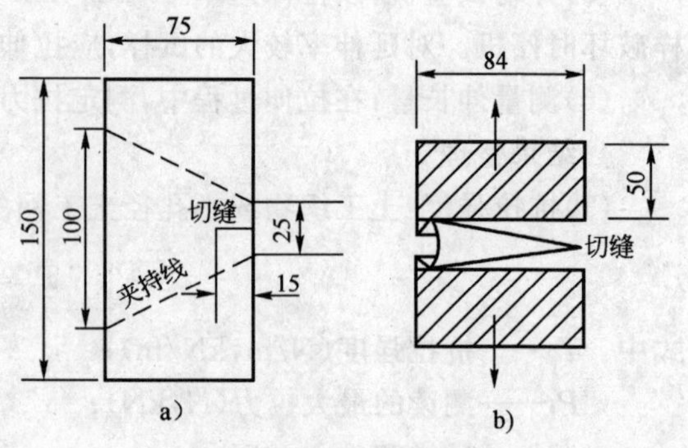

图 2-5-11　梯形撕裂试验(尺寸单位：mm)

a)试样尺寸；b)夹具尺寸

(4)有纺土工织物试样：测定经向纤维的撕裂强度时，剪取试样长边应与经向纤维平行，使试样切缝切断和试验时拉断的为经向纤维。测定纬向撕裂强度时，剪取试样长边应与纬向纤维平行，使试样被切断和撕裂拉断的为纬向纤维。

(5)无纺土工织物试样：测定经向的撕裂强度时，剪取试样长边应与织物经向平行，使切缝垂直于经向；测定纬向撕裂强度时，剪取试样长边应与织物纬向平行，使切缝垂直于纬向。

(6)在已画好的梯形试样短边 1/2 处剪一条垂直于短边的长 15mm 的切缝。

(7)准备好试样，如进行湿态撕裂试验，要求同条带拉伸试验。

3)试验步骤

(1)调整拉力机夹具的初始距离到 25mm，设定拉力机满量程使试样最大撕裂荷载在满量程的 10%～90%范围内，设定拉伸速率为 100mm/min。

(2)将试样放入夹具内，沿梯形不平行的两腰边缘夹住试样。梯形的短边平整绷紧，其余呈起皱叠合状，夹紧夹具。

(3)开动拉力机，以拉伸速率 10mm/min 拉伸试样，并记录拉伸过程中的撕裂力，直至试样破坏时停机。撕裂力可能有几个峰值和谷值，也可能是单一上升而只有一个最大值，如图 2-5-12 所示。取最大值作为撕裂强度，单位以 N 表示。

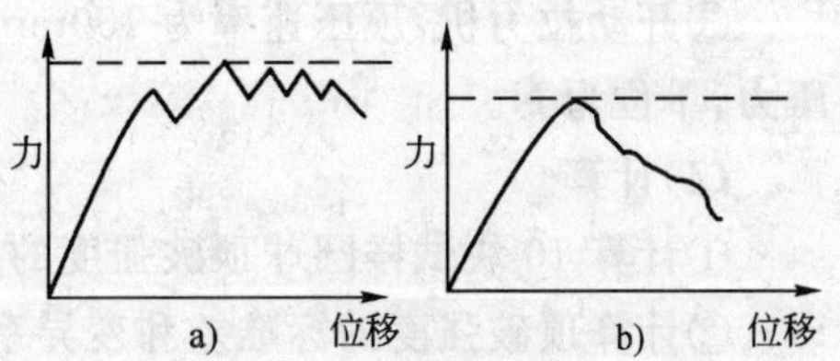

图 2-5-12　撕裂过程曲线

(4)在夹具内有打滑现象或有 1/4 以上的试样在夹具边缘 5mm 范围内发生断裂时，则夹具可作如下处理：a. 夹具内加垫片；b. 与夹具接触部分的织物用固化胶加固；c. 修改夹具面。

4)结果整理

(1)分别计算顺机向和横机向的平均撕裂强度 $\overline{T}_t$。

(2)分别计算顺机向和横机向撕裂强度的标准差和变异系数。

3. 顶破强度试验

在隧道工程中，土工织物按接触面的受力特征和破坏形式可分为顶破、刺破和穿透几种受力状态。

顶破强度是反应土工织物抵抗垂直物平面的法向压力的能力，顶破强度试验与刺破强度试验相比，压力作用面积相对较大，材料呈双向受力状态。

下面介绍顶破试验中常用的圆球顶破试验和 CBR 顶破试验。

1)圆球顶破试验

以规定直径圆球顶杆均匀垂直顶压于土工合成材料平面时，土工合成材料所能够承受的最大顶压力。

(1)仪器和设备

试验可在测定土工合成材料的条带拉伸强度的拉力机上进行，仪器主要包括下列附件，其结构及功能见图 2-5-13。

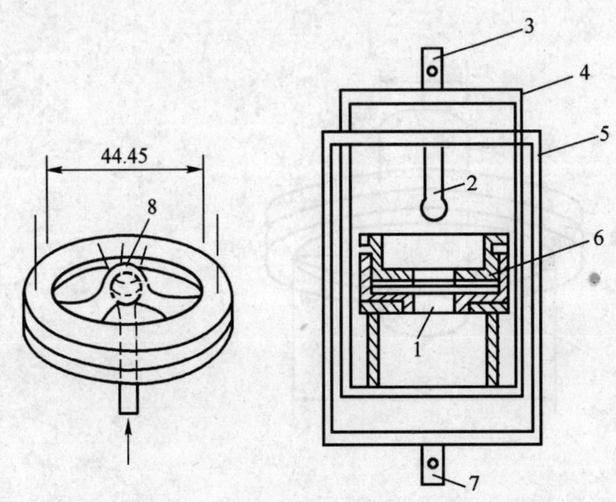

图 2-5-13　圆球顶破试验示意图(尺寸单位：mm)

1-土工织物；2-球形杆；3-接拉力机上夹具；4-反向器的上框架；5-反向器的下框架；6-环形夹具；7-接拉力机下夹具；8-织物

①配有反向器的拉力机，反向器结构简单，由套在一起的上下两框架组成，上框架连至拉力机的固定夹具，下框架连至拉力机的可移动夹具，当下框架向下拉伸时，固定在上下框架上的圆球顶装置产生顶压。

②圆球顶破装置由两部分组成，即一端部带有钢球的顶杆和一个安装试样的环形夹具。其中：钢球直径为25.4mm，环形夹具内径为44.5mm。

(2)试样制备

①试样数量：每组试验取10块试样。

②试样尺寸：试样尺寸为ϕ120mm。

③取样方法：按前述原则取样。

(3)试验步骤

①选择拉力机的拉力量程范围，使最大压力在满量程的10%～90%范围内。

②将试样在不受拉力的状态下放入环形夹具内，将试样夹紧。

③开动拉力机，顶压速率为100mm/min，在此速率下连续运行直至试样被顶破，记下最大压力，单位为N。

(4)计算

①计算10块试样圆球顶破强度的算术平均值。

②计算顶破强度的标准差和变异系数。

2)CBR顶破试验

以CBR仪的圆柱顶杆均匀垂直顶压于土工合成材料平面时，土工合成材料所能够承受的最大顶压力。

(1)仪器和仪具

①CBR试验仪：见图2-5-14a)，试验仪最大压力约50kN，行程为100mm；顶压时可用电动驱动或人工驱动，要求顶压速率为60mm/min。

②量力环：安装在加荷框架上，量力环下部装有50mm的圆柱形平头顶压杆，量力环中的百分表用于测定量力环变形计算顶压力。

③环形夹具：如图2-5-14b)所示，夹具内径为150mm，试样直径为230mm。

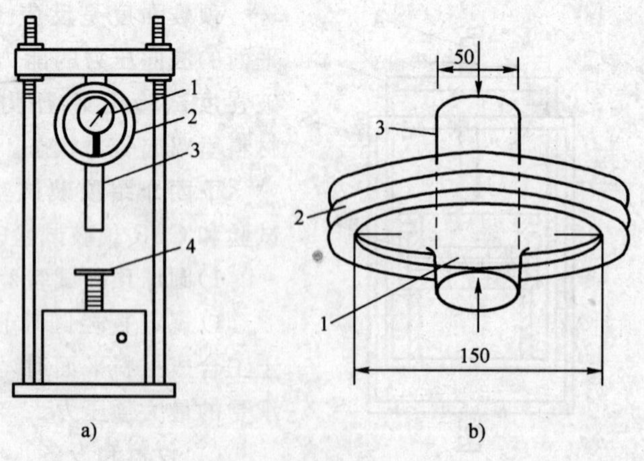

图2-5-14 CBH试验仪及环形夹具示意

a)1-百分表；2-量力计；3-圆柱顶杆；4-托盘；b)1-织物；2-夹具；3-顶压杆

(2)试样制备

①试样数量:每组试验取 10 块试样。

②试样尺寸:试样尺寸为 ϕ230mm。

③取样方法:按前述原则取样。

(3)试验步骤

①试样放入环形夹具内,拧紧夹具,使试样在自然状态下绷紧。

②将夹具放在加荷系统的托盘上,调整高度,使试样与顶杆刚好接触。

③将顶压速率设定在 60mm/min。

④开动机器。

⑤圆柱顶压杆接触并顶压试样过程中,记录百分表读数和量力环读数,到确认试样破坏为止。

⑥停机,取下已破坏的试样。

⑦重复①～⑥步骤进行试验,每组共进行 10 块试样。

(4)结果整理

①由量力环标定曲线,将量力环中百分表的读数换算为力(N)。

②计算每块试样的顶破强度 T_c(N)。

③计算 10 块试样的顶破强度平均值、标准差及变异系数。

4. 刺破强度试验

刺破强度是反映土工织物抵抗小面积集中荷载,如抵抗有棱角的石子、支护用钢构件端头等的能力。试验方法与圆球顶破试验相似,只是以金属杆代替圆球。

1)仪器和仪具

(1)压力机或带有反向器的拉力机:其变形速率为 300mm/min。

(2)量力环:其量程要满足最大压力值。

(3)环形夹具:内径 44.5mm。

(4)刚性顶杆:直径 8mm,平头。

2)试样准备

(1)试样数量:每组试验取 10 块试样。

(2)试样尺寸:试样尺寸为 ϕ120mm。

(3)取样方法:按前述原则剪样。

3)试验步骤

(1)将试样放入环形夹具内,使试样在自然状态下放平,拧紧夹具。

(2)将夹具放在加荷装置上并对中,如图 2-5-15。

(3)将速率设定在 100mm/min。

(4)调整连接在刚性顶杆上的量力环的百分表读数至零。

(5)开机,记录顶杆顶压试样时的最大压力值。

(6)停机,取下试样。

(7)重复(1)～(6)步骤进行试验,每组试验进行 10 块试样。

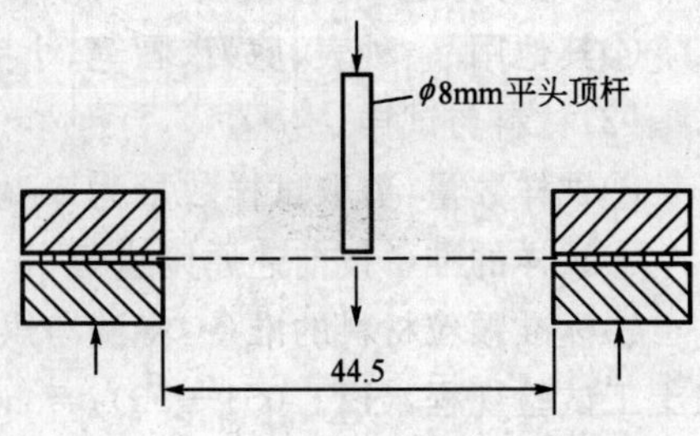

图 2-5-15 刺破试验示意图(尺寸单位:mm)

4)结果整理

(1)由量力环标定曲线,将量力环中百分表的读数换算为力(N)。

(2)计算每块试样的顶破强度 T_p(N)。

(3)计算 10 块试样的顶破强度平均值、标准差及变异系数。

四、土工织物水力学特性试验

土工布的渗透性表明其在反滤和排水方面的能力。隧道用土工布,必须具有以下特性:

(1)保土性:防止被保护围岩、衬砌的颗粒随水流流失。

(2)渗水性:保证渗流水通畅排走。

(3)防堵性:防止材料被细土粒堵塞失效。

这被称为反滤三准则,都与土工布的水力学性能密切相关。主要包括两个方面:一是透水与导水能力,二是阻止颗粒流失的能力。这些特性主要取决于土工织物的孔隙特征和渗透特性等。

1. 土工织物孔隙的特征

1)孔隙率

土工织物的孔隙率是指其孔隙体积与总体积的比值,以 n(%)表示,它是无纺织物的主要物理性质之一。孔隙率的确定不需要直接进行试验,它可通过式(2-5-13)计算求得。

$$n=\left(1-\frac{m}{\rho\delta}\right)\times 100\% \qquad (2\text{-}5\text{-}13)$$

式中:m——单位面积质量(g/m^2);

ρ——原材料密度(g/m^3);

δ——织物厚度(m)。

2)筛分法试验

土工布的有效孔径(EOS)或表观孔径(AOS)表示能有效通过的最大颗粒直径。目前具体试验方法有两种:干筛法(GB/T 14799—1993)和湿筛法(GB/T 17634—1998)。目前国内应用的仍以干筛法为主。干筛法标准制备是分档颗粒(从 0.05～0.07mm 至 0.35～0.4mm 分成 9 档),逐档放于振筛上(以土工布作为筛布)得出一系列不同粒径的筛余率,当某一粒径的筛余率等于总量的 90%或 95%时,该粒径即为该土工布的表观孔径或有效孔径,相应用 O_{90} 或 O_{95} 表示。

(1)仪器和仪具

①标准分析筛:细筛一个、孔径为 2mm,外径为 200mm。

②振筛机:具有水平摇动和垂直(或拍击)装置的筛析仪器。

③天平:称量 200g,感量 0.01g。

④其他用品:秒表、剪刀、画笔、小毛刷等。

(2)材料与试样

①试样数量:剪取试样数量为 $5n$ 块,n 为选取的粒径组数。

②试样的准备按前述原则进行。

③标准颗粒材料的准备:将洗净烘干的颗粒材料用筛析法制备分级标准颗粒。可参照《公路土工试验规程》(JTJ 051—93)。

(3)试验步骤

①将试样放在孔径为 2mm 的细筛网上,并固定好。

②称量某级标准颗粒材料 50g，均匀撒在筛中的试样表面。

③将筛子、上盖和下部底盘一起固定在摇筛机上筛析，振筛时间定为 20min。

④停机后，用天平称量留在底盘上的颗粒，准确至 0.01g。

⑤用刷子将筛筐上的表面颗粒清理干净，更换试样。

⑥采用同级标准颗粒材料，重复 1～4 步骤，共进行五次平行试验。

⑦另取一组分级标准颗粒材料按①～⑥步骤进行试验，需要取得不小于 4 级连续分级标准颗粒的过筛率，并要由试验点分布均匀，有一组的筛余率在 95%左右。

(4)结果整理

①按式(2-5-14)计算某级标准颗粒的筛余率 R_i：

$$R_i=\frac{m_t-m_{pi}}{m_t}\times 100\% \tag{2-5-14}$$

式中：m_t——筛析时标准颗粒的总质量(g)；

m_{pi}——筛析后底盘中颗粒的质量(过筛量，g)。

②计算 5 次试验筛余率的平均值：

$$\overline{R}=\sum_{i=1}^{5}R_i/5 \tag{2-5-15}$$

③绘制孔径分布曲线：以分级标准颗粒粒径平均值为横坐标，筛余率平均值为纵坐标绘制孔径分布曲线。该曲线间接地反映织物孔径的分布情况，曲线上纵坐标为 95%的点所对应的横坐标即定义为等效孔径 O_{95}，单位为 mm。

2. 土工织物的渗透特性

土工织物的渗透特性是其重要水力学特性之一。在过滤标准及其他有关水力学设计中，是一项不可缺少的重要指标。

1)垂直渗透系数试验

垂直渗透系数指与土工织物平面垂直方向渗流的水力梯度等于 1 时的渗透流速。

(1)目的及适用范围

本试验方法适用于各种具有透水性能的土工织物，确定土工织物在法向水流作用下的透水特性。

(2)仪器和仪具

①常水头渗透仪(图 2-5-16)：能安装单层或多层试样，试样的有效面积一般在 20～100cm²；试样与渗透仪内壁之间不得发生漏水现象；试样下游配备透水网或透水板，以防渗流引起试样变形；上下游水位容器应具有溢流装置，使在试验过程中能保持常水头，试验水头可以调节，水头变化范围为 0～40cm；在试样的上下面仪器筒壁上各留一个侧压管出口，并应尽量靠近试样。

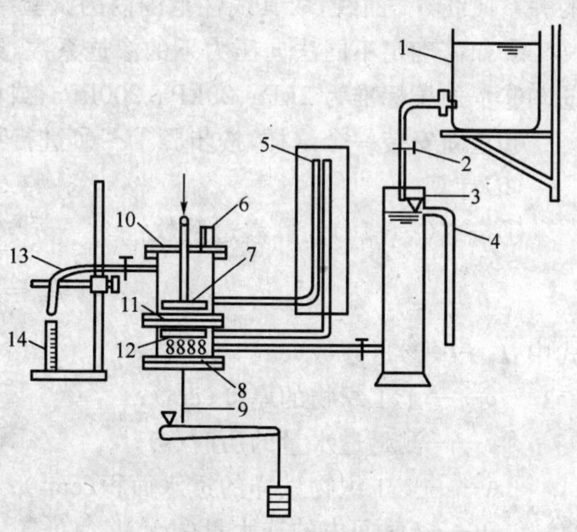

图 2-5-16　测试土工织物渗透性的装置示意图

1-供水瓶；2-供水管阀；3-常水位装置；4-溢僻；5-测压管；6-排气管；7-加压多孔板；8-玻璃珠或瓷珠；9-加压杆；10-渗透仪；11-土工织物；12-承压多孔板；13-调节管；14-量筒

②压管装置：用内径为 10～20mm 的玻璃管两根，可固定在具有水位尺的测压板上，玻璃管下端分别用软管与渗透仪测压管出口

相连。

③供水系统：试验用水应采用蒸馏水或一般经过滤的清水，但试验前必须用抽气法或煮沸法脱气，试验时水温宜高于室温3℃～4℃。

(3)加压设备

加压范围在0～200kPa，加压多孔板与织物试样之间，以及试样与下部承压多孔板之间应分别夹有两层铜丝筛网(孔径2mm左右)以保证受力均匀。

①其他设备和用品：抽气机、真空表、秒表、量筒、吸球、水桶、水加热器等。

②试样制备

a. 试样数量：单片试样测定时取6块试样；多片试样测定时取5组。

b. 制备试验所需的脱气水。

c. 按照渗透仪的规格，剪取试样，并用抽气法饱和。

(4)试验步骤

①将试样浸泡在水中并饱和，将饱和的试样装入渗透仪，有条件的可在水下装样或装好试样后将渗透仪抽气饱和。

②调节供水管阀门，使进入常水位装置的水量多于经渗透仪流出的水量，溢水管始终有水溢出，以保证筒中水面不变。

③关闭调节管止水夹，检查测压管水位，待测压管水位齐平，并与溢水孔水位一致。

④将调节管固定在某一高度，造成上下游一定的水位差，打开调节管止水夹，水即渗过试样，经调节管流出，在渗流过程中应注意保持常水位。

⑤测压管水位稳定后，测记各管水位。

⑥开动秒表，同时用量筒接取一定时间内的渗透水量，接取时，调节管管口不得浸于水中。

⑦测记进水口与出水口处的水温，取平均值。

⑧重复步骤⑤～⑦三次。

⑨改变调节管管口高度，以改变水力梯度，重复步骤⑤～⑧。作渗透流速v与水力梯度i的关系曲线v-i曲线，取其线性范围内的试验结果计算平均渗透系数。

⑩如需确定不同法向压力下的渗透系数，则对同一试样逐级加压，在每种压力下重复步骤⑤～⑨。加压标准为2kPa、20kPa、200kPa，或根据需要加压。

⑪重新安装一个试样，按步骤①～⑩进行平行试验，直至全部试样进行完毕。

(5)计算

①按式(2-5-16)计算渗透系数：

$$k_n = \frac{Q\delta}{tA\Delta h} \tag{2-5-16}$$

式中：k_n——渗透系数(cm/s)；

δ——土工织物的厚度(cm)；

t——测量透水量的历时(s)；

A——土工织物试样的透水面积(cm^2)；

Q——t时间内的透水量(cm^3)；

Δh——土工织物上下面测压管水位差(cm)。

②按式(2-5-17)、(2-5-18)计算透水率：

$$\varphi = \frac{Q}{tA\Delta h} \tag{2-5-17}$$

$$\varphi = \frac{k_{\mathrm{n}}}{\delta} \tag{2-5-18}$$

式中：φ——透水率(s^{-1})。

③标准温度(20℃)下的渗透系数按式(2-5-19)计算：

$$k_{\mathrm{n}}^{20} = k_{\mathrm{n}} \frac{\eta_{\mathrm{t}}}{\eta_{20}} \tag{2-5-19}$$

式中：k_{n}^{20}——标准温度(20℃)时试样的渗透系数(cm/s)；

η_{t}——试验水温(t℃)时水的动力黏滞系数(kPa·s)；

η_{20}——20℃时水的动力黏滞系数(kPa·s)。

黏滞系数比 $\eta_{\mathrm{t}}/\eta_{20}$ 可以在规范中查表取得。

④标准温度(20℃)下的透水率按式(2-5-20)计算：

$$\varphi_{\mathrm{n}}^{20} = \varphi \frac{\eta_{\mathrm{t}}}{\eta_{20}} \tag{2-5-20}$$

式中：$\varphi_{\mathrm{n}}^{20}$——标准温度(20℃)下试样的透水率($s^{-1}$)。

⑤确定织物在某个压力下的渗透系数(或透水率)。

采用在该压力下3～4个计算值的平均值，它们的差值应在允许差值范围之内。

(6)报告

①土工织物在标准温度(20℃)的渗透系数，也可同时给出透水率。

②如果进行了不同压力下的渗透试验，给出渗透系数与压力的变化曲线。

土工织物的渗透系数一般在(8×10^{-4}～5×10^{-1})cm/s范围内，其中无纺土工布的渗透系数一般在(4×10^{-3}～5×10^{-1})cm/s范围内。

3. *水平渗透系数试验*

水平渗透系数是指在土工织物内部沿方向渗流的水力梯度等于1时的渗透流速。

1)目的和适用范围

本试验方法适用于测定土工织物和塑料排水板沿其平面方向输导水流的特性。

2)仪器和仪具

(1)常水头渗透仪

要求：能安装一层或数层土工织物试样，试样为长方形，长边沿着渗透方向；试样与渗透仪内壁之间不得发生漏水现象。如图2-5-17所示，可将织物试样包于乳胶套内，两边套口与上下游容器相接，水在套内流动；在试样上下游的器壁上各有一个测压管接出口；上下游水位容器应具有溢流装置，使在试验过程中能保持常水头，水位容器的有效宽度应大于试样宽度，试验水头可以调节。

(2)测压管装置、供水系统、其他设备与用品：要求与垂直渗透系数试验相同。

(3)加压设备：在包有乳胶膜的织物与金属槽座之间可垫以橡胶板，使受力均匀。

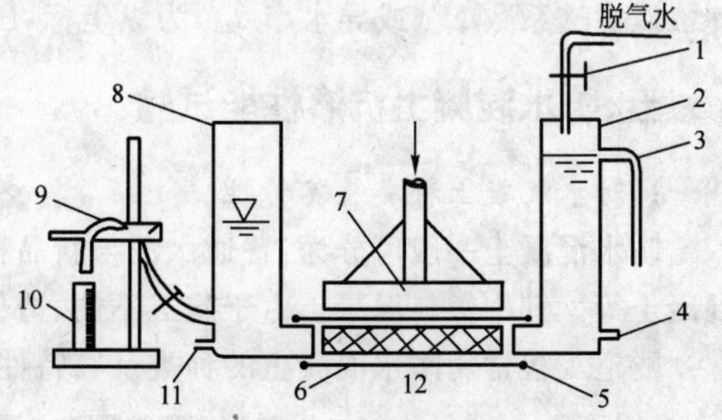

图2-5-17 测试土工织物水平导水性的试验装置示意图

1-供水阀门；2-上游容器；3-溢流管；4-测压管口；5-橡胶圈；6-乳胶管；7-加压装置；8-下游容器；9-调节管；10-量筒；11-出压管；12-织物试样

3)试样制备

(1)制备试验用脱气水。

(2)根据渗透仪的规格，裁剪 6 组试样，其中 3 组试样的长度沿顺机向，另外 3 组的长度沿横机向。

(3)试样用抽气法饱和。

(4)安装好试验仪器及设备。

4)试验步骤

试验步骤与垂直渗透系数试验类似。

5)计算

(1)按式(2-5-21)计算沿织物平面的渗透系数：

$$k_t = \frac{QL}{tB\delta\Delta h} \tag{2-5-21}$$

式中：k_t——渗透系数(cm/s)；

δ——土工织物的厚度(cm)；

t——测量透水量的历时(s)；

B——土工织物试样的宽度(cm)；

Q——t 时间内的透水量(cm^3)；

Δh——土工织物长度上两端测压管水位差(cm)；

L——试样沿渗流方向的长度(cm)。

(2)按式(2-5-22)、(2-5-23)计算透水率：

$$\theta = \frac{QL}{tB\Delta h} \tag{2-5-22}$$

$$\theta = k_t\delta \tag{2-5-23}$$

式中：θ——透水率(s^{-1})。

(3)标准温度(20℃)下的渗透系数 k_t^{20} 和透水率 θ_{20} 的换算方法与垂直渗透系数试验相同。

(4)确定织物在某个压力下的渗透系数(或透水率)。

采用在该压力下 3～4 个计算值的平均值，它们的差值应在允许差值范围之内。

(5)确定不同压力下的渗透系数

以渗透系数 k_t^{20}(或导水率 θ_{20})为纵坐标，压力为横坐标绘制关系曲线。

五、防水混凝土抗渗性能试验

1.防水混凝土种类及其特性

防水混凝土一般可分为：普通水泥与新品种水泥的防水混凝土、外加剂防水混凝土和塑料混凝土等。其中塑料混凝土由于施工不便、造价高，应用受到限制。

隧道工程常用防水混凝土的种类及其特性如表 2-5-4。

隧道工程常用防水混凝土的种类及其特性 表 2-5-4

种类	普通防水混凝土	外加剂防水混凝土外加剂类型				
		引气剂	减水剂	三乙醇胺	氯化铁	明矾石膨胀剂
抗渗压力(MPa)	>3.0	>2.2	>2.2	>3.8	>3.8	>3.8

续上表

种类	普通防水混凝土	外加剂防水混凝土外加剂类型				
		引气剂	减水剂	三乙醇胺	氯化铁	明矾石膨胀剂
主要技术要求	水灰比 0.5～0.6；坍落度 30.50mm；水泥用量≥320kg/m³；粗集料粒径≤40mm	含气量 3%～6%；水泥用量≥250～300kg/m³	加气型减水剂，可以为缓凝、促凝和普通型的减水剂	可单独掺用三乙醇胺，也可以与氯化钠、亚硝酸钠配合	液体中氯化铁含量≥0.4kg/L，掺量一般为水泥质量的 3%	必须掺入 32.5 级以上的普通矿渣、火山灰和粉煤灰水泥，不得单独代替水泥，外掺量为水泥质量的 20%
适用范围	一般地下防水工程	抗冻性能要求高	含筋率高或薄壁结构	要求早强及抗渗要求高	水中结构	有后浇缝

2. 混凝土抗渗性试验

1)目的和适用范围

主要用于检测混凝土硬化后的防水性能以测定其抗渗强度等级。

防水混凝土的抗渗强度等级可分为三种：

(1)设计强度等级：它是根据地下工程的埋深以及水力梯度(即最大作用水头与建筑物最小壁厚之比)综合考虑而确定的，由勘测设计确定。

(2)试验强度等级：用于确定防水混凝土施工配合比时测定的强度等级，最终的强度等级在设计抗渗强度等级的基础上提高 0.2MPa 来确定。

(3)检验强度等级：它是对防水混凝土抗渗试块进行抗渗试验所测定的强度等级，检验强度等级不得低于设计抗渗强度等级。

2)试件制备

(1)每组试件为 6 个，如用人工插捣成型时，分两层装入混凝土拌和物，每层插捣 25 次，在标准条件下养护。如结合工程需要，则在浇筑地自制作，每单位工程制件不少于两组，其中至少一组应在标准条件下养护，其余试件与构件相同条件下养护，试块养护期不少于 28d，不超过 90d。

(2)试件成型后 24h 拆模用钢丝刷刷净两端面水泥浆膜，标准养护龄期为 28d。

(3)试件形状有两种：圆柱体：直径、高度均为 150mm；圆台体：上底直径 175mm，下底直径 185mm，高为 165mm。

3)仪器设备

(1)混凝土渗透仪：应能使水压按规定制度稳定地作用在试件上。常用的有 TH4-HP-4.0 型自动调压混凝土抗渗仪、HS-4 型混凝土抗渗仪、ZKS 微机控制高精度抗渗仪、HS-40 型混凝土抗渗仪。

(2)成型试模：上口直径 175mm，下口直径 185mm，高 150mm 的圆台或上下直径与高度均为 150mm 的圆柱。

(3)螺旋加压器、烘箱、电炉、浅盘、铁锅、钢丝刷等。

(4)密封材料：如石蜡，内掺松香约 2%。

4)试验步骤

(1)试件到期后取出，擦干表面，用钢丝刷刷净两端面，待表面干燥后，在试件侧面滚涂一层熔化的密封材料，然后立即在螺旋加压器上压入经过烘箱或电炉预热过的试模中，使试件底面和试模底平齐，待试模变冷后即可解除压力，装在渗透仪上进行试验。

(2)试验时，水压从0.2MPa开始，每隔8h增加水压0.1MPa，并随时注意观察试件端面情况，一直加至6个试件中有3个试件表面发现渗水，记下此时的水压力，即可停止试验。

(3)当加压至设计抗渗标号，经8h后第三个试件仍不渗水，表明混凝土已满足设计要求，也可停止试验。

(4)试验结果计算

混凝土的抗渗标号以每组6个试件中4个未发现有渗水现象时的最大水压力表示。抗渗强度等级按式(2-5-24)计算：

$$S = 10H - 1 \tag{2-5-24}$$

式中：S——混凝土抗渗强度等级；

H——第三个试件顶面开始有渗水时的水压力(MPa)。

混凝土抗渗强度等级分级为$S2$、$S4$、$S6$、$S8$、$S10$、$S12$，若加压至1.2MPa，经8h后第三个试件仍不渗水，则停止试验，试件的抗渗强度等级以$S12$表示。

第三节　排水系统施工质量检查

一、环向排水管

1.外观检查

检查弹簧管质量时，首先检查玻璃纤维布或塑料滤布是否套紧；其次检查弹簧涂塑层是否均匀，涂层有无老化；然后用直尺量测弹簧管的直径，检查其是否与设计尺寸一致；最后从轴向和横向用力压弹簧管，观察其是否有较大的塑性变形，孔径是否有异常变化。

2.安装检查

施工检查中首先要按要求布设环向弹簧排水管，要保证基本间距，局部涌水量大时还应适当加大其密度。其次，安装时弹簧排水管应尽量紧贴渗水岩壁，尽量减小地下水由围岩到弹簧排水管的阻力。第三，弹簧排水管布置时沿环向应尽量圆顺，尤其在拱顶部位不得起伏不平。第四，弹簧排水管安装时应先用钢卡等固定，再用喷射混凝土封闭。最后，应检查弹簧排水管与下部纵向排水盲管的连接，确保弹簧排水管下部排水畅通。

二、纵向排水盲管

1.外观检查

(1)纵向排水盲管材质及规格检查。

(2)管身透水孔检查。

2.安装检查

(1)安装坡度检查。

(2)包裹安装检查。

(3)与上下排水管的连接检查。

三、横向盲管

对横向盲管的检查，主要是接头应牢靠、密实，保证纵向盲管与中央排水管间水路畅通，严防接头处断裂，由纵向盲管排出之水在路面下漫流，造成路面翻浆冒水，影响行车安全；其次是在横向盲管上部应有一定的缓冲层，以免路面荷载直接对横向盲管施压，造成横向盲管破裂或变形，影响其正常的排水能力。

四、中央排水管

1. 外观检查

(1)预制管段的规整性。

(2)管壁的强度。

(3) 检查混凝土强度是否满足设计与施工要求。

2. 施工检查

(1)中央排水管基础检查。施工中应特别注意检查基础的坡度，不仅总体坡度应符合要求，而且局部的几个管段间也应符合要求。

(2)管段铺设检查。首先保证透水孔面朝上，并应逐段进行通水试验，发现漏水，及时处理。

第四节　防水板的施工及质量检测

一、防水板的施工工艺

1. 无钉热合法

无钉热合铺设法是指先将土工布垫衬用机械方法铺设在喷射混凝土基面上，然后用“热合”方法将 EVA 或 LDPE 等卷材粘贴在固定垫衬的圆垫片上，从而使 EVA 或 LDPE 卷材无机械损伤。施工步骤如下：

(1)用塑料胀管、木螺丝或射钉枪和塑料垫片将土工布固定在已达基面要求的喷射混凝土上。

(2)用塑料胀管和木螺丝或射钉枪、射钉将热塑性塑料圆垫片覆盖在垫衬上，固定点间距 50～150cm 梅花形布设，一般拱部应为 0.5～0.7m，侧墙 1.0～1.2m，底板 150cm，在凹凸处应适当增加固定点。

(3)铺设防水板：首先裁剪卷材，要考虑搭接在底板上，如高边墙≥30cm。先在隧道拱顶部的 PE 泡沫塑料垫衬上正确标出隧道纵向中心线，再使防水膜的横向中心线与这一标志相重合，将拱顶部与塑料圆垫片热熔焊接，与 PE 泡沫塑料垫衬一样从拱顶开始向两侧下垂铺设，边铺边与圆垫片热熔焊接。

(4)防水板接缝的焊接，一般采用自动爬焊机双焊缝焊接。

2. 有钉冷粘法

施工中，先将初期衬砌基面整平。将防水卷材自下而上或自外而内边涂胶边固定。固定时采用射钉枪固定塑料垫片，塑料垫片外压防水卷材。卷材片间的粘接采用卷材厂家提供的专用胶，可冷涂施工。最后用比固定塑料垫片稍大的卷材块涂胶后修补射钉孔。这种工艺的特点是防水卷材铺成的表面留有钉疤，接茬时用胶冷粘。

二、施工质量检测内容及方法

1. 焊缝质量检测

用 5 号注射针与压力表相接，用打气筒充气(脚踏式或手动式皆可)，充气时检查孔会鼓起来，当压力达 0.1～0.15MPa 时，停止充气。保持该压力时间不少于 1min。

2. 防水层破损的检查

(1)补丁不得过小,离破坏孔边沿不得小于 7cm。

(2)补丁要剪成圆角,不要有正方形、长方形、三角形等的尖角。

3. 施工检查

(1)用手托起塑料板,查看其是否与喷射混凝土密贴。在拱顶,$1m^2$ 范围内塑料板不得下凹或呈水平状。

(2)查看塑料板是否有被划破、扯破、扎破等破损现象。

(3)查看接缝处是否胶合紧密,有无漏涂胶现象,搭接宽度必须大于 5cm。

(4)检查射钉补块是否严密,胶结强度能否满足施工要求。

第五节 止 水 带

一、安装工艺

(1)沿衬砌 1/3 厚度处之轴线在挡头板每隔 0.5m 钻一 12mm 的钢筋孔,将制成的钢筋卡由待灌混凝土的一侧穿入另一侧,内、外分别卡紧止水带的 1/2。

(2)将制成的钢筋卡由待灌混凝土的一侧穿入另一侧,内侧钢筋卡卡紧止水带一半,另一半止水带紧贴在挡头板上。

(3)待混凝土凝固后拆除挡头板,将原贴在挡头板上的止水带拉直后,弯曲钢筋卡套卡紧另一半止水带,浇筑施工缝另一半混凝土。

二、预埋位置检查

首先要检查止水带安装的横向位置,用钢卷尺量测内模到止水带的距离,与设计尺寸相比,偏差不应超过 5cm。其次检查止水带安装的纵向位置,通常止水带以施工缝或伸缩缝为中心两边对称,即埋在相邻两衬砌环节内的宽度是相等的。用钢卷尺检查,要求止水带偏离中心不能超过 3cm 。止水带应与衬砌端头模板正交,浇筑混凝土前,应用角尺检查。

三、现场接头检查

1. 接头留设部位与压茬方向

应尽量避开排水坡度小与容易形成壁后积水的部位,最好留设在起拱线上下。其次应检查接头处上下止水带的压茬方向,此方向应以排水顺畅、将水外引为正确方向,即上部止水带靠近围岩,下部止水带靠近隧道内壁。

2. 接头强度

检查时,用手轻撕接头,观察接头强度和表面打毛情况,不合格时重新焊接或粘接。

复习思考题

一、单项选择题

1. 土工织物是柔性材料,主要通过(　)来承受荷载以发挥工程作用。

A. 抗压强度　　B. 抗剪强度　　C. 顶破强度　　D. 抗拉强度

2. 合成高分子防水卷材做拉伸强度、扯断伸长率试验试件的形状为(　)。

A. 圆形　　B. 哑铃形　　C. 矩形　　D. 正方形

3. 隧道排水系统地下水的流程，以下哪一个流程是对的(　)。

A. 围岩→纵向排水管→环向排水管→横向盲管→中央排水管

B. 围岩→纵向排水管→横向排水管→环向盲管→中央排水管

C. 围岩→横向盲管→环向排水管→纵向排水管→中央排水管

D. 围岩→环向排水管→纵向排水管→横向盲管→中央排水管

4. 试样截取前，在温度 23℃±2℃、相对湿度 45%～55%的标准环境下进行状态调整，时间不少于(　)。

A. 4h　　B. 8h　　C. 16h　　D. 24h

5. 防水卷材在厚度和宽度上有不同的规格，使用时有(　)两种铺设方式。

A. 环向铺设和纵向铺设　　B. 冷粘法和热合法

C. 有钉铺设和无钉铺设　　D. 纵向铺设和无钉铺设

6. 土工织物抵抗扩大破损裂口的能力用撕裂强度表示，撕裂强度试验试件为(　)。

A. 圆形　　B. 哑铃形

C. 矩形 75mm×150mm　　D. 正方形

7. 焊缝质量检测用 5 号注射针与压力表相接，用打气筒充气，当压力达(　)时，停止充气，保持该压力时间不少于 1min。

A. 0.1～0.15MPa　　B. 1.0～1.5MPa

C. 0.01～0.015MPa　　D. 0.1～1.5MPa

8. (　)是用来度量土工织物抵抗垂直织物平面的法向压力的能力。

A. 抗拉强度　　B. 撕裂强度

C. 顶破强度　　D. 疲劳强度

9. 防水层破损的补丁一般采用(　)。

A. 圆形　　B. 三角形　　C. 长条形　　D. 正方形

10. 止水带安装的横向位置，用钢卷尺量测内模到止水带的距离，与设计尺寸相比，偏差不应超过(　)。

A. 0.5cm　　B. 3cm　　C. 5cm　　D. 1cm

二、多项选择题

1. 隧道衬砌常用的防水混凝土有(　)。

A. 普通防水混凝土　　B. 引气剂防水混凝土

C. 减水剂防水混凝土　　D. 密实剂防水混凝土

E. 膨胀水泥防水混凝土

2. 高速公路、一级公路、二级公路隧道防排水应满足的要求为(　)。

A. 拱部不渗水　　B. 边墙不滴水

C. 路面不积水　　D. 设备箱洞不渗水

E. 排水沟不冻结

3. 反映土工织物力学特性的指标主要有(　)。

A. 抗压强度　　B. 抗拉强度

C. 撕裂强度　　D. 刺破强度

E. 顶破强度

4. 要求喷射混凝土表面平整度必须满足（ ），（L 为喷射混凝土相邻两凸面间的距离，D 为喷射混凝土相邻两凸面间下凹的深度）。

A. 边墙 $D/L \leqslant \frac{1}{5}$
B. 边墙 $D/L \leqslant \frac{1}{6}$
C. 边墙 $D/L \leqslant \frac{1}{7}$
D. 拱顶 $D/L \leqslant \frac{1}{7}$
E. 拱顶 $D/L \leqslant \frac{1}{8}$

5. 隧道防水与排水，是保证隧道（ ）的重要条件。

A. 施工进度
B. 结构的耐久性
C. 行车安全
D. 施工安全
E. 设备的正常使用

6. 纵向排水盲管的施工质量检查包括（ ）。

A. 纵向排水盲管材质及规格检查
B. 管身透水孔检查
C. 安装坡度检查
D. 包裹安装检查
E. 与上下排水管的连接检查

7. 土工织物也称土工布，其物理特性检测包括（ ）。

A. 单位面积质量
B. 厚度
C. 抗拉强度
D. 断裂伸长率
E. 长度和宽度

8. 土工织物水力学特性指标包括（ ）。

A. 渗透系数
B. 透水率
C. 某级标准颗粒的筛余率
D. 单位面积质量
E. 孔径或有效孔径

9. 混凝土抗渗试件形状和尺寸为（ ）。

A. 150mm×150mm×150mm 立方体
B. 上底直径 175mm，下底直径 185mm，高为 165mm 圆台体
C. 150mm×150mm×515mm 立方体
D. 直径、高度均为 150mm 圆柱体
E. 直径、高度均为 200mm 圆柱体

10. 下列符合混凝土抗渗强度等级分级方法的有（ ）。

A. s12　　B. s8　　C. s10　　D. s11　　E. s18

三、判断题

1. 隧道的防排水对保护环境也是非常重要的。（ ）

2. 对于高分子防水卷材出厂合格的产品，一般以同一生产厂家、同一品种、规格的产品 1 000m 为一批进行验收。（ ）

3. 刺破强度是反映土工织物抵抗小面积集中荷载的能力。（ ）

4. 有些土工合成材料受压力时厚度变化很大，为统一标准，需规定在某固定压力下测定厚度，工程上常规定此压力为 0.5kPa。（ ）

5. 条带拉伸试验方法能完全反映土工织物的现场工程特性。（ ）

6. 测定土工合成材料厚度的试件数量不得小于 10 块。（ ）

7. 隧道用土工布必须具有保土性、渗水性、防堵性等特性。（ ）

8. 混凝土的抗渗强度等级以每组 6 个试件中 3 个未发现有渗水现象时的最大水压力表示。（ ）

9. 防水层破损补丁不得过小，离破坏孔边沿不得小于 10cm。（ ）

10. 对土工织物做撕裂强度试验时，应取撕裂力的几个峰值平均值计算撕裂强度。（ ）

四、问答题

1. 简述隧道防排水的目的及原则。
2. 简述隧道防排水的质量要求。
3. 简述高分子防水卷材外观质量检查的内容。
4. 简述隧道用土工布条带拉伸试验的方法和步骤。
5. 简述防水混凝土抗渗强度等级的试验步骤。
6. 简述防水板无钉热和铺设焊缝的检测方法。
7. 高分子防水卷材的检测项目有哪些?
8. 目前隧道防水做法有哪些?
9. 简述防水材料热老化处理实验方法和步骤。
10. 简述止水带的安装和检测方法。

第六章　隧道施工监控量测

【主要内容】

本章主要介绍公路隧道类型、施工监控的基本原理、量测项目频率、仪器的使用原理和方法以及量测数据的处理和分析。其中，混凝土强度检测见第一篇有关章节。

【要求】

了解：监控量测必测项目与选测项目、**测点布置及量测频率**（工程师）等。

熟悉：选测项目量测的基本原理；**选测项目量测仪器的原理**（工程师）、使用方法、**量测频率**（员熟悉）及数据处理。

掌握：必测项目量测仪器的使用方法、**量测频率**（员掌握）、量测数据的处理方法及**分析判断**（工程师）。

第一节　监控量测项目

监控量测项目、方法、工具及频率等见表 2-6-1。

监控量测项目表　　表 2-6-1

序号	项目名称	方法及工具	布　置	测量间隔时间			
				1～15d	16d～1 个月	1～3 个月	＞3 个月
1	地质和支护状况观察	岩性、结构面产状及支护裂缝观察或描述，地质罗盘等	开挖后及初期支护后进行	每次爆破后进行			
2	周边位移	各种类型收敛计	每 10～50m 一个断面，每断面 2～3 对测点	1～2 次/d	1 次/2d	1～2 次/周	1～3 次/月
3	拱顶下沉	水平仪、水准尺、钢尺或测杆	每 10～50m 一个断面	1～2 次/d	1 次/2d	1～2 次/周	1～3 次/月
4	锚杆及锚索内力及抗拔力	各类电测锚杆、锚杆测力计及拉拔器	每 10m 一个断面，每个断面至少做 3 根锚杆	—	—	—	—
5	表面下沉	水平仪、水准尺	每 5～50m 一个断面，每断面至少 7 个测点；每隧道至少两个断面；中线每 5～20m 一个测点	开挖面距量测面前后＜2 *B* 时，1～2 次/d； 开挖面距量测面前后＜5 *B* 时，1 次/2d； 开挖面距量测面前后＜5 *B* 时，1 次/周			

续上表

序号	项目名称	方法及工具	布　置	测量间隔时间			
				1～15d	16d～1个月	1～3个月	>3个月
6	围岩体内位移(洞内设点)	洞内钻孔中安设单点、多点杆式或钢丝式位移计	每5～100m一个断面,每断面2～10个测点	1～2次/d	1次/2d	1～2次/周	1～3次/月
7	围岩体内位移(地表设点)	地面钻孔中安设各类位移计	每代表性地段一个断面,每断面3～5个钻孔	同地表下沉要求			
8	围岩压力及两层支护间压力	各种类型压力盒	每代表性地段一个断面,每断面宜15～20个测点	1～2次/d	1次/2d	1～2次/周	1～3次/月
9	钢支撑内力及外力	支柱压力计或其他测力计	每10榀钢拱支撑一对测力计	1～2次/d	1次/2d	1～2次/周	1～3次/月
10	支护、衬砌内应力、表面应力及裂缝量测	各类混凝土内应变计、应力计、测缝计及表面应力解除法	每个代表地段一个断面,每个断面宜为11个测点	1～2次/d	1次/2d	1～2次/周	1～3次/月
11	围岩弹性波测试	各种声波仪及配套探头	在有代表性的地段设置	—	—	—	—

注:1～4为必测项目;5～11为选测项目。

第二节　监控量测方法及其数据处理和分析判断

一、地质和支护状况观测的目的和观测内容

1.目测的目的

1)预测开挖面前方的地质条件;

2)为判断围岩、隧道的稳定性提供地质依据;

3)根据喷层表面状况及锚杆的工作状况,分析支护结构的可靠程度。

2.目测内容

1)开挖后没有支护的围岩:

(1)岩石的种类和产状;

(2)岩性特征:岩石的颜色、成分、结构、构造;

(3)地层时代归属及产状;

(4)节理性质、组数、间距、规模,节理裂隙的发育程度和方向性,断面状态特征,充填物的类型和产状等;

(5)断层的性质、产状、破碎带宽度、特征;

(6)地下水类型,涌水量大小、涌水位置、涌水压力、水的化学成分等;

(7)开挖工作面的稳定状态。

2)开挖后支护段：

(1)初期支护完成后对喷层表面的观察以及裂缝状况的描述和记录；

(2)有无锚杆被拉坏或垫板陷入围岩内部的现象；

(3)喷射混凝土是否产生裂隙或剥离，要特别注意喷射混凝土是否发生剪切破坏；

(4)有无锚杆和喷射混凝土施工质量问题；

(5)钢拱架有无被压曲现象；

(6)是否有底鼓现象。

二、围岩周边位移量测

1)量测断面间距见表 2-6-1，应保证沿隧道轴线每类围岩至少有一个量测断面。

2)量测频率按表 2-6-1 取值。

3)量测点埋设时间

一般情况下，测点距开挖工作面应小于 1～2m。测点埋设后，第一次量测时间应在上次爆破后 24h 内，并在下次爆破前进行。第一次量测的初读数是关键性数据，应反复测读；当连续量测 3 次的误差 $R \leqslant 0.18$mm 时，才能继续爆破掘进(R 根据收敛计而异)。

4)收敛测线布置

全断面开挖时，埋深小于两倍洞径地段或浅埋隧道，采用 3～6 条测线；一般地段应采用 2～3 条测线，但拱脚处必须有一条水平测线。若位移值较大或偏压显著，可同时进行绝对位移量测。

5)量测仪器

目前，我国公路隧道施工中常用的收敛计为机械式的收敛计。

6)原始记录和量测资料整理

(1)量测原始记录

(2)量测资料整理

①原始记录表及实际测点布置图。

②位移随时间以及开挖面距离的变化图。

③位移速度、位移加速度随时间以及开挖面距离的变化图。

7)数据处理

对现场量测数据绘制时态曲线(或散点图)和空间关系曲线。

8)收敛量测结果的应用

按照《公路隧道施工技术规范》(JTJ 042—94)第 9.3.4 条规定，隧道周壁任意点的实测相对位移值或用回归分析推算的总相对位移值均应小于规定数值。

按照《公路隧道施工技术规范》(JTJ 042—94)第 9.3.5 条规定，二次衬砌的施工应在满足下列要求时进行：

(1)各测试项目的位移速率明显收敛，围岩基本稳定。

(2)已产生的各项位移已达预计总位移量的 80%～90%。

(3)周边位移速率小于 0.1～0.2mm/d，或拱顶下沉速率小于 0.07～0.15mm/d。

三、拱顶下沉量测

(1)量测方法

对于浅埋隧道，可由地面钻孔，使用挠度计或其他仪表测定拱顶相对地面不动点的位移值。对于深埋隧道，可用拱顶变位计，将钢尺或收敛计挂在顶点作为标尺，后视点可设在稳定衬砌上，用水平仪进行观测。

(2)量测要求

①拱顶下沉量测断面间距、量测频率、初读数的测取等同收敛量测。

②每个断面布置1～3个测点，测点设在拱顶中心或其附近。

③量测精度为±1mm。

④量测时间应延续到拱顶下沉稳定后。

(3)量测仪器

拱顶下沉量测主要用隧道拱部变位观测计。

(4)原始记录和量测资料积累

量测的原始记录与收敛量测相同，用下沉量、下沉速度与时间关系图来表示。

四、地表下沉量测

(1)量测方法

一般用水平仪量测，量测精度±1mm。

(2)量测断面及测点的布置

量测断面沿纵向(隧道中线方向)布置，其间距为：当埋深 $h>2D$ 时，取20～50m；当埋深 $D<h<2D$ 时，取10～20m；当埋深 $h<D$ 时，取5～10m(D 为隧道直径)。每个隧道至少两个断面。

横向测点布置间距范围为2～5m；至少布置11个测点，隧道中线附近密些，远离隧道中线处疏些。

(3)量测频率

开挖面距量测断面前后距离 $d<2D$ 时，每天1～2次；$2D<d<5D$ 时，每两日1次；$d>5D$ 时，每周1次。

(4)原始记录和量测资料积累

分别作出纵向下沉—时间曲线和横向下沉—时间曲线。

五、围岩内部位移量测

(1)量测断面选择

量测断面应设在有代表性的地质地段。在一般围岩条件下，每隔200～500m设一个量测断面比较适宜。

(2)量测断面上的测点布置

每一量测断面应布设3～11个测点，要尽量靠近锚杆或周边位移量测的测点处，以便计算分析。

(3)量测频率

围岩内位移的量测频率与同一断面其他项目量测频率相同。

(4)量测仪器

量测仪器为多点位移计。安装方法：一般在拱部或顶部导洞开挖后，立即钻孔安装伸长计，然后进行扩挖，隔一定时间测读各点位移值；进行校正后，求出相对于最深一点的位移值，绘制时间—位移曲线，分析各点的变形速率及稳定性。

(5)测读方法

用 0～300mm 的深度游标卡尺(精度为±0.2mm)测读。每点需进行 5 次测读，取其 3 次相近的读数平均值作为此处测读结果；测读间隔时间由数小时到数天，一般间隔 1d 测读一次。

(6)量测资料的应用

实用中，一般根据量测结果，先绘出位移—深度关系曲线和位移—时间关系曲线。通过位移—时间曲线，掌握围岩内部随时间变形的规律，则可更好地用于指导施工。

六、锚杆轴力量测

(1)量测方法及仪器

机械式量测锚杆是在中空的杆体内放入 4 根细长杆，将其头部固定在锚杆内预计的位置上。量测锚杆一般长度在 6m 以内，测点最多为 4 个，用千分表直接读数，量出各点间的长度变化。而后与被测点间距相除得出应变值，再乘以钢材的弹性模量，即得各测点间的应力。了解锚杆轴力及其应力分布状态，再配合以岩体内位移的量测结果就可以设计锚杆长度及锚杆根数，还可以掌握岩体内应力重分布的过程。

电阻应变片式量测锚杆是在中空锚杆内壁或在实际使用的锚杆上轴对称贴 4 块应变片，以 4 个应变的平均值为量测应变值。这样可消除弯曲应力的影响，测得的应变值乘以钢材的弹性模量得该点的应力。

(2)成果整理

①绘制不同时间(t_1,t_2……)锚杆轴力(应力 σ)与深度 L 关系曲线。

②绘制各测点(1,2……)轴力(应力)与时间关系曲线。

七、钢支撑压力量测

(1)量测方法

①根据量测目的选择量测断面。

②在量测断面内布置测点。测点一般为 3 个，也可视需要灵活设置。

③根据液压测力计的使用要求，安装测力计于钢支撑上面。

④通过高压软管将压力表接到读数方便位置，固定管束和压力表于钢支撑或隧道壁面上。

⑤读取初读数，并定期记录备点压力值。

(2)成果整理

绘制各测点的压力—时间变化曲线。

八、衬砌混凝土应力量测

1)量测仪器

测试系统一般由钢弦式传感器(或调频弦式传感器)和钢弦频率测定仪组成。

2)压力盒的类型

钢弦式传感器根据它的用途、结构形式和材料不同，一般有多种类型，可根据用途选择。

3)传压囊的设置

为了增大钢弦压力盒接触面，避免由于埋设接触不良而使压力盒失效或测值很小，有时采用传压囊增大其接触面。

装配传压囊时，必须将油尽量注满，且囊内无空气；钢弦压力盒与传压囊接触处，用O形密封圈密封，压紧套管要压紧压力盒。

4)钢弦压力盒的性能试验

(1)钢弦抗滑性能试验

钢弦通常用销钉夹紧装置安装并经过热处理。抗滑性试验时，将压力盒放在频率为50周/s的电振动台上持续振动10～15s，然后检查其结构的初频变化情况。此外，还应做锤击试验。用小木锤以每分钟15次的速度，垂直敲打压力盒承压膜，持续2min再测量其初频变化；若初频变化在±10Hz以内，则可认为性能良好。

(2)密封防潮试验

试验时，将压力盒放在专设的压力罐中，先让其在水中浸泡7d，然后加0.4MPa的压力，恒压6h取出压力盒并启开，检查其密封质量。

(3)稳定性试验

把已经做过抗滑和密封防潮试验的压力盒在完全不受载荷的情况下静置1年，再测量其初始频率值；若仍在±10Hz的频差范围内，可认为是稳定可靠的。

(4)重复性试验

其试验方法与压力盒的标定方法相同。

5)压力盒的布置与埋设

埋设压力盒总的要求是：接触紧密和平稳，防止滑移，不损伤压力盒及引线，并且需在上面盖一块厚6～8mm、直径与压力盒直径大小相等的铁板。

6)压力盒的布置及观测方法

混凝土应力量测与其他选测项目的布置基本相同，一般一个断面布置三测点、六测点、九测点等多种形式。量测频率与其他量测项目相同。

观测时，根据具体情况及要求，定期进行测量；每次每个压力盒的测量应不少于3次，力求测量数值可靠、稳定，并做好原始记录。

复习思考题

一、单项选择题

1.围岩周边位移量测时，洞口段和埋深小于两倍隧道宽度的地段，量测断面的间距应为( )。

A.1～5m　　B.5～10m　　C.10～15m　　D.15～20m

2.隧道施工监控量测的必测项目之一是( )。

A.地表下沉　　B.围岩弹性波　　C.拱顶下沉　　D.围岩体内位移

3.拱顶下沉在16d～1个月时间内的量测频率是( )。

A.2次/d　　B.1次/d　　C.1次/2d　　D.1次/周

4.隧道施工监控量测中，( )的主要目的之一是确定二次衬砌时间。

A.地质和支护状况观察　　B.拱顶下沉量测

C.地表下沉量测　　D.围岩内部位移量测

5.隧道施工监控量测的必测项目为( )。

A.地质和支护状况观察　　B.地表下沉

C.衬砌内应力　　D.围岩体内位移(洞内设点)

E. 锚杆或锚索内力及抗拔力

6. 多点位移计一般用深度游标卡尺(精度为±0.2mm)测读。每点需进行5次测读,取(　)作为此处测读结果。

A. 5次读数平均值　　B. 3次相近的读数平均值

C. 4次相近的读数平均值　　D. 去掉最大值和最小值取平均值

7. 围岩内部位移量测断面应设在有代表性的地质地段;在一般围岩条件下,每隔(　)设一个量测断面比较适宜。

A. 5～10m　B. 10～50m　C. 100～200m　D. 200～500m

8. 钢支撑压力量测在量测断面内布置测点;测点一般为(　)。

A. 1个　B. 2个　C. 3个　D. 6个

9. 隧道施工监控量测中,(　)的主要目的是了解隧道围岩的径向位移分布和松弛范围,优化锚杆参数,指导施工。

A. 围岩周边位移量测　　B. 拱顶下沉量测

C. 地表下沉量测　　D. 围岩内部位移量测

10. 对于埋深较浅、固结程度低的地层,水平成层的场合(　)更为重要。

A. 围岩周边位移量测　　B. 拱顶下沉量测

C. 地表下沉量测　　D. 围岩内部位移量测

二、多项选择题

1. 围岩周边位移量测要求(　)。

A. 测点距开挖工作面应小于1～2m

B. 测点距开挖工作面应小于5m

C. 第一次读数应在测点埋设时间爆破后24h内

D. 第一次读数应在测点埋设时间爆破后12h内

E. 第一次读数应在下次爆破前进行

2. 隧道施工监控量测的选测项目为(　)。

A. 地质和支护状况观察　　B. 地表下沉

C. 衬砌内应力　　D. 拱顶下沉

E. 锚杆或锚索内力及抗拔力

3. 隧道施工监控量测的测力项目为(　)。

A. 衬砌内应力　　B. 地表下沉

C. 周边位移　　D. 拱顶下沉

E. 锚杆或锚索内力及抗拔力

4. 隧道施工监控量测的要求是(　)。

A. 能快速埋设测点

B. 每次量测数据所需时间应尽可能短

C. 测试元件应具有良好的防震、防冲击波能力

D. 测试数据应准确可靠

E. 测试元件在埋设后能长期有效工作,应有足够的精度

5. 隧道施工监控量测的必测项目为(　)。

A. 地质和支护状况观察　　B. 地表下沉

C. 衬砌内应力　　D. 拱顶下沉

E. 锚杆或锚索内力及抗拔力

6.《公路隧道施工技术规范》(JTJ 042—94)规定二次衬砌的施工应在满足下列(　)要求时才能进行。

A. 各测试项目的位移速率明显收敛,围岩基本稳定

B. 已产生的各项位移已达预计总位移量的 70%～80%

C. 已产生的各项位移已达预计总位移量的 80%～90%

D. 周边位移速度小于 0.1～0.2mm/d,或拱顶下沉速度小于 0.07～0.15mm/d

E. 开挖后 1 个月

7. 地表下沉量测断面沿纵向(隧道中线方向)布置,其间距为(　)。

A. 当埋深 $h>2D$ 时,为 20～50m　　B. 当埋深 $h>2D$ 时,为 50～100m

C. 当埋深 $D<h<2D$ 时,为 10～20m　　D. 当埋深 $D<h<2D$ 时,为 20～50m

E. 当埋深 $h<D$ 时,为 5～10m

8. 隧道施工监控量测位移的项目是(　)。

A. 地表下沉　　B. 围岩弹性波

C. 衬砌内应力　　D. 拱顶下沉

E. 围岩体内位移

9. 隧道施工监控量测的任务有(　)。

A. 确保安全　　B. 指导施工

C. 修正设计　　D. 积累资料

E. 保证质量

10. 钢弦压力盒的性能试验包括(　)。

A. 重复性试验　　B. 钢弦抗滑性能试验

C. 密封防潮试验　　D. 稳定性试验

E. 强度试验

三、判断题

1. 隧道内壁面两点连线方向的位移之和称为"收敛",收敛值为两次量测的长度之差。(　)

2. 拱顶下沉量测对于深埋隧道,可由地面钻孔,使用挠度计或其他仪表测定拱顶相对地面不动点的位移值。(　)

3. 地质和支护状况观察不是隧道施工监控量测的重要项目。(　)

4. 地表下沉量测时,测点的布设沿横向应该是隧道中线附近密集,远离隧道中线处稀疏,并至少布置 11 个测点。(　)

5. 围岩内部位移量测每一量测断面应布设 3～11 个测点;要尽量离开锚杆或周边位移量测的测点处。(　)

6. 量测锚杆可以用来测量锚杆的轴力。(　)

7. 拱顶下沉量测的仪器主要用球铰式收敛计。(　)

8. 量测锚杆一般长度在 6m 以内,测点最多为 4 个。(　)

9. 围岩内部位移量测的主要目的是确定锚杆的长度。(　)

10. 钢弦抗滑性能试验是将压力盒放在频率为 50 周/s 的电振动台上持续振动 10～15s,然后检查其结构的初频变化情况。(　)

四、问答题

1. 隧道施工量测中，力的量测有哪些项目？
2. 隧道施工量测中，位移的量测有哪些项目？
3. 隧道施工量测中，必测项目有哪些？
4. 简述周边位移量测目的和方法以及数据的整理和应用。
5. 简述地质和支护状况观测的目的和观测内容。
6. 简述拱顶下沉量测目的和方法以及数据的整理和应用。
7. 简述表面下沉量测目的和方法以及数据的整理和应用。
8. 简述围岩体内位移(洞内设点)量测目的和方法以及应用。
9. 简述两层支护间压力量测目的和方法以及数据的整理和应用。
10. 简述钢支撑内力量测目的和方法。

第七章　混凝土衬砌

【主要内容】

本章主要介绍公路隧道衬砌混凝土的裂缝、内部缺陷和强度及厚度检测原理和方法。

【要求】

了解:模板的要求;泵送混凝土技术要求。

熟悉:**混凝土材料检测与钢筋检测**(工程师);二次衬砌质量检测内容、方法及仪器;隧道衬砌裂缝检测方法;混凝土内部缺陷的检测方法;**二次衬砌施作时间的确定**(工程师)。

掌握:回弹法、超声波法、超声回弹综合法、钻芯法检测混凝土强度的**原理**(工程师)、方法**及强度确定**(工程师);激光断面仪检测隧道净空的方法、**原理**(工程师)**和数据处理**(检测员);**地质雷达法检测混凝土厚度的原理与方法**(工程师)。

第一节　混凝土衬砌的分类及检测内容

从结构形式上,隧道混凝土衬砌可以分为复合式衬砌结构中的喷射混凝土和模筑混凝土、整体式衬砌、明洞衬砌;按施工方法可以分为喷射混凝土、模筑现浇混凝土、预制拼装混凝土衬砌。根据围岩条件和隧道结构特征的不同,部分衬砌需要设置仰拱,并根据衬砌受力特点确定是否需要配筋及配筋率大小。

隧道混凝土衬砌常见的质量问题有混凝土开裂和内部缺陷、混凝土强度不够、衬砌厚度不足、钢筋锈蚀和背后存在空洞等。

检测内容可以分为衬砌混凝土强度、厚度、钢筋、混凝土缺陷和几何尺寸等检测。根据检测与施工工序的时间关系,其检测可以分为施工检测和工后或运营检测。

第二节　泵送混凝土的技术要求

采用泵送混凝土应符合下列规定:

(1)碎石最大粒径与输送管内径之比,宜小于或等于1:3;卵石小于或等于1:2.5,通过0.315mm筛孔的砂应不少于15%,砂率宜控制在40%~50%。

(2)最小水泥用量宜为300kg/m^3。

(3)混凝土的坍落度宜为8~18cm。

(4)混凝土内宜掺加适量的外加剂。

(5)混凝土的供应必须保证输送混凝土的泵能连续工作。

(6)输送管线宜直,转弯宜缓,接头应严密,如管道向下倾斜,应防止混入空气,产生阻塞。

(7)泵送前应先用适量的、与混凝土内成分相同的水泥浆润滑输送管内壁。混凝土出现离析现象时,应立即用压力水或其他方法冲洗管内残留的混凝土,泵送间歇时间不宜超过15min。

(8)在泵送过程中，受料斗内应具有足够的混凝土，以防止吸入空气产生阻塞。

第三节　衬砌混凝土施工检查

一、衬砌施工的条件

1. 整体式衬砌的开挖轮廓线要求

隧道开挖后，如果出现超、欠挖或是围岩变形较大，使隧道轮廓局部严重凹凸不平，壁面不够平顺，若不予处理，就会造成衬砌混凝土厚度不足或衬砌背后出现不密实区。所以在衬砌混凝土浇筑之前，应用尺量或用隧道断面仪对衬砌施工前的隧道毛洞实际轮廓进行检测，以保证衬砌混凝土厚度。超、欠挖的要求同前面开挖质量检测中的有关内容。

2. 隧道围岩稳定性要求

(1)复合式衬砌采用仰拱超前时，应根据对围岩和支护量测的变形规律，确定二次衬砌施工时间。

(2)在一般情况下，二次衬砌应在围岩和初期支护变形基本稳定后施工。变形基本稳定，隧道周边位移速度有明显减缓趋势；拱脚水平相对净空变化速度小于 0.2mm/d；拱顶相对下沉速度小于 0.15mm/d 。

(3)在特殊条件下(如松散堆积体、浅埋地段等)修建隧道，应及时施作二次衬砌。

3. 基础地基承载能力要求

基础施工检查的重点是基坑及地基承载能力检查。首先基坑的基本尺寸应符合设计要求。在不良地质条件下，基坑开挖可能会遇到种种困难，这时应采用锚喷支护或其他措施，加强对外壁围岩的支护，保证基坑基本尺寸。其次，浇筑混凝土前，应清理基坑内的浮渣，排清基坑内的积水，当地质条件发生不利变化时，还应注意检查基底承载力。

二、衬砌混凝土浇筑施工检查

1. 模板及拱架

(1)拱架应有足够的刚度。拱架的刚度可由计算或试验方法来检验，拱架的整体刚度通过单个拱架的型钢号或架间距来调整。

(2)拱架应有规整的外形。拱架在使用前应先在样台上试拼，各架间的轮廓径向尺寸差不宜大于 10mm；前后两端的拱架外形应尽量一致，最大径向尺寸差不大于 5mm，以免前后两环衬砌间出现错台。

(3)模板长度和宽度均不宜过大。模板长度过大容易造成板块刚度不足，宽度较大不利衬砌的弯曲过渡。其长度一般可取 100cm，最大不应超过 150cm；其宽度一般为 50cm，并配若干块较窄的模板，宽为 30cm。

(4)拱架和模板设置位置应准确。架设时应按隧道中线和高程就位，反复校核，在施工允许误差范围内尽量减小误差。

(5)挡头板安装可靠，封堵严实。挡头板按衬砌断面制作，安装时要注意止水带两侧与初期支护间的密实，固定应可靠。

2. 钢筋

1)钢筋绑扎

钢筋的绑扎、间距、数量、位置，必须满足设计和施工规范要求。

2)钢筋保护层厚度

钢筋直径和位置的检测可在浇筑前用尺量；浇筑后有电磁感应法、雷达波反射法。

3)衬砌混凝土浇筑

(1)衬砌混凝土配合比、强度和坍落度等检查，应根据有关规范进行。

(2)拱顶应按封顶工艺施作，确保拱顶混凝土密实。

(3)浇筑前，应除去喷层或防水层表面灰粉，并洒水润湿。

(4)浇筑混凝土应振捣密实，防止收缩开裂，振捣时不应破坏防水层，特别要加强角落部位、钢筋密度大部位和拱顶部位的振捣检查。

(5)二次衬砌宜采用全断面一次或先墙后拱法浇筑混凝土。

(6)二次衬砌背后需填充注浆时，应预留注浆孔。

4)仰拱和底板

(1)仰拱施工前，必须将隧底虚渣、杂物、积水等清除干净，超挖应采用同级混凝土回填。

(2)仰拱宜超前拱、墙二次衬砌，其超前距离宜保持 3 倍以上衬砌循环作业长度。

(3)仰拱施工应优先选择各段一次成型，避免分部浇筑。

(4)仰拱施工缝和变形缝处应作防水处理，其工艺按有关规定办理。

(5)底板施工前应清除隧底虚渣、杂物和积水。

(6)底板坡面应平顺，确保水流畅通。

3.拆模检查

在衬砌混凝土达到一定强度之后才能拆除衬砌模板。施工中常常为了加快工程进度而提前拆模，造成低强度混凝土过量承载，致使衬砌出现裂缝。适宜的拆模时间应根据实际采用的混凝土的强度—时间(龄期)关系曲线确定。

拆除拱架、墙架和模板，应符合以下要求：

(1)不承受外荷载的拱、墙，混凝土强度应达到 5.0MPa，或在拆模时混凝土表面积和棱角不被损坏并能承受自重。

(2)承受围岩压力较大的拱、墙，封顶和封口的混凝土应达到设计强度的100%。

(3)承受围岩压力较小的拱、墙，封顶和封口的混凝土应达到设计强度的70%。

4.养护

(1)普通混凝土养护 7d；若添加外加剂则养护 14d。

(2)覆盖或洒水养护。

(3)混凝土内部温度与环境温度差不得超过 20℃；混凝土的降温速率最大不应超过 3℃/d。

第四节　混凝土缺陷的检测方法

衬砌混凝土在施工和使用过程中所生成的缺陷有裂缝、孔洞、蜂窝和层状破坏等。根据缺陷的部位，隧道衬砌缺陷检测内容可以分为外观表面缺陷检测和内部缺陷检测两部分。内部缺陷检测常用的检测方法有水压法、超声波法、钻孔取芯法、地质雷达法、红外成像法、冲击—回波法等。

一、外观缺陷检测

隧道衬砌混凝土的外观缺陷检测包括裂缝、蜂窝、麻面、平整度和几何轮廓等。蜂窝、露面、平整度和内轮廓线的检测的方法参照《公路工程质量检验评定标准》(JTG F80/1—2004)第10.11条进行。混凝土衬砌裂缝检测采用刻度放大镜和塞尺。

1.刻度放大镜

刻度放大镜也称为裂缝显微镜。其操作方法是将物镜对准待观测裂缝,通过旋转显微镜的旋钮可将图像聚焦,目镜可以读出裂缝的宽度。

2.塞尺

塞尺由标有厚度的数个薄钢片组成,可以量测裂缝的宽度和厚度。根据插入裂缝的钢片的厚度和深度,得出宽度较大的裂缝的宽度和深度。

二、混凝土内部缺陷检测

1.超声波法

超声波法检测混凝土的裂缝的方法见桥梁工程试验检测的有关内容。

2.冲击—回波法

(1)原理

冲击—回波法是基于瞬态应力波应用于无损检测的一种技术。利用一个短时的机械冲击波(用一个小钢球或小锤轻敲混凝土表面)产生低频应力波。应力波传播到结构内部,被构件底面反射回来,这些反射波被安装在冲击点附近的传感器接收下来,并被送到一个内置高速数据采集及信号处理的便携式仪器。将所记录的信号进行幅值谱分析,谱图中的明显峰正是由于冲击表面、缺陷及其他外表面之间的多次反射产生瞬态共振所致,它可以被识别出来并被用来确定结构混凝土的厚度(h)和缺陷位置:

$$h = v_p/2f \tag{2-7-1}$$

式中:v_p——声波在混凝土中的传播速度;

f——频谱分析得出的峰值频率。

(2)密实衬砌检测及分析

对于密实的混凝土衬砌,其冲击波产生的应力波首先沿衬砌的厚度传播,当遇到对面界面时立即返回。装在受冲击表面附近的接受器,监测反射波到达所产生的表面位移。最大位移由P波即疏密波所引起。当P波在板的前后表面之间来回反射,将发生共振的状态。该共振处可以观察到一个高峰振幅。这个峰值与板上、下表面之间P波的反射频率相对应。如果在混凝土内部P波速度为已知,衬砌的实测厚度h可按下式计算:

$$h = (C_p/2f) \times (1 + h_{max}) \times 100\% \tag{2-7-2}$$

式中:C_p——衬砌混凝土为P波在混凝土内的传播速度(m/s);

f——实测频率(kHz);

h_{max}——设计衬砌厚度(m)。

(3)背后存在孔洞的衬砌检测及分析

对衬砌背后存在孔洞的混凝土,可以观察到一个高峰振幅。但是与同设计厚度的密实衬砌相比,该峰值出现在频率值较大处,而对应于设计厚度的频率值峰值不显著。

(4)存在内部缺陷的衬砌检测及分析

在频谱中仍有一个大的振幅峰值，但由于应力波需绕过孔洞传播，与密实混凝土的厚度频率相比略有偏移。因为传播的路径加长，故反射频率降低。由于孔洞的反射作用，还形成一个较低的振幅峰值。该峰值的频率则明显较大。

3.红外成像法

红外线是介乎可见红光和微波之间的电磁波，任何高于零开(－273℃)的物体都是红外辐射源。由于红外线是辐射波，被测物具有辐射的现象。红外无损检测是测量通过物体的热量和热流来鉴定该物体质量的一种方法。当物体内部存在裂缝和缺陷时，它将改变物体的热传导，使物体表面温度分布产生差别。利用红外成像的检测仪测量它的不同辐射，可以检查隧道衬砌的缺陷。

第五节　混凝土厚度的检测

一、冲击—回波法

1 原理(见本章第四节)

2.仪器

冲击—回波测试系统，一般由冲击器(为可更换系列)、接收器、采样分析系统（ 主机、可与计算机连接)等组成。

3.检测中应注意的问题

(1)表面处理

在检测之前，一定要对表面进行处理，用砂轮将待测点周围磨平，至少将拉毛层磨掉，保证传感器与待测表面耦合良好。

(2)传感器的设计

用于测厚的传感器必须具有较宽的频带范围，以适应不同厚度混凝土的检测，另外传感器还必须有适宜的灵敏度，使得有用信号突出，干扰信号减低到最低限度，从而提高信号质量测试结果更精确。

(3)冲击器的选择

对于不同厚度的混凝土结构，其瞬态共振频率是不一样的：对于较厚的混凝土结构，此频率值较低；对于较薄的混凝土结构，此频率值较高。因此应选择一种能产生相应频率应力波，但又有足够的能量的冲击器，使得接收信号较强。

(4)声速的测量

在冲击—回波法测厚时，声速的测量也是至关重要的，声速越精确，所得的测厚结果就越精确。在实际应用中，可用超声平测法测量混凝土的声速。

(5)厚度的计算

检测出频率后利用式(2-7-1)计算衬砌混凝土厚度。

二、激光断面仪

基于隧道激光断面仪能快速检测各类隧道界限（ 内轮廓线 ），并根据衬砌浇筑前的初期支护内轮廓线或围岩开挖轮廓线的检测结果实现自动数据比较，快速指导施工决策或验收。

利用该方法必须满足以下条件：

(1)拥有衬砌浇筑前的初期支护内轮廓线或围岩开挖轮廓线的实测结果，可作为衬砌外轮廓线的测试结果。

(2)衬砌背后不存在孔洞或离缝。

(3)必须将衬砌外轮廓线的测试结果与内轮廓线的测试结果换算至同一坐标系中。

该方法所用仪器及其测试原理，见有关章节。

三、地质雷达法

地质雷达可检测混凝土衬砌背后的空洞、衬砌厚度的变化、衬砌内部钢拱架和钢筋的分布等。地质雷达检测属电磁波检测范围。在隧道内，通过电磁波发射器向隧道衬砌发射高频宽频带短脉冲。电磁波经衬砌界面或空洞的反射，再返回到接收天线。如衬砌介质的传播速度和介电常数已知时，按电磁波传播时间，即可求得反射界面的深度。电磁波穿透隧道结构的深度受频率、反射和导电率三个因素的影响。

隧道衬砌厚度检测，可设不同的测线，从而分别测出拱顶、拱腰、拱脚及边墙位置的衬砌厚度，必要时也可测出仰拱的厚度。

当天线在隧道内运动，由于电磁波反射角和传播时间的改变，传播时间曲线就可绘制出来，从而检测出不同深度的缺陷和异常及厚度。

具体的仪器及操作方法，见有关章节。

四、直接量测法

直接量测法是在混凝土衬砌中打孔或凿槽，直接量测衬砌厚度。该方法是量测衬砌厚度最直接、最准确的方法。目前，常用的方法有两种：冲击钻孔取芯量测法和钻打孔量测法。

复习思考题

一、单项选择题

1. 从结构形式上，隧道混凝土衬砌可以分为(　)。

A. 明洞衬砌　　B. 喷射混凝土　　C. 模筑混凝土

D. 整体式衬砌　　E. 块、料石衬砌

2. 用回弹仪检测混凝土强度，计算测区平均回弹值时，应从测区的16个回弹值中剔除最大值和最小值各(　)。

A. 1个　　B. 2个　　C. 3个　　D. 4个

3. 隧道衬砌拆模后，衬砌表面蜂窝麻面面积应不超过总表面积的(　)，其深度不超过10mm。

A. 0.5%　　B. 1%　　C. 2%　　D. 5%

4. 采用泵送混凝土碎石最大粒径与输送管内径之比，宜小于或等于(　)。

A. 1∶2.5　　B. 1∶2　　C. 1∶4　　D. 1:3

5.《公路隧道施工技术规范》(JTJ 42—94)规定，不承受外荷载的拱、墙、混凝土强度应达到(　)，或在折模时混凝土表面积和棱角不被损坏并能承受自重，才可拆除拱架、墙架和模板。

A. 5.0MPa　　B. 设计强度的100%

C. 设计强度的70%　　D. 设计强度的80%

6. 回弹法检测混凝土强度时，每一测区应记取（　）回弹值，每一测点的回弹值读数精确至1mm。

A. 3个　　B. 9个　　C. 12个　　D. 16个

7. 测量碳化深度时，用浓度为1%的（　）滴在孔洞内壁的边缘处，观察孔洞内壁的颜色变化，再用深度测量工具测量碳化深度。

A. 高锰酸钾溶液　　B. 硫酸溶液

C. 酚酞酒精溶液　　D. 氯化钠溶液

8. 回弹值测量完毕后，应选择不少于衬砌的（　）测区数在有代表性的位置上测量碳化深度值。

A. 30%　　B. 20%　　C. 100%　　D. 50%

9. 采用泵送混凝土砂率宜控制在40%～50%；混凝土的坍落度宜（　）。

A. 5～8cm　　B. 6～10cm　　C. 8～18cm　　D. 6～20cm

10. 在一般情况下，二次衬砌应在围岩和初期支护变形基本稳定后施工，拱顶相对下沉速度小于（　）。

A. 0.05mm/d　　B. 0.1mm/d　　C. 0.2mm/d　　D. 0.15mm/d

二、多项选择题

1. 衬砌混凝土施工期间的质量检查内容主要有（　）。

A. 开挖轮廓检查　　B. 基础检查

C. 模板检查　　D. 混凝土浇筑检查

E. 外观检查

2. 采用泵送混凝土应符合下列规定（　）。

A. 碎石粒径与输送管内径之比小于或等于1∶3

B. 卵石粒径与输送管内径之比小于或等于1∶2.5

C. 通过0.315mm筛孔的砂应不少于15%

D. 砂率宜控制在40%～50%

E. 通过0.315mm筛孔的砂应不少于25%，砂率宜控制在60%～70%

3. 隧道混凝土衬砌常见的质量问题有（　）。

A. 混凝土强度不够　　B. 衬砌厚度不足

C. 钢筋锈蚀　　D. 背后存在空洞

E. 混凝土开裂

4. 属于声波探测混凝土强度的方法有（　）。

A. 穿透法　　B. 回弹法　　C. 反射法　　D. 沿面法　　E. 钻孔法

5. 下列哪些情况回弹值应进行修正（　）。

A. 回弹仪非水平方向检测混凝土浇筑侧面

B. 回弹仪水平方向检测混凝土浇筑表面

C. 回弹仪水平方向检测混凝土浇筑侧面

D. 混凝土表面碳化深度为2mm

E. 回弹仪非水平方向检测混凝土浇筑底面

6. 经端面补平后的芯样高度应符合下列要求(　)。

A. 小于 2.05d　　B. 小于 2.0d

C. 大于 0.95　　D. 大于 0.90d

E. 在 0.85d～2.1d 之间

7. “回弹—超声”综合法测定混凝土强度的影响因素有(　)。

A. 水泥品种　　B. 集料性质

C. 最大集料粒径　　D. 细集料(0～10mm)所占比例

E. 水泥用量

8. 回弹法检测混凝土强度同批构件的条件是(　)。

A. 混凝土强度等级相同　　B. 混凝土原材料、配合比相同

C. 成型工艺相同　　D. 养护条件基本相同

E. 所处环境状态相同

9. 衬砌混凝土外观缺陷检测时裂缝宽度检测一般采用(　)。

A. 超声波　　B. 游标卡尺　　C. 塞尺

D. 雷达　　E. 刻度放大镜

10. 衬砌混凝土厚度的检测常用的方法有(　)。

A. 激光断面仪　　B. 地质雷达法

C. 超声波法　　D. 凿孔法

E. 冲击—回波法

三、判断题

1. 拱架在使用前应先在样台上试拼，各架间的轮廓径向尺寸差不大于 10mm。　(　)

2. 仰拱应超前拱、墙二次衬砌，其超前距离宜保持 3 倍以上衬砌循环作业长度。　(　)

3. 混凝土内部温度与环境温度差不得超过 20℃；混凝土的降温速率最大不应超过 3℃/d。　(　)

4. 承受围岩压力较小的拱、墙，封顶和封口的混凝土达到设计强度的 90％方可拆模。　(　)

5. 回弹法检测混凝土强度时，回弹仪的轴线应始终平行于衬砌混凝土检测面，缓慢施压，准确读数，快速复位。　(　)

6 测量碳化深度值时，可用合适的工具在测区表面形成直径约 15mm 的孔洞，然后用水冲洗，除净孔洞中的粉末和碎屑。　(　)

7. 隧道混凝土龄期的增长，其表面硬化加上混凝土表面碳化结硬，使回弹值偏高。　(　)

8. 由于应力波需绕过孔洞传播，与密实混凝土的频率相比有偏移。　(　)

9. 用超声波法检测混凝土强度时，混凝土的湿度越大，超声波的传播速度越小。　(　)

10. 红外线是介乎可见红光和微波之间的电磁波，任何高于绝对温度零度(－273℃)的物体都是红外辐射源。　(　)

四、问答题

1. 衬砌混凝土施工检查的内容有哪些？

2. 隧道混凝土衬砌内部缺陷的检测内容和方法有哪些？

3. 简述回弹法测混凝土强度的原理、方法及强度确定。

4. 简述超声波法测混凝土强度的原理、方法及强度确定。
5. 简述钻芯法检测混凝土强度的原理、方法及强度确定。
6. 简述激光断面仪检测隧道厚度的方法。
7. 简述地质雷达法检测混凝土厚度的原理与方法。
8. 简述二次衬砌施作时间的确定。
9. 简述拱架与模板的要求。
10. 简述泵送混凝土技术要求。

第八章　隧道环境

【主要内容】

本章主要介绍公路隧道不同阶段环境检测的原理、内容及方法。

【要求】

了解：隧道通风、照明的目的和方式（工程师）。

熟悉：隧道不同阶段环境检测内容及方法（员了解）；隧道内风压、风速、照度（亮度）**检测原理、方法**（工程师）**及内容**（检测员）。

掌握：粉尘浓度、瓦斯浓度、一氧化碳浓度、**烟雾浓度检测原理**（工程师）、**方法及评定标准**（工程师）。

第一节　隧道通风、照明

一、通风

隧道内保持良好的空气是行车安全的必要条件，所以隧道应具备良好的通风条件，以排出污浊空气，补充新鲜空气或吹入新鲜空气，稀释污浊空气。

隧道的通风方式有机械通风和自然通风两种。交通量小的中、短隧道可采用自然通风，交通量大的长隧道应采用机械通风。采用机械通风时，常采用纵向通风形式，配以射流风机，并按正常通风量的50%配置备用通风机。

二、照明

为了保证车辆的正常行驶和交通安全，隧道应设电光照明。隧道的照明要考虑洞内有合理的光过渡。尤其是白天，要避免“黑洞”效应，使之由亮到暗（洞外到洞内）或由暗到亮（洞内到洞外）有个很好的适应过程。

对于能通视、交通量较小和行人密度不大的短隧道，可以不设白天照明设施。但长度超过100m的高速公路，一、二级公路的隧道，则仍应设置白天照明设施。照明的光源，一般选用在烟雾中有较好的透视性的低压钠灯或显色性较好的荧光灯；而在隧道的出入口处，则选用小型、大光通量的高压锅灯或高压荧光灯。

第二节　隧道环境检测内容及方法

一、隧道环境检测内容

环境检测可分为施工环境检测和运营环境检测。施工环境检测的主要任务是检测施工过程中隧道内的粉尘和有害气体。这里的有害气体主要指CH_4，若其达到一定浓度，施工中防治措施不当，则可能引发爆炸，造成人身伤亡或经济损失。

运营环境检测包括通风、照明和噪声等。其中通风检测相对比较复杂，检测内容较多，主要有 CO 浓度、烟尘浓度和风速等，受来往车辆的影响不易获得准确的数据。照明检测技术较为先进，现有专供照明检测的车载照度仪、亮度仪，只要随车从隧道通过，隧道内各区段的照明情况便可查清。噪声的检测也比较简单，用噪声计可直接数显隧道内噪声。

二、粉尘浓度、瓦斯浓度、一氧化碳浓度、烟雾浓度检测原理及方法

1.粉尘浓度检测原理及方法

我国《公路隧道施工技术规范》(JTJ 042—94) 规定：隧道施工中含 10%以上游离二氧化硅的粉尘，每立方米空气不得大于 2mg；含 10%以下游离二氧化硅的矿物性粉尘，每立方米空气中不得大于 4mg。

常采用质量法测定粉尘浓度，目前普遍采用滤膜测尘法。

1)滤膜测尘法的原理

用抽气装置抽取一定量的含尘空气，使其通过装有滤膜的采样器，滤膜将粉尘截留，根据滤膜所增加的质量和通过的空气量计算出粉尘的浓度。

2)主要器材

(1)滤膜

滤膜是用超细合成纤维制成的网状薄膜，孔隙细小，表面呈细绒状，具有电荷性、憎水性、耐酸碱等特点，还有阻尘率高、阻力小、质量轻等优点。

滤膜有直径为 75mm 和 40mm 两种规格。当粉尘浓度高于 200mg/m^3 时，用直径 75mm 的滤膜；当粉尘浓度低于 200mg/m^3 时，用直径 40mm 的滤膜。

(2)采样器

由采样滤斗和滤膜夹两部分构成。

(3)抽气装置

它是以微型电池或蓄电池为动力，采用密闭触点开关，带动小型电动抽气机抽取含尘空气，使其通过装一滤膜的采样器及流量计，进行粉尘测定。

3)粉尘浓度测定过程

(1)准备滤膜

将待用滤膜置于玻璃干燥器中干燥，然后用镊子将其两面的衬纸取下，置于分析天平或扭力天平上称量，记下初值；再把称好的滤膜装入滤膜夹(直径 40mm 的滤膜平铺夹紧，直径 75mm 的滤膜折成漏斗形夹紧)，把已装好的滤膜夹编号后放在样品盒内，以备采样。

(2)采样

掘进工作面可在风筒出口后面距工作面 4～6m 处采样，其他作业点一般在工作面上方采样。采样器进风口要迎着风流，距地板高度为 1.3～1.5m。采样时间应在测点粉尘浓度稳定以后，一般在作业开始半小时后进行，同时采集两个样品。

4)计算

采样后的滤膜放在试验室干燥箱中放置 30min 后便可称其质量。如果在滤膜表面发现水珠，应放在干燥箱干燥，每隔 30min 称重一次，直到相邻两次质量差不超过 0.2mg 为止(计算时取其中最低的值)，然后按式(2-8-1)计算粉尘浓度：

$$G=\frac{m_2-m_1}{QT} \tag{2-8-1}$$

式中：G——粉尘浓度(mg/m^3)；

m_2——采样前的滤膜质量(mg)；

m_1——采样后的滤膜质量(mg)；

Q——流量计读数(m^3/min)；

T——采样时间(min)。

两个平行样品分别计算之后，其偏差小于20%方为合格，以合格的两个平行样品的平均值作为测点的粉尘浓度。

2. 瓦斯检测

瓦斯主要成分是甲烷(CH_4)。我国《公路隧道施工技术规范》(JTJ 042—94)规定：甲烷(CH_4)按体积计不得大于0.5%。

(1)催化型瓦斯测量仪

利用载体催化元件测量瓦斯浓度的原理：利用一个简单的测量电桥，催化元件 T_1 为工作件，没有催化剂的元件 T_2 为补偿元件。无瓦斯时，通过调整，使电桥处于平衡状态，此时在工作电流加热下，元件温度为500℃左右。当有瓦斯时，瓦斯与氧气在工作元件表面发生反应，反应热被元件吸收引起温度升高。由于铂丝是电阻温度系数很高的热敏材料，元件的温度增量 ΔT 将引起电阻增量 ΔR，从而使电桥不平衡，产生一个与瓦斯浓度呈正比的输出信号。利用这个信号以检测瓦斯浓度。

现场检测有两类携带型瓦斯测量仪：一类是由桥路输出直接推动电表指示；另一类是测量电桥的输出信号经过电子线路放大后，推动电表指示或推动数字显示电路指示瓦斯浓度。检测时，直接将携带型瓦斯测量仪置于现场读数。

(2)光干涉瓦斯检定器

光干涉瓦斯检定器内部为一光学系统。由同一光源发出的光经过聚光镜到达平面镜后分为两部分：一部分反射，一部分折射。第一部分光束穿经平面透镜过气室的侧室，经折光镜将其折回穿过另侧的小室后又回到平面镜，折射入平面镜后在其后表面(镀反射膜)反射，穿出平面镜向反射镜前进，经偏折后进入望远镜。第二部分光束折射入平面镜后在其后表面反射，然后穿过气室中央小室回到平面镜，反射后与第一部分光束会合，一并进入望远镜。两束光在物镜的焦平面上产生白光特有的干涉现象：干涉条纹中央为黑纹，两旁为彩纹。人眼通过目镜进行观测。根据条纹移动的大小可测知气体折射率。如使两通路的温度、压力相同，当被测气体的化学成分已知时，则可做定量分析，测出气体的浓度。这就是光干涉检定器的工作原理。

现场检测时在气室中两侧的部分为空气室，充有新鲜空气；中间的部分为气样室，使用时吸入被测气样。空气室与气样室不相通。

3. 一氧化碳检测

我国《公路隧道施工技术规范》(JTJ 042—94)和《公路隧道通风照明设计规范》(JTJ 026.1—1999)分别对一氧化碳浓度做了规定。

对于施工隧道：一氧化碳一般情况下不大于30mg/m^3；特殊情况下，施工人员必须进入工作面时，浓度可为100mg/m^3，但工作时间不得超过30min。

对于运营隧道：采用全横向通风方式与半横向通风方式时，隧道长度小于1 000m，一氧化碳浓度小于250ppm；隧道长度大小3 000m时，要求小于200ppm。采用纵向通风方式时，一氧化碳浓度按上列各值提高 50ppm 取值。交通阻滞时，阻滞段的平均一氧化碳浓度可取 300ppm，经历时间不超过 20min。对于人车混合通行的隧道，隧道长度小于 1 000m 时，一氧化碳浓度小于 150ppm；隧道长度大小 2 000m 时，小于 100ppm。

(1)检知管

早先用于矿井一氧化碳测定的是检知管，有比色式与比长式两种。检知管是一支直径 4～6mm、长 150mm 左右的密封玻璃管，管内装有易与一氧化碳发生反应的药品。使用时，将检知管封口打开，通过一定容积的吸气球，使一定量的被测气体通过检管。吸入气体中的一氧化碳与药品作用，白色的药品颜色迅速变化。

①比色式检知管是根据管内药品与一氧化碳作用后颜色的变化来判断一氧化碳浓度的。仪器备有一块标准比色板，上面标有与各种颜色相对应的一氧化碳浓度。对比检知管与标准比色板的颜色，找出与检知管颜色最接近的标准色条，它所对应的一氧化碳浓度就是被测气样的一氧化碳浓度。

②比长式仪器有一块标准浓度板，它是一支按长度标度一氧化碳浓度的尺子。当检知管吸入被测气体后，白色药品由进气端开始变成深黄色，变色的长度与一氧化碳浓度成比例，与标准浓度尺对比，即可确定被测气体中一氧化碳的浓度。

(2)AT2 型一氧化碳测量仪

与检知管不同的另外一种类型的一氧化碳检测仪器，是利用控制电位电化学原理来检测一氧化碳浓度的。检测原理如下。

被测量的 CO 通过传感器聚四氟乙烯薄膜扩散到工作电极 W，W 电极受到恒电位环节变控制作用，具有一个恒定的电位，CO 在 W 电极上发生氧化反应：

$$CO + H_2O \rightarrow CO_2 + 2H^+ + 2e^- \tag{2-8-2}$$

同时在电极 C 上发生氧的还原反应：

$$\frac{1}{2}O_2 + 2H^+ \rightarrow H_2O \tag{2-8-3}$$

总化学反应式为：

$$CO + \frac{1}{2}O_2 \rightarrow CO_2 \tag{2-8-4}$$

在传感器工作电极 W 和电极 C 之间产生了微电流，其大小与 CO 浓度成比例。该电流经放大后由电表指示出 CO 的浓度值。

4. 烟雾浓度检测

柴油车排放的气体中，除 SO_2 等物质外，还有大量的游离碳素(煤烟)。煤烟对空气的污染程度用烟雾浓度表示。烟雾浓度可通过测定光线在烟雾中的透过率来确定。光线在烟雾中的透过率用 τ 表示。

$$\tau = E/E_v \tag{2-8-5}$$

式中：E,E_v——同一光源通过污染空气和洁净空气后的照度。

τ 与烟雾的厚度 L(m)有关：

$$\tau = e^{\alpha l} \tag{2-8-6}$$

式中：α——烟雾吸光系数。

用 $\ln\tau = \lg\tau/0.4343$ 代入上式，并令 $k = 0.4343\alpha$，则：

$$k = \frac{1}{L}\lg\tau \qquad (2\text{-}8\text{-}7)$$

k 称为烟雾浓度。在隧道通风中，取 $L=100\text{m}$，测定 τ 后确定 k，并用 K 代替 k，则：

$$K = -\frac{1}{100}\lg\tau \qquad (2\text{-}8\text{-}8)$$

式中：τ——100m 厚烟雾光线的透过率，

测试时，检测同一光源通过 100m 污染空气和洁净空气后的照度 E、E_v 带入公式计算即可。

三、隧道内风压、风速、照度(亮度)检测原理及方法

1. 隧道内风压的测定

1)基本概念

(1)空气静压(静压强)

大气压力是地表静止空气的压力，它等于单位面积上空气柱的重力，真空状态下静压为零。因此，空气静压所选择基准不同分为绝对压力和相对压力。

绝对压力以真空状况绝对零压为基准，恒为正值。

相对压力以当地大气压力 p_a 为比较基准，即绝对静压与大气压之差 h_s 为：$p_s - p_a = h_s$，可正可负。

(2)空气动压：当风流受阻对受阻障碍产生压力，风压 h_v 恒正并具有方向性。

(3)全压：静压与动压之和。

2)隧道空气压力测定(绝对静压、相对静压)

(1)绝对静压测定

①水银气压计

水银气压计主要由一个水银盛槽与一根玻璃管组成。玻璃管上端密闭，下端插入水银盛槽中，管内上端形成绝对真空，下部充满水银。当水银盛槽中的水银表面受到空气压力时，管内水银柱高度随着空气压力而变化，此管中水银面与盛槽中的水银面的高差即为所测空气的绝对静压。

②空气压力盒气压计

它主要由一个被拍成真空的皱纹状金属空盒与连接在盒上带指针的传动机构组成。盒内抽成真空，当大气压作用于盒面上时，盒面被压缩，并带动传动杠杆使指针转动，根据转动的幅度可读得大气压力数值。

测量时将盒面水平放置在被测地点，停留 10～20min 待指针稳定后读数，读数时视线应该垂直于盒面。

(2)相对静压的测定

①U 形压差计

亦称 U 形水柱计，有垂直和倾斜两种类型。它们都是由一内径相同，装有蒸馏水或酒精的 U 形玻璃管与刻度尺组成。U 形玻璃管两侧液面承受相同的压力时，液面处于同一水平；当两侧液面承受不同的压力时，压力大的一侧液面下降，另一侧液面上升。对 U 形水柱计来说，两水面的高差即为两侧压力差。对倾斜 U 形压差计，则要考虑实际的高差。

通常使用U形压差计、单管倾斜压差计或补偿式微压计与皮托管配合测定风流的静压、动压和全压。

②补偿式微压计

它由盛水器以胶管连通而成。

③皮托管

由两根金属小圆管构成，内管和外管同心套结成一整体，但互不相通。内管前开一小孔与标有“+”的脚管相通，小孔正对风流，内管就能接收测点的全压。外管前端不通，在前端不远处的管侧壁上开有4～6个小孔，与标有“-”的脚管相通。孔与风流垂直不受动压作用，只能接收静压。

皮托管它是接收和传递压力的工具，与压差计相配合使用，测定相对风压。

2. 隧道风速检测

1)用风表检测

常用的风表有杯式和翼式两种。杯式风表用在检测大于10m/s的高风速；翼式风表用在检测0.5～10m/s的中等风速，具有高灵敏度的翼式风表也可以用在检测0.1～0.5m/s的低风速。

杯式和翼式风表内部结构相似，由一套特殊的钟表传动机构、指针和叶轮组成。杯式的叶轮是四个杯状铝勺，翼式的叶轮则是八张铝片。风表上有一个启动和停止指针转动的小杆，打开时指针随叶轮转动，关闭时叶轮虽转动但指针不动。用风表检测隧道断面的平均风速时，测风员应该使风表正对风流，在所测隧道断面上按一定的路线均匀移动风表。

风速检测时根据测风员与风流方向的相对位置，分迎面和侧面两种测风方法。

(1)迎面法

测风员面向风流站立，手持风表，手臂向正前方伸直，然后按一定的线使风表均匀移动。由于人体位于风表的正后方，人体的正面阻力减低流经风表的流速，因此，用该法测得的风速v_s，需经校正后才是真实风速v，即乘以1.14的系数。

(2)侧面法

测风员背向隧道壁站立，手持风表，手臂向风流垂直方向伸直，然后按一定的路线使风表均匀移动。使用此法时，人体与风表在同一断面内，风流断面减小，造成流经风表的流速增加。如果测得风速为v_s，那么实际风速则为：

$$v=\frac{S-0.4}{S}v_s \tag{2-8-9}$$

式中：S——所测隧道的断面积（m^2）；

0.4——人体占据隧道的断面积（m^2）。

2)用热电式风速仪和皮托管与压差计检测

(1)热电式风速仪

热电式风速仪分热线和热球式两种，其原理相同，并由热球式探头、电表和运算放大器组成。在测杆的端部有一个直径约0.8mm的玻璃球，球内绕有加热玻璃球用的镍丝线圈和两个串联的热电偶。热电偶的冷端连接在磷铜质的支柱上，直接暴露在风流中。当一定大小的电流通过加热线圈后，玻璃球的温度上升，则热电势小，反之热电势大。热电势再经运算放大器后就可以在电表上指示出来，校正后的电表读数即为风流的真实速度。

(2)皮托管和压差计检测

皮托管和压差计可用于通风机风筒内高风速的测定，它是通过测量测点的动压然后按下式换算出测点风速 v_1：

$$v_1 = \sqrt{\frac{2gH_v}{\gamma}} = \sqrt{\frac{2H_v}{\rho}} \tag{2-8-10}$$

式中：H_v——测点的动压(Pa)；

g——重力加速度($9.8m/s^2$)；

γ——测点周围空气重度(N/m^3)；

ρ——空气密度(kg/m^3)。

3)平均风速的计算

在检测平均风速时，先把断面划分成若干个面积大致相等的小块，再逐块在其中心测量各点风速 v_1、v_2、v_3、…、v_n。最后取得平均风速 v，即：

$$v = \frac{v_1 + v_2 + \cdots + v_n}{N} \tag{2-8-11}$$

式中：N——划分的等面积小块数。

3. 照度(亮度)检测原理及方法

1)照明段落的划分

综合考虑安全和经济两个方面，隧道白天照明被划分成入口段、过渡段、中间段、出口段四个区段。我国对各区段亮度、长度做了规定，详见第一节有关内容。

2)基本概念

(1)光谱光效率

人眼在可见光光谱范围内视觉灵敏度的一种度量。在明视觉(照度较高)条件下，人眼对555nm的光波的视觉灵敏度最高；在暗视觉(照度较低)条件下，人眼对507nm的光波的视觉灵敏度最高。偏离峰值，无论是短波长，还是长波长，人眼的灵敏度都要下降，离峰值愈远，人眼的视觉灵敏度愈低。

(2)光通量

光通量是光源发光能力的一种度量，是指光源在单位时间内发出的能被人眼感知的光辐射能的大小。光通量常用符号 Φ 表示，单位为流明(1m)。

(3)光强

光强用于反映光源光通量在空间各个方向上的分布特性，它用光通量的空间角密度来度量。光强常用符号 I 表示。

光强单位是坎德拉(cd)，1cd=1lm/sr，坎德拉是国际单位制的基本单位之一。

(4)照度

照度是用来表示被照面上光的强弱的，以被照场所光通量的面积密度 E 来表示。照度的单位为勒克斯(1x)，也即在 $1m^2$ 的面积上均匀分布 1lm 光通量的照度值。

(5)亮度

亮度用于反映光源发光面在不同方向上的光学特性。亮度用 L_θ 表示，单位为坎德拉每平方米(cd/m^2)。

3)光检测器

光检测器将光能转换成可作显示的信号，并且具有与人眼相对光谱光效率 $V(\lambda)$ 曲线相同的光谱灵敏度。电测法使用的检测器主要是光电器件，即光电池。最常用的是晒光电池。

硒光电池利用钢板作为光电池的底板并作为光电池的正极，钢板上涂盖一层不透光的纯半导体硒层，硒层表面镀上一层极薄的半透明的金层，金层边缘上加一金属环作为光电池的负极。将正负极用导线通过电流计连接起来，金与硒的接触界面形成一阻挡层，光线透过时金属膜在阻挡层产生光电效应。光电流从正极到负极流过电流计，光电流与入射光通量成正比。

4)照度检测

一般采用将光检测仪器和电流表连接起来，并且表头以勒克斯(1x)为单位进行分度构成的照度计。检测时，将光检测仪器放到要测量的地方，当它的全部表面被光照射时，由表头可以直接读出照度的数值。

5)现场照度和亮度检测

(1)照度检测

①洞口段照度检测

a.纵向照度曲线检测

第一个测点可设在距洞口10m处，之后向内每米设一测点。测点深入中间段10m，测试各点照度，并以隧道路面中线为横轴、以照度为纵轴绘制隧道纵向照度变化曲线。

b.横向照度曲线设置

洞口照明段分为入口段和过渡段，过渡段由 TR_1、TR_2、TR_3 三个照明段组成。可在各区段各设一条测线，该线位于各区段的中部。测点由中央向两边对称布置，间距0.5m，并以各测线为横轴、以照度为纵轴纵制隧道横向照度变化曲线。

②中间段路面平均照度检测

检测测区的总长度可占隧道总长度的5%～10%；各测区长度以20m为单位。在各区划分网格，使各单位长为2m.宽约1m；给各单位编号，并测取各单元中心点的照度 E_i。若某测区的单元数为 n，则该测区的平均照度 E 为：

$$E=\sum_{i=1}^{n}E_i/n \tag{2-8-12}$$

各测区的照度再平均，即得全隧道基本段的平均照度。

(2)亮度检测

在实用中用公式 $L=E/C$ 进行亮度与照度的换算；对混凝土路面 $C=13$，对沥青路面 $C=22$。

①路面平均亮度(L_{av})

其检测方法可参考中间段路面平均照度检测方法，并根据下式确定：

$$L_{av}=E_{av}/C \tag{2-8-13}$$

②路面亮度均匀度

a.总均匀度(U_0)

$$U_0=\frac{L_{min}}{L_{av}} \tag{2-8-14}$$

式中：L_{av}——计算区域内路面平均亮度；

L_{min}——计算区域内路面最低亮度。

b.纵向均匀度(U_1)

纵向均匀度是沿中线的局部亮度的最大值与最小值之比：

$$U_1=\frac{L'_{min}}{L_{max}} \tag{2-8-15}$$

复习思考题

一、单项选择题

1. 土工织物是柔性材料，主要通过(　)来承受荷载以发挥工程作用。

A. 抗压强度　　B. 抗剪强度　　C. 顶破强度　　D. 抗拉强度

2. 在检查锚杆安装尺寸时，孔径大于杆体直径(　)时，可认为孔径符合要求。

A. 10mm　　B. 15mm　　C. 20mm　　D. 25mm

3. 隧道排水系统地下水的流程，以下哪一个流程是对的(　)。

A. 围岩→纵向排水管→环向排水管→横向盲管→中央排水管

B. 围岩→纵向排水管→横向排水管→环向盲管→中央排水管

C. 围岩→横向盲管→环向排水管→纵向排水管→中央排水管

D. 围岩→环向排水管→纵向排水管→横向盲管→中央排水管

4. 隧道施工时，CO 浓度一般情况下要求不大于(　)。

A. $30mg/m^3$　　B. $50mg/m^3$　　C. $80mg/m^3$　　D. $100mg/m^3$

5. 最有可能影响车辆安全通过隧道的是(　)。

A. 隧道渗漏　　B. 衬砌开裂　　C. 限界受侵　　D. 通风不良

6. 在隧道局部不良地质地段为避免坍方常用的支护方式是(　)。

A. 钢支撑　　B. 锚杆支护　　C. 喷射混凝土　　D. 锚喷支护

7. 瓦斯(CH_4)常赋存于(　)。

A. 石灰岩　　B. 花岗岩　　C. 富水地层　　D. 煤系地层

8. 运营隧道现场照明检测的基本内容之一是(　)。

A. 路面照度　　B. 灯具光强　　C. 灯具光效　　D. 墙面亮度

9. 根据试验，对于砂性土，必须只有浆液颗粒直径小于(　)孔隙直径浆液才能注入。

A. 1/2　　B. 1/3　　C. 1/5　　D. 1/10

10. (　)用来度量土工织物抵抗垂直织物平面的法向压力的能力。

A. 抗拉强度　　B. 撕裂强度　　C. 顶破强度　　D. 疲劳强度

11. 当隧道施工中含 10%以下游离二氧化硅的粉尘时，粉尘浓度不得大于(　)。

A. $2mg/m^3$　　B. $4mg/m^3$　　C. $6mg/m^3$　　D. $8mg/m^3$

12. 对于埋深较浅、固结程度低的地层，水平成层的场合(　)更为重要。

A. 围岩周边位移量测　　B. 拱顶下沉量测

C. 地表下沉量测　　D. 围岩内部位移量测

13. 光通量的单位是(　)。

A. cd　　B. Lm　　C. Lx　　D. nt

14. 《公路隧道设计规范》(JTG D70—2004)规定，三、四级公路隧道内的烟尘允许浓度为(　)。

A. $0.0075m^{-1}$　　B. $0.0070m^{-1}$　　C. $0.0090m^{-1}$　　D. $0.0095m^{-1}$

15. 穿越煤系地层的隧道其施工环境检测的主要任务是检测(　)。

A. CO　　B. CO_2　　C. SO_2　　D. CH_4

16. 隧道施工时，CO 浓度一般情况下要求不大于(　)。

A. $30mg/m^3$　　B. $50mg/m^3$　　C. $80mg/m^3$　　D. $100mg/m^3$

17. 照度检测时通常将光检测器和电流表连接起来，并且表头以(　)为单位进行分度而构成照度计。

A. 安培　　B. 流明　　C. 尼特　　D. 勒克斯

18. 隧道内最大风速不宜超过(　)。

A. 4m/s　　B. 8m/s　　C. 10m/s　　D. 12m/s

19. 瓦斯(CH_4)常赋存于(　)。

A. 石灰岩　　B. 花岗岩　　C. 富水地层　　D. 煤系地层

20. 运营隧道现场照明检测的基本内容之一是(　)。

A. 路面照度　　B. 灯具光强　　C. 灯具光效　　D. 墙面亮度

21. 如把路面的光反射视为漫反射，那么亮度 L 与照度 E、反射系数 ρ 间的关系为(　)。

A. $L=\pi\rho E$　　B. $L=\frac{\pi E}{\rho}$　　C. $E=\pi\rho L$　　D. $L=\frac{\rho E}{\pi}$

22. 眩光造成的不舒适感是用眩光等级 G 来表示的，那么 $G=5$ 表示(　)。

A. 有干扰　　B. 无影响　　C. 允许的极限　　D. 很满意

二、多项选择题

1. 公路隧道检测技术通常可以分为(　)。

A. 材料检测　　B. 施工检测

C. 环境检测　　D. 开挖质量检测

E. 噪声检测

2. 注浆材料的主要性能指标有(　)。

A. 黏度　　B. 渗透能力

C. 凝胶时间　　D. 渗透系数

E. 抗剪强度

3. 反映土工织物力学特性的指标主要有(　)。

A. 抗压强度　　B. 抗拉强度

C. 撕裂强度　　D. 刺破强度

E. 顶破强度

4. 要求喷射混凝土表面平整度必须满足(　)(L——喷射混凝土相邻两凸面间的距离，D——喷射混凝土相邻两凸面间下凹的深度)。

A. 边墙 $D/L\leqslant\frac{1}{5}$　　B. 边墙 $D/L\leqslant\frac{1}{6}$

C. 边墙 $D/L\leqslant\frac{1}{7}$　　D. 拱顶 $D/L\leqslant\frac{1}{7}$

E. 拱顶 $D/L\leqslant\frac{1}{8}$

5. 隧道施工监控量测的必测项目为(　)。

A. 地质和支护状况观察　　B. 地表下沉

C. 周边位移　　D. 拱顶下沉

E. 锚杆或锚索内力及抗拔力

6. 影响喷射混凝土强度的因素有(　)。

A. 爆破效果　　B. 原材料

C. 回弹率　　D. 施工工艺

E. 隧道长度

7. 滤膜测尘法的主要器材有(　)。

A. 滤膜　B. 采样器　C. 比色卡　D. 抽气装置　E. 检知管

8. 锚杆的支护作用有(　)。

A. 悬吊作用　B. 组合梁作用　C. 加固拱作用　D. 支撑围岩

9. 隧道施工监控量测的任务有(　)。

A. 确保安全　B. 指导施工　C. 修正设计　D. 积累资料

10. 以下哪些仪器可以直接用来测定隧道内空气的相对静压(　)。

A. 水银气压计　　B. U 形压差计

C. 单管倾斜压差计　　D. 空盒气压计

E. 补偿式微压计

11. 运营环境检测中通风检测相对比较复杂,检测内容较多,主要有(　)。

A. CO 浓度检测　　B. 瓦斯检测

C. 风速检测　　D. 烟尘浓度检测

E. 粉尘浓度检测

12. 粉尘浓度测定采样规定(　)。

A. 距工作面 4～6m 处　　B. 在工作面上方

C. 距地板高度为 1.3～1.5m　　D. 作业开始 30min 后进行

E. 作业开始 2h 后进行

13. 隧道照明被划分成(　)。

A. 入口段　B. 过渡段　C. 适应段　D. 中间段　E. 出口段

14. 隧道施工通风的主要目的是(　)。

A. 排除炮烟　　B. 降低温度

C. 稀释施工车辆废气　　D. 降低粉尘浓度

E. 减少一氧化碳浓度

15. 风流的全压、静压、动压的正确关系是(全压、静压、动压分别用 h_t、h_s、h_v 表示)(　)。

A. 压入式通风时,$h_t = h_s + h_v$　　B. 压入式通风时,$h_t = h_s - h_v$

C. 抽出式通风时,$|h_t| = |h_s| - h_v$　　D. 抽出式通风时,$|h_s| = |h_t| - h_v$

E. 抽出式通风时,$h_t = |h_s| - h_v$

16. 以下隧道照明工程中的基本概念正确的有(　)。

A. 光谱光效率是人眼在可见光光谱范围内视觉灵敏度的一种度量

B. 光强是用来表示被照面上光的强弱的

C. 亮度用于反映光源发光面在不同方向上的光学特性

D. 照度用于反映光源光通量在空间各个方向上的分布特性

17. 滤膜测尘法的主要器材有(　)。

A. 滤膜　B. 采样器　C. 比色卡　D. 抽气装置　E. 检知管

18. 隧道风速检测的方法有(　)。

A. 迎面法　　B. 侧面法

C. 热电式风速仪　　D. 皮托管和压差计检测

E. U形压差计检测

19. 一氧化碳的检测仪器和设备有(　)。

A. 比色式检知管　　B. 比长式检知管

C. AT2 型一氧化碳测量仪　　D. 催化型一氧化碳测量仪

E. 光干涉一氧化碳测量仪

20. 以下哪些仪器可以直接用来测定隧道内空气的相对静压(　)。

A. 水银气压计　　B. U形压差计

C. 单管倾斜压差计　　D. 空盒气压计

E. 补偿式微压计

三、判断题

1. 采用光面爆破是提高隧道开挖质量的一项有效措施。(　)

2. 浆液材料通常可分为水泥浆液和化学浆液,一般来说水泥浆液为溶液,而化学浆液为悬浊液。(　)

3. 刺破强度是反映土工织物抵抗小面积集中荷载的能力。(　)

4. 回弹法是根据混凝土表面硬度来推求混凝土抗压强度的一种检测方法。(　)

5. 钢支撑是依靠"被动支撑"来维持围岩稳定的,而锚喷支护则是依赖"主动加固"来保持围岩稳定的。(　)

6. 喷射混凝土与岩石的黏结力,IV 类以上围岩不低于 0.8MPa,III 类围岩不低于 0.5MPa。(　)

7. 隧道混凝土龄期的增长其表面硬化加上混凝土表面碳化结硬,使回弹值偏高。(　)

8. 对于湿混凝土,声波的传播速度要比干燥混凝土中快得多。(　)

9. AT2 型一氧化碳测量仪检测隧道内一氧化碳浓度时,在传感器工作电极之间产生的微电流,其大小反映了一氧化碳浓度的高低。(　)

10. 对土工织物做撕裂强度试验时,应取撕裂力的几个峰值平均值计算撕裂强度。(　)

11. 动压因空气运动而产生,它恒为正值。(　)

12. 用检知管和 AT2 型一氧化碳测量仪检测一氧化碳浓度的原理是相同的。(　)

13. 用检知管可检测隧道内瓦斯(CH_4)浓度。(　)

14. 空气中瓦斯含量达到一定浓度时就会发生瓦斯爆炸。(　)

15. 补偿式微压计可用来测量相对静压。(　)

16. 车辆在白天驶出公路隧道时,司机的视觉会出现白洞现象。(　)

17. 隧道照明的亮度曲线在进洞端和出洞端总是对称的。(　)

18. 检知管是一支装有易与一氧化碳发生反应药品的玻璃管。(　)

19. AT2 型一氧化碳测量仪检测隧道内一氧化碳浓度时,在传感器工作电极之间产生的微电流,其大小反映了一氧化碳浓度的高低。(　)

20. 一般来说,人的视觉对暗适应的适应时间比明适应的适应时间要短。(　)

四、问答题

1. 公路隧道常见的质量问题有哪些?试分析其产生原因。

2. 隧道施工采用的辅助的施工方法有哪些?怎样选用?

3. 简述断面仪测量开挖断面的原理及方法。

4.喷射混凝土的施工工艺有哪几种？简述各自的特点。
5.简述喷射混凝土厚度的检测和评定方法。
6.钢支撑施工质量检查的内容有哪些？
7.高分子防水卷材的检测项目有哪些？
8.目前隧道防水做法有哪些？
9.简述防水材料热老化处理实验方法和步骤。
10.隧道施工量测中，力的量测有哪些项目？
11.简述锚杆拉拔力的测试方法。
12.简述周边位移量测目的和方法以及数据的整理和应用。
13.简述混凝土内部缺陷的检测方法。
14.简述滤膜测尘法原理及方法。
15.简述用风表检测隧道风速的方法。
16.简述粉尘浓度检测原理及方法。
17.简述瓦斯浓度检测原理及方法。
18.简述一氧化碳浓度检测原理及方法。
19.简述烟雾浓度检测原理及方法。
20.简述光检测器的原理和构造(画简图示意)。
21.简述隧道通风.照明的目的和方式。
22.简述用风表检测隧道风速的方法。
23.请列举出隧道照明中常用的几个基本概念。
24.简述隧道亮度检测的方法。
25.简述洞口段照度检测方法。

参考文献

[1] 中华人民共和国行业标准.公路桥涵施工技术规范(JTJ 041—2000).北京:人民交通出版社,2000.

[2] 中华人民共和国行业标准.公路工程质量检验评定标准 第一册 土建工程(JTG F80/1—2004).北京:人民交通出版社,2004.

[3] 中华人民共和国行业标准.公路工程岩石试验规程(JTG E41—2005).北京:人民交通出版社,2005.

[4] 中华人民共和国国家标准.普通混凝土力学性能试验方法标准(GB/T 50081—2002).北京:中国建筑工业出版社,2003.

[5] 中华人民共和国行业标准.公路工程基桩动测技术规程(JTG/T F81-01—2004).北京:人民交通出版社,2004.

[6] 中华人民共和国行业标准.基桩高应变动力检测规程(JGJ 106—97).北京:中国建筑工业出版社,1997.

[7] 中华人民共和国行业标准.公路桥梁板式橡胶支座(JT/T 4—2004).北京:人民交通出版社,2004.

[8] 中华人民共和国行业标准.公路桥梁橡胶伸缩装置(JT/T 327—2004).北京:人民交通出版社,2004.

[9] 中华人民共和国国家标准.预应力混凝土用钢绞线(GB/T 5224—2003).北京:中国标准出版社,2003.

[10] 中华人民共和国国家标准.预应力混凝土用钢丝(GB/T 5223—2002).北京:中国标准出版社,2002.

[11] 中华人民共和国行业标准.公路隧道施工技术规范(JTJ 042—94).北京:人民交通出版社,1994.

[12] 中华人民共和国行业标准.公路隧道设计规范(JTG D70—2004).北京:人民交通出版社,2004.

[13] 中华人民共和国行业标准.公路隧道通风照明设计规范(JTJ 026.1—1999).北京:人民交通出版社,2000.

[14] 中华人民共和国行业标准.铁路隧道衬砌质量无损检测规程(TB 10223—2004 J 341—2004).北京:中国铁道出版社,2004.

[15] 中华人民共和国行业标准.回弹法检测混凝土抗压强度技术规程(JGJ/T 23—2001 J 115—2001).北京:中国建筑工业出版社,2001.

[16] 中华人民共和国行业标准.铁路瓦斯隧道技术规范(TB 10120—2002 J 160—2002).北京:中国铁道出版社,2002.

[17] 王建华,孙胜江.桥涵工程试验检测技术.北京:人民交通出版社,2004.

[18] 王文涛.斜拉桥换索工程(第二版).北京:人民交通出版社,2006.

[19] 刘效尧,蔡键,刘晖.桥梁损伤诊断.北京:人民交通出版社,2002.